economics | 经济读物

中国A股的风口

吴锦才◎主编

中信出版集团 · CHINA CITIC PRESS · 北京

图书在版编目（CIP）数据

中国A股的风口 / 吴锦才主编. —北京：中信出版社，2015.6
ISBN 978-7-5086-5307-5
I. 中… II. ①吴… III. ①股票市场－研究－中国 IV. ①F832.51
中国版本图书馆CIP数据核字（2015）第128649号

中国A股的风口

主　　编：吴锦才
策划推广：中信出版社（China CITIC Press）
出版发行：中信出版集团股份有限公司
（北京市朝阳区惠新东街甲4号富盛大厦2座　邮编　100029）
（CITIC Publishing Group）
承 印 者：中国电影出版社印刷厂

开　　本：787mm×1092mm　1/16　　印　　张：20.75　　字　　数：226千字
版　　次：2015年6月第1版　　印　　次：2015年10月第2次印刷
广告经营许可证：京朝工商广字第8087号
书　　号：ISBN 978-7-5086-5307-5 / F · 3418
定　　价：48.00元

目　录

第三章　并购重组助推A股“转型牛”

第四章　期指、期权　涨跌都赚钱

第五章　融资杠杆撬动万亿成交

第六章　注册制　资本市场发展新动力

附　录　A股观察家

代序一

未来十年：世界的风口依然在中国

上海六禾投资有限公司董事长　夏晓辉

2014年读过美国学者伊恩·莫里斯写的《西方将主宰多久》一书，他提出：人类历史其实就是东方文明和西方文明之间相互赶超的历史,文明的背后则是国家治理体系和治理能力。东方文明以中华文明为代表，从秦朝开始，治理体系和治理能力第一次赶超西方；西方文明自文艺复兴时期开始赶超中华文明，19世纪全面超越东方；过去250年，一直是西方在主宰这个世界，然而西方在21世纪面临的危机不仅是经济的危机，还是治理体系和治理能力的危机；问题来了，东方能在21世纪超过西方吗？从GDP看中国已经超过日本，从购买力评价来看2014年中国已经超过美国。那么，东方能在21世纪全面超过西方吗？

党的十八届三中全会提到的全面深化改革的总目标是完善和发展中国特色社会主义制度，推进国家治理体系和治理能力现代化。习总书记在中央党校专

题研讨班上讲话中阐述的“四个全面”包括“全面建成小康社会、全面深化改革、全面依法治国、全面从严治党”。我的体会是“梦想、改变和人性”——全面小康就是梦想，全面深化改革就是改变，改变才有机会，全面依法治国和全面从严治党就是为老百姓提供安全感，让我们的治理体系更加人性化。

习总书记在南京大屠杀国家公祭仪式上讲话我听了两遍，也很有感触：第一，很自信；第二，很有大国风范。其中有句话是说，“中华民族的发展前景无比光明”，体现了对国家未来的信心。我把这两部分内容放在最前面，是想给大家一个视角，怎么看中国的未来。这也是我后面讲的内容的假设条件：东西方的赛跑，改革是胜负手。如果我们真的大刀阔斧推行改革，如果我们实际做的和说的一样，我觉得国家前景无比光明。

世界的风口依然在中国

风口是一个物理学的概念，气压差才能产生风口。经济上，不平衡才能产生风口。最重要的是，从投资的角度讲，不平衡产生的风口具有高确定性。一个平衡体是往左，还是往右，往往并不确定，但是不平衡迟早要回归平衡、回归均值，这个是确定的。

为什么有信心说未来十年世界的风口在中国呢？

到今天为止，绝大部分人还是对未来十年中国的经济增长有很大怀疑，这不奇怪。中国经济在未来十年还能不能引领全球经济？我个人觉得最重要的一点是要看中国企业的全球竞争力。非常明显，过去几年中国企业的全球竞争力在逐步下降。如果这种情况得不到改变，中国经济不可能引领世界经济。竞争力下降带来的最大影响是外贸。在全球经济增长的版图里有个数据非常重要，就是全球贸易。历史上，全球贸易的前十名一直是世界经济的引擎。特别是发展中国家往发达国家走的时候，贸易都排在全球前列。日本、德国当年占全球贸易的总量都曾超过 10%，但超过 10% 以后，不能保持全球竞争力，贸易占比就会下来，这意味着外需就没了。

如果贸易上不能保持顺差，仅仅靠国内的消费与投资，长期维持 5% 增长就很不错了。

三大痛点关乎中国企业竞争力

日本 20 世纪 70 年代在经历十年 10% 以上的增长率后，增长率突然直接掉到 4%。我们会这样吗?

我认为，直接影响中国企业全球竞争力的因素有三个，而这三大因素又恰恰是中国经济与全球发达经济体的三大不平衡，或曰“三大痛点”。其实这三个痛点现在是痛，未来都是机会，它们的变化会直接促进中国企业全球竞争力的提升。

第一个痛点，也是最大的痛点，是效率。改革开放伊始我们效率比较低，但有非常便宜的成本，土地、劳动力、环保，成本都低，所以低效率也能打过老外，但是现在没有效率就要出局了。企业效率是全球竞争力非常重要的因素。效率包括两方面，一方面公司本身的效率，这和中国企业管理水平、技术水平、商业模式有关，另一方面和企业外部运行环境，也就是政府行为有关系。这里有两个数据，第一个是物流成本占 GDP 的比重，中国达 18%，特别高，这是企业效率的表现。BCG 曾有报告认为，中国企业可以平均砍掉 28% 的物流成本。第二个是 PM2.5，为什么这也跟效率有关系？这实际上是我们在资源和能源的利用效率上比较差。我们现在效率有很大的改进空间。有人会说以前也存在这样的问题为什么不改？因为以前我们过得挺好，我们全球竞争力很强，我们的商品全球畅通无阻。但是现在不行了，这是我们整个经济体系里最大的一个痛点。

第二个痛点是金融体系，中国迄今的金融体系还是商业银行主导的金融体系，已经跟不上经济结构的变化发展。中国直接融资和间接融资比重差很大。不和美国、日本比，就和巴西等金砖国家比，差距也是极大的。其实反差就是机会，这种不平衡就像索罗斯做宏观对冲一样，一定会掰过来，所以有确定性。我个人觉得，未来 5 年这个比重就会发生巨大的变化。

第三个痛点是人口结构。其实经济发展最核心的决定因素就是人口。人口结构我关注三个方面：生活水平、受教育程度和老龄化程度。大家看看中国和全球，我们是什么情况？第一，收入水平。我们比俄罗斯、巴西都低，比印度高一点。我们人均收入是美国的 1/6~1/7、加拿大和德国的 1/5，说明我们人均收入和大的经济体比还有很大空间。而且，中国内部城乡差距也很大，如果要划分的话，可以划分出好几个层次。第二，受教育程度。中国拥有世界上规模最大的接受过高等教育的劳动力大军。中国受过高等教育的人口有 1.1 亿，全世界排名第一，超过美国的 7600 万。25~64 岁生力军人群中，美国受过高等教育人口为 46%左右，受过高等职业教育的为 42%；中国在这个年龄段受过高等教育的只有 9%左右，受过高等职业教育的只有 14%，比重还很小。此外，从 1964 年到 2010 年，中国受不同教育程度的人力资源结构变化很快，中国受高等教育的人数从 0.48%上升到 8.93%，文盲从 33%下降到 4%。第三，人口老龄化程度。中国现在平均寿命已经很高了，上海的平均寿命是高于纽约的，中国全国人均寿命只比美国低 3 岁。中国人口基数大，所以非常了不起。更重要的是，中国 14~64 岁的劳动力大军人群占总人口的 73.4%，是所有发达经济体中间最高的，也高于巴西。为什么说未来十年有希望呢？这都是生产力。

总结中国经济的三大痛点：第一是效率，效率低没法和别人竞争，所以全球竞争力下降，贸易条件就会恶化。第二是金融，现在金融体系不支持结构调整，不支持发展新经济、新产业。第三是人口结构，收入和发达国家比差距大，自己内部也有很大不平衡；受教育程度绝对人数及占比与发达经济体比反差很大；年龄结构上中国抚养比没想象中糟糕。所以中国的机会在哪？未来十年，如果三大痛点都有合适的解决方案，这就是我们的机会。

靠互联网提升政府和市场效率

如何解决效率低下这个痛点？第一，政府自身改革。因为企业运行环境就是政府行为造成的。第二，市场的变化。党的十八届三中全会中提出市场在社会资源配置上起决定性作用、去行政化、负面清单模式改革。两年来，政府自身改革这个效应已经体现。政府把空间还给市场后，市场本身如何占领全球？通过互联网。互联网本质上是工具，是更加有力于提高效率的工具。恰好就是这种机缘，在中国很需要效率的时候，互联网诞生了。当前，中国互联网的发展程度，基本可以与美国媲美，互联网极大地提高了中国企业的效率。以小米手机为例，手机是一个很传统的行业，小米手机用了四年时间做到中国第一、世界第三，为什么这么快，本质上就是效率。互联网思维本质是去中间化，是把社会多余的耗损和摩擦去掉。虽然有人说小米手机品质也不咋地，但是不管怎么样，他依靠一种新的思维方式，把企业效率提高到了很高的程度才能达到今天的目标。小米能走多远，我们拭目以待。大家如果看到哪个行业现在是无序的、信息不对称的，又能够通过互联网去整理的，一定有很大的机会。

金融体系亟须重塑

如何解决第二个痛点——落后的金融体系？中国是全球第二大经济体，金融体系还这么古老。商业银行主导金融体系本质上意味着抵押文化。整个人类经济活动包括生产、消费和交换，金融是交换里面最重要的，如果交换的过程只能通过抵押，说明效率很低。

为什么十多年前就讲直接融资比例太低，需要变，到今天也没变？核心因素是房地产。房地产的产业链非常大，而且房地产代表的是硬资产行业属性，所有产业链上的企业基本上都能提供资产抵押，获得银行的信贷。所以，商业银行过去十年推动了整个房地产产业链快速成长。银行挣钱，房地产也挣钱。

但今天不行了，因为现在经济要去房地产化。这个关键时点是2014年二季度末，全社会形成共识：房地产需要调整。从供给和需求两个方面看，金融体系都需要快速变化。首先谈需求，谁对金融有需求？是产业，产业结构不同，需求不同。现在新兴产业没有硬资产，新经济很难做抵押，本质上就要求改变金融体系。供给就是社会资本的供给，就是老百姓的钱。过去老百姓的钱大部分都在房地产和储蓄，其中房地产大概占50%~60%，储蓄大约有20%。这个也一定会变的，过去买房子比银行存款还保险，现在房地产看跌就不得不变了。商业银行主导金融体系，一定要转变成资本市场主导金融体系，才能适应现在整个经济结构的需求，才能适应居民资产配置的需求。

从全球经济发展历史看，资本市场主导的经济体比商业银行主导的经济体通常更有活力。资本市场应该成为市场经济国家最重要、最核心的市场，在配置社会资源方面起主导性作用。更重要的是，一个强大的资本市场不仅是中国经济转型的需要，也是激发全社会企业家能力与国家创新能力的需要。

人口结构变迁带来五个启示

如何解决第三个痛点，人口结构。从收入水平、受教育程度、年龄结构来看，我们的人口结构，既是痛点，也是未来经济增长的保障。我想谈谈未来人口结构变迁的启示。第一个启示是，绝大多数人追求的中国梦还是创造财富、改善生活，这是中国和其他发达经济体的重大区别，也是中国经济增长最重要的动力。为什么？因为对大部分中国人来说，我们还是太穷了。第二个启示是高收入人群追求生活品质的提高，与此对应，消费升级、娱乐、体育、环保、军工、信息安全等都大有空间。第三个启示是人口进一步老龄化预示着，医药医疗的支出进一步加大。第四个启示是受教育程度预示着，教育产业的空间依然巨大。第五个启示，我觉得很重要，年龄结构及受教育程度说明：中国的产业结构可以多元化，既能挑战中高端产业，与发达国家竞争；也能继续中低端产业，与发展中国家竞争，这是全球任何国家都不具备的优势。十三亿人口，一种语言，一种货币，收入水平、受教育程度和年龄结构还存在那么多不均衡，这就是中国最大的竞争力。

总结起来，市场化改革和互联网能大幅提高企业效率，资本市场的繁荣能够极大地激发全社会的创业热情，提高国家创新能力，大多数人的中国梦还是创造财富、改善生活。收入水平的提高又会产生更多的需求，这些都是快速提高中国企业全球竞争力的有效方式。

现在看来，中国至少有两件事可能是其他国家无法相比的：一是我们正在进行着如此大规模、全方位的改革；二是我们正在进行着如此大规模、全方位的创业创新。也正是这些原因，我有信心，未来十年，世界的风口依然在中国。

资本市场 5 年内或破百万亿规模

根据上面的分析，我们可以通过三个维度来寻找中国的投资机会：互联网改变传统行业、人口结构变迁和金融市场变革。为什么说资本市场才是中国未来五年最大的风口？因为前两个都不是最近才开始，也不是未来短期能急剧变化结束的，而金融体系是从现在开始在未来五年会产生极大变化的领域。因为这个点到了，历史上也是。韩国和美国就是在利率市场化以后都实现了资本市场的蓬勃发展。最重要的是，资本市场的变化会改变我们每一个人，改变社会资源配置方式，改变这个国家，这也是国家治理体系人性化的体现。

说到资本市场繁荣，我想说三点。

一是长牛和短牛的问题。我认为是长牛，2014 年初我就说是 3~5 年的长牛，甚至更长。为什么是长牛？很简单，因为这次变化是从商业银行主导的金融体系转变成资本市场主导的金融体系。说白了，以前资本市场是配角，以后资本市场是主角。主角是什么？主角就是不能长期被忽视。从这个角度看，本轮牛市会区别于历史上任何一轮牛市。

二是市场能涨多高？我觉得 100 万亿市值是第一个平衡点。我想用资本市场的势能与动能的转化关系来解释这个问题。当前，资本市场有两大势能，一是国内居民资产的重新配置，这里有超过 100 万亿元的规模。二是全球资产配置中国，这是 100 万亿美元的规模，以中国 GDP 比重算，也有超过 10 万亿美元。这两大势能一个已经开始转化，一个还基本没开始。能转化成多少市值？2014 年中国 GDP 是 63 万亿元，按照未来 5 年每年增长 6%计算，5 年后 GDP 将达到 84 万亿元，那么未来股市的均衡市值应该在 100 万亿~150 万亿，这就是我们的变化，而现在才30多万亿[①]。100万亿~150万亿怎么来？通过三个渠道，第一是IPO，第二是内生增长，第三是并购证券化。现在三方面都有空间，所以未来5年会产生70万亿~100万亿的新增市值，是过去我们存量市值的2~3倍，这是非常大的市场。100万亿是增长过程中的第一个平衡点，市场前期由不平衡到平衡，矫枉很可能过正。100万亿以前，应该是快涨、疯牛，100万亿后是慢涨、耕牛。

势能转化成动能，动能在哪？我们可以从三条线来寻找动能，第一条线是无风险收益率逐步下降带来的市场估值水平的持续抬高，也就是低估值高分红的蓝筹；第二条线是创新转型，前面谈到的互联网改造传统产业，人口结构变迁带来的机会，还有一些新兴产业，都属于这一范畴；第三条线就是并购成长，通过并购实现成长，是牛市中最靓丽的风景线。

三是资本市场繁荣的机会在哪？资本市场的繁荣首先有利于创业者，也就是资本市场的供给者；其次有利于投资者，包括私募基金、资产管理机构和普通投资人，也就是资本市场的需求者；当然还有市场的服务者，交易所、投资银行和各类中介机构。我们如果做不了创业者可以做一个有准备的投资者。

① 本书统计数据一般截至2015年5月31日，另有说明者除外。

代序二

迎接中国资本市场黄金年代

——写在新“国九条”发布一周年之际

吴锦才　丛榕　汪珺　曹水水　王荣

2014年5月9日，国务院发布《关于进一步促进资本市场健康发展的若干意见》提出，加快建设多渠道、广覆盖、严监管、高效率的股权市场，规范发展债券市场，拓展期货市场，到2020年基本形成结构合理、功能完善、规范透明、稳健高效、开放包容的多层次资本市场体系。

新“国九条”体现了党中央、国务院对资本市场改革发展的高度重视，从国务院层面对资本市场下一阶段发展进行顶层规划再设计及制度重构，将全面释放资本市场改革红利。

一年来，在新“国九条”的推动下，中国资本市场各项改革取得重要进展：IPO注册制推进取得实质性进展，并有望在2015年推出；新三板市场火爆有力缓解了部分中小企业的融资难问题；沪港通推出；证监会进一步简政放权……

与此同时，沪深两市大幅上涨：上证指数从2 011.14点震荡上行至4 112.21点，涨幅达104.47%；A股总市值从26.48万亿元飙升至57.61万亿元，涨幅达117.56%。

我们看好中国资本市场的长期发展：第一，从融资结构而言，以股权融资为代表的直接融资大发展契合我国融资结构改善，包括A股、新三板、债券等在内的直接融资大有可为；第二，从创新驱动而言，股权投资繁荣与创业创新水乳相融；第三，从居民资产配置而言，股权投资还有很大发展空间，股票资产比重有望显著提升。从发达国家来看，居民资产配置以金融资产为主，而我国居民资产配置主要集中在住房和存款。最后，从世界强国发展历史来看，国家的强大与资本市场的强大相辅相成，从荷兰到英国，再到美国，莫不如此。

经济改革奠定牛市基石

A股市场“改革牛”浮出水面，牛市基因孕育自多方面：既来自于党和国家领导人对于经济新常态下资本市场的高度关注，又有实体经济改革为之奠定的基石；既得益于资本市场自身功能的不断完善，又与资本市场之于实体经济影响力不断提升密切关联。

2014年12月14日，习近平总书记在江苏调研时指出，要主动把握和积极适应经济发展新常态，推动改革开放和现代化建设迈上新台阶。他强调，把经济发展抓好，关键还是转方式、调结构，推动产业结构加快由中低端向中高端迈进。要以只争朝夕的紧迫感，切实把创新抓出成效，强化科技同经济对接、创新成果同产业对接、创新项目同现实生产力对接、研发人员创新劳动同其利益收入对接，形成有利于出创新成果、有利于创新成果产业化的新机制。[①]

2015年两会期间，李克强总理在谈到“把改革开放扎实推向纵深”时指出，改革开放是推动发展的制胜法宝。必须以经济体制改革为重点全面深化改革，统筹兼顾，真抓实干，在牵动全局的改革上取得新突破，增强发展新动能。

目前，我国经济呈现三个主要特点：一是从高速增长转为中高速增长；二是经济结构不断优化升级，第三产业、消费需求逐步成为主体，城乡区域差距逐步缩小，居民收入占比上升，发展成果惠及更广大民众；三是从要素驱动、投资驱动转向创新驱动。

新常态带来新挑战，更带来新机遇。我国经济必须通过全面深化改革迎接挑战、把握机遇。我们看到，一年来，“一带一路”国家战略推出、自贸区试点扩围、国企混合所有制改革深化……无论是对外、对内还是宏观、微观，经济领域改革正不断推陈出新。

2015年3月28日，国家发改委、外交部、商务部联合发布《推动共建丝绸之路经济带和21世纪海上丝绸之路的愿景与行动》，“一带一路”规划落地，奠定了未来若干年中国经济与外交的战略支点：对内，“一带一路”有利于解决中国产能富余和传统贸易增长瓶颈问题；对外，“一带一路”发展沿线国家经济，有助于中国在消化富余产能的同时参与构建国际金融新体系，服务于人民币国际化战略，进而增强中国的国际影响力。“一带一路”战略是多赢策略，也将在未来较长一段时期成为资本市场的超级主题。

若将“一带一路”视为资本、产能、文化等的对外输出，设立自贸区则是

---

① 习近平在江苏调研．人民网．2014-12-14.

全面改革的对内深化。2013年8月，国务院批准设立上海自贸区，作为中国第一个自由贸易试验区和新的经济试验田。

2015年3月24日，中央政治局审议通过了广东、天津、福建自由贸易试验区总体方案以及进一步深化上海自由贸易试验区改革方案。粤、津、闽三个自贸区可以与沪自贸区形成互补试验和对比试验，充分检验相关改革开放措施的实施效果以及复制推广的可行性，为全面深化改革、扩大开放进一步探索新途径、积累新经验。

微观层面，国有企业改革的步伐也在提速。2013年12月上海市率先公布首个地方国企改革方案，其余各地国企改革方案随后相继出炉；2014年2月中国石化推行销售板块混合所有制改革，打响央企混改第一枪；2014年7月国资委公布首批央企改革试点名单，9月国资改革总体指导意见征求意见稿下发……据中国证券报记者不完全统计，已有超过20个省市出台了国企改革方案，石油石化、铁路、汽车、商贸零售、建筑工程、医药、钢铁等多个领域的国企改革正不断深入推进。值得注意的是，通过提高国企的资产证券化率、提高市值管理水平、改善财务结构，资本市场正成为新一轮国企改革的重要支撑力量。

功能完善提升股市地位

实体经济改革为资本市场做大做强奠定基石。作为实体经济转型升级的助推器，资本市场自身功能亦在不断完善。扩大对外开放、健全多层次资本市场体系、提高直接融资比例、促进实体经济发展，已经成为资本市场深化改革的重要命题。

习近平总书记2014年11月9日在亚太经合组织工商领导人峰会开幕式上

演讲时指出，中国致力于构建开放型经济新体制，放宽市场准入，扩大服务业包括资本市场的对外开放，扩大内陆沿边开放。

2015年两会期间，李克强总理在答新华社记者问时指出，2015年要进一步发展多层次资本市场，降低企业的资金杠杆率，使金融更好地为实体经济服务。他强调，要围绕服务实体经济推进金融改革。

加强多层次资本市场体系建设，实施股票发行注册制改革，发展服务中小企业的区域性股权市场，推进信贷资产证券化，扩大企业债券发行规模，发展金融衍生品市场。推出巨灾保险、个人税收递延型商业养老保险。创新金融监管，防范和化解金融风险。大力发展普惠金融，让所有市场主体都能分享金融服务的雨露甘霖。

两会期间，证监会主席肖钢表示，股票发行注册制改革，是资本市场改革的一项重要内容，也是监管转型最重要的突破口。推进注册制改革，实际上是要构建一个宽进严管、放管结合的体制，所以和监管转型、转变职能结合得非常紧密。如果注册制改革能够顺利推进，证监会监管转型就会取得很好成效。

不难看到，宏观层面，资本市场的改革不断深化：

IPO注册制加快推进。4月20日，证券法修订草案提请人大常委会一审，注册制改革被列为2015年证监会的头等大事。当前金融结构以银行间接融资为主，注册制将降低企业上市门槛，提高企业直接融资规模，优化社会融资结构。此外，注册制激发创新创业活力促转型。注册制改革中明确提出，取消股票发行的持续盈利条件，现阶段无法盈利但拥有潜在高成长性前景的企业将受益。

沪港通正式推出。2014年4月10日，两地证券交易所和监管机构宣布开启“沪港通”。2014年9月26日，《上海证券交易所沪港通试点办法》发布，由此确立了我国资本市场对外开放互通的重要机制。目前海外投资者持有A股总市

值约 5 000 亿元，沪股通总额度 3 000 亿元，相比 QFII 而言，沪股通将成为海外资本进入 A 股的重要渠道。

资本市场自身功能不断完善，其之于实体经济的影响力也不断提升。中信证券首席经济学家诸建芳认为，资本市场在未来经济中的作用至少有两个方面：一是支持创新行业发展，二是调整传统产业存量。目前，我国经济发展面临"三期叠加"的矛盾，资源环境约束加大，劳动力等要素成本上升，高投入、高能耗、偏重数量扩张的发展方式难以为继，必须推进结构优化。要实现"双中高"发展，就得提高全要素生产率，提高战略性产业的比重；同时，庞大的传统产业要在转型升级中寻找新的发展路径。借助资本市场，大量创新型企业的成长更容易得到资金的支撑，传统产业通过并购重组，可以重塑新的生命力。对于中小企业而言，通过资本市场实现融资和资源配置功能，比借助传统的银行融资、贷款，更顺畅、更有效。

公司创新增强内生动力

微观层面，资本市场主体——上市公司也在积极拥抱变革。以"互联网+"概念为例，据中国证券报记者不完全统计，2015 年以来，传统行业（剔除计算机和通信）共有近 80 家上市公司通过并购等方式布局"互联网+"，行业涉及农业、教育、医疗、房产、餐饮、金融、化工、电气设备、服装等。

被誉为"浙江国企改革第一股"的物产中大，2015 年 2 月 13 日发布重组预案，浙江物产集团拟作价 104.89 亿元借物产中大的平台实现整体上市。这家原先以汽车售后服务、贸易实业为主的上市公司，在注入物产集团大宗商品供应链集成服务业务后，将依托互联网、物联网、大数据、云计算等技术，在研发、生产、交易、流通、融资等各环节进行互联网渗透，由卖商品变为卖服务，打造生产资料领域的“阿里巴巴”。根据计划，物产中大未来将以供应链物流和供应链金融作为支撑，实体网络和电商平台虚实结合，“上控资源、中联物流、下建网络”，逐步实现从传统贸易商到供应链集成服务提供商的转变，公司市值也由此获得极大跃升空间。

东港股份原先从事传统的票据印刷业务，随着传统业务承压，公司开始向互联网转型。目前，东港股份开发的电子发票服务平台——瑞宏网已经成为北京市国税局授权的唯一一家电子发票查验平台,可提供电子发票的开具与验证服务，并与京东、国美、小米等电商企业形成合作关系,开票数量超过3 000万张，App终端业务也已上线。随着我国电子发票试点工作从2014年底开始进入深水区，公司未来有望实现跨区域发票流转，电子发票功能性将进一步完备。

巨星科技是我国工具五金行业中手工具产品的龙头企业，但传统主营业务增速缓慢，2015年一季度业绩同比下滑。公司积极向机器人业务转型。2014年入股国自机器人并设立巨星服务机器人，加码工业机器人和服务机器人业务；近日公司又宣布，募集资金约10.33亿元，主要投向收购激光工具公司、建设机器人云平台、增加服务机器人制造产能等。公司计划将研发生产安防和家庭清洁的智能服务机器人，通过移动机器人的便捷性，实现全方位数据采集和严密监控，并实时上传数据到智慧云平台。平台通过数据分析处理，可发现并预警各类安全隐患、清洁隐患。服务机器人量产之后将为巨星科技的利润来源打开另一扇窗。

面对互联网公司的冲击以及虚拟运营商的引入，电信运营商也在积极创新。中国联通近日将与西班牙电信联合成立大数据公司，在中国市场开展基于位置的大数据业务。中国联通同时还在与澳大利亚电信进行谈判，双方有望成立一

家车联网及相关大数据服务公司。电信大数据是业界公认的下一座金矿，中国联通提前布局，建设集中的大数据平台，并在三大运营商中率先完成了IT集中化，使得全局大数据应用成为可能。

诚然，中国实体经济正面临转型的阵痛，但短期增速放缓不会改变长期增长趋势。更重要的是，在此过程中，资本市场助推实体经济转型升级的功能将愈发凸显，经济新常态下改革深化赋予资本市场的内生动力亦将进一步增强。牛市基因孕育发酵，中国资本市场的黄金年代指日可待。

一年来，市场交投活跃、投资者回报可观的大好形势来之不易，各方应悉心呵护，最大力度保护广大投资者的热情和权益，共同营造大众创业、万众创新的良好环境和氛围，令社会财富充分涌流。

代序三

抓住牛市机遇　推进A股市场走向成熟

吴锦才　费杨生　蔡宗琦

全面深化改革的新征程正在华夏大地激情迈步，新一轮改革悄然拉开资本市场黄金30年的大幕。

期待改革释放制度红利的新牛市正在A股市场深度演绎，以改革创新解决前进中的一些问题可望推动中国资本市场走向成熟。

中国证监会主席肖钢指出，本轮股市上涨是对改革开放红利预期的反映，是各项利好政策叠加的结果，有其必然性和合理性。中央全面深化改革的各项举措稳定了市场预期，改革红利将是推动资本市场进一步健康发展的最强大动力。

无疑，中国资本市场正站在走向成熟的历史关口，全面深化改革的任务呼唤资本市场尽快成熟起来。中国资本市场应抓住这次“改革牛”的契机，逐步解决“成长中的烦恼”，走进健康、成熟的黄金年代。

资本市场站在走向成熟的历史关口

2015 年 6 月 5 日，上证综指时隔 7 年多再次冲上 5 000 点，A股总市值达到 68 万亿元。

改革开放 37 年来，中国经济取得了非凡成就，资本市场从无到有、从小到大、从弱走向强。目前，中国经济社会建设已步入实现“两个 100 年”目标、实现中华民族伟大复兴的“中国梦”的新阶段。在中国经济发展新常态的格局下，资本市场正迈入一个新的黄金 30 年。

在“四个全面”的战略新布局下，资本市场走向成熟的制度根基将全面鼎新。在党的十八届三中全会上，习近平总书记明确指出，要坚持社会主义市场经济改革方向，使市场在资源配置中起决定性作用。三中全会召开两年来，随着深改工作的逐项推进，宏观面上的市场体系和微观面上的企业主体日益成熟，革新了资本市场生存发展的经济根基；经济结构战略性调整的深入推进，极大激发了各类企业主体活力，有效改善了资本市场供给质量，夯实了多层次资本市场体系的微观实体基础。与此同时，切实转变政府职能的“自我革命”，进一步推动了资本市场监管体制嬗变。

在经济发展新常态下，资本市场创新发展具有不竭动力。正如中国证监会主席肖钢在 2015 年全国证券期货监管工作会议上所说，新常态下经济调速不减势，量增质更优，新型工业化、信息化、城镇化和农业现代化的协同推进；产业转型升级的深入推进，转方式与调结构实现并驾齐驱；“一带一路”、京津冀协同发展和长江经济带三大战略的实施，都将为资本市场发展奠定坚实的物质基础。此外，以增强活力、提高效率为中心的混合所有制改革、以简政放权为代表的行政审批制度改革的深化；大众创业、万众创新的经济发展新动力的培育；以自贸区为代表的高水平开放和构建开放型经济新体制，都将为我国资本市场发展提供强大的推动力量。

在大力发展直接融资的金融结构新优化下，资本市场支持实体经济的历史重任将日渐突出。近年来，我国直接融资占比约在14%，而美欧等发达国家直接融资占比在80%以上。李克强总理在《政府工作报告》中指出，当前经济增长的传统动力减弱，必须加大结构性改革力度，加快实施创新驱动发展战略，改造传统引擎，打造新引擎。一方面，增加公共产品和服务供给，加大政府对教育、卫生等的投入，鼓励社会参与，提高供给效率；另一方面，推动大众创业、万众创新。千千万万个市场细胞活跃起来，必将汇聚成发展的巨大动能，让中国经济始终充满勃勃生机。政府要勇于自我革命，给市场和社会留足空间，为公平竞争搭好舞台。与此同时，李总理明确提出，要优化信贷结构，提高直接融资比重，降低社会融资成本，让更多的金融活水流向实体经济。国家信息中心首席经济学家范剑平认为，在创新驱动的新阶段，为有效解决间接融资模式出现的一系列不适应性，需要向资本市场直接融资模式转变，解决金融资源在直接融资和间接融资间的错配，缓解贷款利率高企带来的投资不足，提升资金使用效率、清晰资金使用方向，推动实体经济转型发展。按照国务院的部署，目前，我国商业银行改革正稳步推进，民营银行试点将成熟一家批准一家，作为直接融资主战场的股票市场理应得到更大力度的发展，丰富和夯实资本市场的多层次体系。

在居民资产配置转向金融领域的财富管理新趋势下，资本市场服务居民财富管理的社会担当举足轻重。根据券商报告，目前，我国居民储蓄高达52万亿元，储蓄率较高，股票投资占家庭资产比例约为2%，是美国的十分之一左右。高储蓄率下，一方面，海量资金无处可去，人们难以获得可持续的财产性收入；

另一方面，实体经济和重大建设项目缺乏资金保障。居民资产配置从房地产领域转向股市等金融领域，正是房地产去除投资功能回归居住功能的映射，也是深化财税、金融、投融资体制改革，引导更多储蓄转化为投资的必然。随着这种转型的深入和金融大改革时代的演绎，居民资产配置有望继续从住房、存款市场搬家，形成与发达国家居民资产管理类似的、以金融资产为主的模式。而资本市场正是盛放金融资产的大池子，其释放的财富效应将有力地促进居民扩大消费。

在大众创业、万众创新的社会新格局下，资本市场孵化经济新动力的作用将更加彰显。从美国经济的创新发展，微软、苹果等企业的发展壮大来看，完善的资本市场对成就大型跨国企业、锻造经济发展动力具有强大的孵化器功效。在中国正兴起大众创业、万众创新的当下，区域股权市场、新三板、创业板、主板多层次市场体系的协调发展，风险投资基金、创业投资基金、产业发展基金等各类资本活力的有序释放，无疑将推动创业创新之火形成燎原之势。

改革是造就本轮牛市的主要原因。正是基于对中国新一轮改革成功的信心，对中国经济增长新旧模式顺利切换的美好预期，海内外投资者给中国股市热情“点赞”。上证综指从2014年7月的2100点涨至目前的5000点位置，涨幅达138%。

厘清市场与监管边界

无须讳言，中国资本市场目前仍处新兴加转轨阶段，一些体制机制性问题依然存在，新情况、新问题也在出现。

当前，最突出的问题是市场与政府的关系尚未完全厘清。资本市场建立的二十余年来，多次出现市场上涨过快时政府部门通过加税等手段强行降温，市场低迷时则出手救市、关停IPO市场的局面。回顾历史，政府部门采取的举措都有其不得不为之的原因，但这样的行为在某种程度上也阻碍了资本市场进一步市场化的进程，留下了颇多的后遗症。其中之一是投资者认为监管层和舆论对市场隐性背书，将A股视为“政策市”，对政策过度依赖。正在推进的2015年牛市中，市场上也常常出现“国家牛市”“为国接盘”的误解和曲解，这些误解和曲解在很大程度上就是A股市场政府一些行为给人们留下的观念折射。

A股是一个以散户为主的市场，投资行为的短视化、换手率较高是特征之一。以上一轮牛市中的2007年数据为例，当年全球市场上的换手率保持在100%的水平，其中韩国市场较高，超过了200%，而当年上交所的换手率高达927%，深交所为987%。这意味着市场投机气氛过浓，导致市场极度脆弱，一旦潮水撤去，投资者所受损害不可小视。目前，A股市场仍呈现出散户为主的特征。根据中国证券登记结算有限责任公司统计，2015年第一季度，新增股票账户同比增长433%，达到795多万户，其中，80后成为主力军，占62%；从持股看，90%以上账户持股市值50万元以下。两市交易金额41.18万亿元，同比增长238.4%，其中自然人投资者的交易金额占八成以上，换手率达100.7%，同比增长67.2%。

由于市场文化、分红、信息披露、违法成本较低等综合因素影响，一些散户投资者像买菜一样买股票，不关注上市公司基本面，而是热衷于打探消息、听身边人介绍、随意下单，这其实是对自己的财富不负责任。一些机构投资者的投资行为也呈现出散户化特征，同样热衷于追逐消息，甚至挖掘庄股，对长期投资、价值投资视而不见。这一炒作风气在本轮牛市中展露无遗，在某种程度上影响了本轮牛市转化为慢牛、长牛的概率，其中夹杂的内幕交易等违法违规行为更是给市场“三公”原则带来损伤。

另外，中国债券市场的发展滞后于股票市场，金融衍生品和期货市场又滞后于债券市场，相对更加欠缺。

我国资本市场面临的痼疾不止这些。证监会国际部主任祁斌曾指出，我国的资本市场在很多方面与发达市场甚至一些新兴市场或周边的市场相比存在相当大的差距。一是金融结构的差距，过度倚重商业银行，金融结构的发展走向了更加严重的失衡。二是市场机制差距。以企业IPO的机制来看，全球几乎所有主要的交易所都是注册制。三是市场深度上的差距，与美国的正金字塔结构相比，我国的市场结构是倒金字塔，应加快发展三板、四板市场。四是市场文化上也有一定差距。

站在经济新常态、全面深化改革的当下，一个值得思考的问题是，大国崛起之时，中国资本市场将迎来黄金30年，我们需要一个什么样的资本市场?

中国证监会肖钢主席指出，中国资本市场发展面临新机遇、新挑战，必须坚定信心，顺势而为，勇于担当，攻坚克难，坚持稳中求进的总基调，大力推进资本市场的市场化、法治化，加快多层次市场体系建设，拓展市场广度和深度，完善市场约束机制、内生发展机制和创新机制，使之深深根植于实体经济的沃土，有效发挥资源配置功能、投融资功能、财富管理功能和风险管理功能，增强参与国际竞争的能力，让资本市场成为服务和引领中国经济新常态的重要无形之手，成为创业创新的广阔平台，成为实现中国梦的重要载体。

以市场化法治化推动资本市场成熟

中国资本市场要成熟起来，要做的工作还很多，任重道远。

目前，监管部门正多管齐下推动资本市场健康发展，关键是处理好市场与政府的关系，让市场遵循自己的轨迹运行。资本市场应循着市场化、法治化的轨道进一步处理好政府与市场的关系，使市场在资源配置中起决定性作用，同时，实施科学监管、适度监管，创造公平竞争的市场环境。

目前，中国资本市场正在推进注册制改革、监管转型。推进注册制改革、监管改革的核心都在于理顺市场与政府的关系。中国法学会证券法学研究会会长郭锋指出，证券法修改的内容是多方面的，但对股票公开发行取消事实上的审批制，建立注册制，是修改的重中之重。这是我国资本市场发展到一定阶段后市场的必然要求。实施注册制，彻底废除被市场、媒体和学者所诟病的事实上的发行审批制，将是中国证券市场的一次革命性突破。中国证券市场发展的一些制度性障碍有望进一步得到化解。

这一套深刻的制度改革还需要一系列配套制度的完善，包括且不限于建立健全资本市场信息披露规则体系，进一步完善稽查执法规则体系，继续深化行政处罚机制改革，建立健全中小投资者保护机制，进一步完善证券侵权民事赔偿司法解释，积极稳妥推进行政和解试点，继续推进中央监管信息平台建设等。

除了制度层面的完善，在交易规则、交易工具的创新上，随着证券法的修改和市场的日渐成熟，中国资本市场也可以借鉴国际市场成熟做法，积极推进工具和制度的改革创新。

值得关注的是，近期的证券法修改已在为几项资本市场重大改革铺路。

比如，现金分红不足一直是中国股市的一大难题。对此，《证券法》（修订草案）要求，上市公司在章程中需明确现金分红的具体安排和决策程序。对于当年税后利润，在弥补亏损及提取法定公积金后有盈余的，上市公司应当按照公司章程规定，分配现金股利。这一制度如能落实，将有利于改变目前炒短炒概念、挖掘庄股的现状。

再如，针对证券市场违法违规行为层出不穷、违规成本较低以及中小投资者维权难的问题，《证券法》（修订草案）将欺诈发行处罚标准大幅提高，新增条款禁止跨市场操纵，规定利用“未公开信息”交易责同内幕交易，并提出民事赔偿可推代表诉讼。这些举措将大幅度提高证券违法违规，特别是欺诈上市、内幕交易等行为的违法成本，投资者保护更接地气。

随着沪港通、深港通的推出，A股纳入MSCI指数等国际化进程加速，可以预料，未来A股市场在交易制度层面将逐步与国际接轨，这一天或许不会太远。目前，市场上关于A股取消涨跌停板限制、恢复T+0交易的议论颇多。

一些市场投资人士认为，在以散户为主体的投资者结构下，实行涨跌停板限制和T+1交易可在一定程度上抑制追涨杀跌，防止过度投机。也有一些专家认为，目前A股恢复T+0、取消涨跌幅限制的条件已经成熟。

东方证券资产管理公司董事长王国斌认为，“如果你想要说服别人，要诉诸利益，而非诉诸理性。”他建议，可以适时取消涨跌停板，采用T+2或者T+3，鼓励对基本面的重视，取消涨跌停板，投资必须更加谨慎，也使放款者会更加慎重，容易降低杠杆。

武汉科技大学金融证券研究所所长董登新认为，无涨跌幅限制的T+0不仅能有效打破庄家对股价的操纵与控制，让股价信号更真实反映市场供求，还能强化对冲交易，有利于完善市场套利机制，平滑个股与股市的过快上涨或过快下跌，进而提高市场的有效率。因为无涨跌幅限制的T+0将更能形成多空双边的充分博弈与对等博弈，从而形成合理估值及均衡股价，并使得股价波动能够充分反映市场供求及偶然事件影响。

上交所理事长桂敏杰曾表示，大盘股推出T+0条件基本成熟，上交所将积极推动T+0交易制度的出台。目前，这一制度还在准备及统一认识过程中。

可以料想，中国资本市场可在处理好创新发展与防范风险关系的基础上，进一步推进机制、品种创新。比如，推出“深港通”等更多境内外市场联通机制；丰富股票期权产品线，加快开发权益类、利率类、汇率类等金融期货期权产品，推进股指期权试点；进一步丰富涉农期货品种，推进农产品期货期权试点；进一步丰富做空工具，推进融券业务以及丰富债权融资工具、并购重组金融工具等。

清华大学经管学院教授李稻葵认为，各种做空机制是股市健康发展的重要前提，因为其中包括的大量金融工具是数量化投资的重要基础，而做空机制在牛市中推出则更顺理成章。同时，关于融资融券的各种杠杆管理办法在牛市中也相对容易推出。

理性投资推动市场主体成熟

市场的成熟从来都不只是制度的完善和工具的丰富，更在于市场主体的理性。这既包括监管改革推动下的监管者成熟，也包括上市公司、中介机构、机构投资者、散户投资者等各类投资主体的成熟。

显然，我国资本市场要形成理性投资文化，离不开市场主体的各方合力。中国人民大学法学院教授刘俊海建议，多管齐下打造投资者友好型资本市场，弘扬公平公正的股权文化，建立健全投资者友好型的市场准入体系、公司治理体系、行政监管体系、司法救济体系、政策法律体系、社会监督体系和投资者维权教育体系。

从监管者角度来看，应着力于完善市场制度、交易规则，营造公平、公正、公开的市场环境。李稻葵教授认为，股市上涨是资本市场改革的机遇。当前中

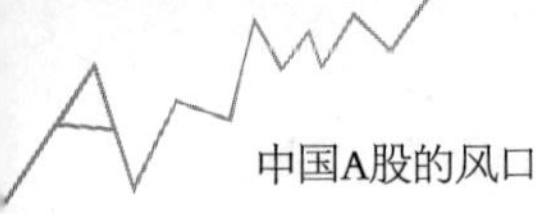

国资本市场所缺乏的，是一系列相关的配套管理办法和体制，而许多A股亟需的制度改革必须在股市上涨的过程中加以推进，在熊市中则比较困难。比如，新股上市实行注册制而非审批制，在股市上涨的过程中推出显然是顺应民心；而在股市下跌时则往往被理解为雪上加霜，很难推行。

从上市公司角度来看，应着力于主营业务发展，提高公司业绩，完善公司治理，实施现金分红，增强回报投资者的持续能力。中国上市公司协会执行副会长姚峰说，经过20多年的努力，中国已基本建立了较为健全的公司治理法律法规体系，企业公司治理的质量和水平有了显著的提高。但是，由于中国的公司治理实践，无论是当初的制度建立还是后续的改革、完善，都是政府导向行为，企业自主、自愿参与的程度不高，这造成了有些公司治理的细节规定不太适合企业的具体情况和实际需求，还需要进一步的优化和完善。

目前，虚假陈述、财务造假、信披违规、内部人控制、大股东侵吞上市公司利益、不重视投资者回报、业绩或业务承诺不兑现等现象在一些公司仍不同程度地存在，一些上市公司甚至不思主营业务发展，热衷以卖壳、重组、改名等噱头来炒作股价。上市公司的这种不成熟在本轮牛市中暴露无遗。完善上市公司治理，一方面需要上市公司诚信经营，强化自律；另一方面需要监管部门、行业组织、中介机构和社会舆论加强监管、监督。中国证监会明确表示，将按照市场化、法治化、国际化的改革取向，以投资者需求为导向，不断提高上市公司的信息披露质量；以解决公司治理深层次问题为核心，逐步健全上市公司发展内生机制；以支持创新发展为重点，优化上市公司发展的政策环境，努力推动上市公司更好地实现科学发展。

从中介机构角度来看，应恪守客观中立，扮演好发行人与投资人之间的桥梁作用，提升执业质量和公信力。目前，我国资本市场以证券公司为代表的中介机构还存在总体规模小，对金融体系影响力弱；业务拓展能力较差；专业服务水平不高，创新能力不足；激励约束长效机制不完善，高端人才匮乏；研究能力总体较低等问题，个别机构甚至突破诚信、守法底线，与发行人联合造假，或向投资者恶意销售高风险产品。《中国证券业发展报告（2015）》指出，证券行业创新发展市场化进程在加快；服务实体经济能力进一步增强；互联网金融布局提速，证券行业竞争加剧；国际化探索取得新进展。未来，证券公司等中介机构应以客户为中心，细分客户，并提供多样化、多层次的产品，把最合适的产品卖给最合适的客户；应以服务实体经济为目的，创新多元化的投融资工具；应强化行业责任、市场责任、社会责任意识，维护和完善"三公"市场环境。

从投资者角度来看，机构投资者应发挥自身专业优势，成为价值投资、长期投资理念的践行者、倡导者，而不应以自身的信息、资金优势来进行老鼠仓、操纵股价、内幕交易、坐庄等违法违规行为。中小投资者则应提高风险自担意识和自我保护能力，摒弃炒差、炒小、炒概念等投机行为。专业知识储备、风险承受等级不同的投资者应选择不同的渠道、产品。从欧美等成熟股市来看，上市公司市值增长主要靠业绩驱动而非股价炒作，投资者回报的主要途径是股息红利而非价差收益。当市场交易工具发展丰富到一定阶段，A股必然会迎来以专业投资机构操作为主的崭新阶段。理性的投资模式应该是：众多的散户逐渐把自己的投资通过精心的选择，以严格的契约托付给券商、公募基金、私募基金等专业投资机构去打理。这将是A股市场逐渐成熟的一个重要标志。

中国证监会主席肖钢表示，将全面构筑保护中小投资者合法权益的制度体系，包括保障中小投资者知情权、健全上市公司股东投票和表决机制、健全投资回报机制、健全投资者适当性制度、丰富投资渠道和产品、建立多元化纠纷解决机制、完善中小投资者赔偿制度等。证监会将把保护中小投资者合法权益贯穿监管工作始终。

目前，监管部门正在多管齐下引导理性投资，既包括监管转型、鼓励和引导现金分红等制度层面的改革，也包括建立健全中小投资者保护机制等法律、行政制度的完善，以及引导长期资金入市、倡导长期投资理念等投资者结构优化。

当然，市场才是做好投资者教育最好的场所，在简政放权的大背景下，让股市在市场化、法治化轨道上运行方为正途。

引　子

“改革牛”谱写A股新篇章

2014年下半年至2015年春节前后，以券商、基建为代表的蓝筹股行情全线爆发。而2015年春节以来，市场进入大小盘股共舞的全面牛市阶段。中国股市，正在从前几年的踽踽徘徊中走出，迈向新的一波牛市行情。

A股刚刚攀上4 000点之际，部分投资者一度出现了不适应地撤离，一些资金涌入估值更低的香港市场，使得香港市场股票总市值达至28.6万亿港元，创历史新高，港交所单日成交金额创出2 524亿港元的历史纪录。恒生指数港股通每日105亿元人民币的额度首现午市交易时段耗尽。

天量成交的背后是投资者的跑步进场和各类杠杆工具普及化。2015年以来，周新增A股开户数持续上升，于4月中旬暴涨至325.71万户。虽然受到A股市场全面放开一人一户限制因素的影响，但新入场投资者的热情也可见一斑。

一个普遍共识是，2015年延续至今的行情与2006年至2007年间的牛市相较，无论是在基本面还是在内在逻辑上，都大相径庭。目前，经济处于健康

周期的起步阶段，“互联网+”“一带一路”、国资改革等新的主题正为资本市场的新故事贡献更多猛料，从而增强投资者对于后市长牛、慢牛的信心。增量资金入市为资本市场提供了相对充裕的流动性，也有利于提升股票市场的估值水平。

从趋势上看，中长期股市仍将以上涨为主。但创业板整体估值出现泡沫已不容回避，个股会从普涨演变为分化。符合转型趋势、代表先进技术和商业模式的成长股逐渐成长为A股中的新蓝筹股。眼下，中国经济正处于经济增速换挡、内部结构调整过程中。实体经济仍面临一定的下行压力，通缩隐忧时隐时现。但从更广阔的视角来看，股市上涨，是市场对经济增长“托底”、金融风险可控的认同，也是全面深化改革、市场流动性充裕、资金利率下行、中小企业上市公司盈利情况改善等多种因素的综合反映，有其必然性与合理性。未来股市的平稳健康发展，对于增强经济发展信心、扩大直接融资规模、加快经济转型升级意义重大。

沪指重新站上4 000点传递出新的内涵。对比同样诞生4 000点的两个时间节点，无论是经济基本面、宏观调控政策，还是资本市场，乃至投资者结构都已发生巨大变化。2006年至2007年，在投资主引擎驱动下，房地产产业链是核心的主导产业，叠加人民币升值的资产重估效应，资源、基建类股票涨幅居前。2015年，改革红利则成为股市上行的主要动力，“一带一路”等主题赋予行情新的特点。

经过多年发展，我国A股市场结构不断完善。特别是在蓝筹公司登陆资本市场的浪潮过后，中小板、创业板扩容的速度不断提升，已经成为支持A股市场发展的又一力量。行业景气度的变化也见证了A股市场结构的变迁。随着经济进一步转型，计算机、电子、医药等新兴产业保持着较快的增长速度，逐步成为带动业绩提升的重要动力。特别是“互联网+”战略为一些A股公司的转型升级指明了方向。

在“新常态”观念的引领下，中国股市正在谱写新的篇章。一方面，经济仍处在增长周期的底部，通货紧缩的阴影未散，利率和存款准备金率运行在下降的轨道上，货币政策有可能进一步宽松。另一方面，经济仍面临增长动力转换的调整压力，通胀仍将在低位运行。总体而言，投资者依然在期待政策暖风持续入市，打造更多的投资盛宴，推动更久的牛市行情。

第一章
经济“新常态”勾勒股市“新生态”

针对我国目前经济发展的现状，以习近平为总书记的党中央对经济形势做出了经济增长速度换挡期、结构调整阵痛期、前期刺激政策消化期“三期叠加”的重要判断。中国经济“新常态”下，中高速、优结构、新动力、多挑战正在成为重要特征，改革则成为继续驱动中国经济巨轮的“新动力”。通过全面深化改革来补上政府职能转换不到位、市场体系不完善、企业改革不彻底等体制机制“短板”，A股市场有望持续演绎“改革牛”行情。

第一节　中国经济进入“新常态”

经济发展“新常态”的一个重要标志是经济增长逐渐回落到中高速增长区间。这是一种可持续的经济发展速度，有利于优化配置和充分利用各种资源，

提高经济发展的质量和效益。通过深化改革，我国经济结构将会更加优化，能进一步促进全面、协调、可持续增长。

1. “新常态”下中国经济转向创新驱动

中国经济“新常态”至少包括四个主要特征“中高速”“优结构”“新动力”“多挑战”。中高速方面，中国经济增速换挡回落、从过去10%左右的高速增长转为7%~8%的中高速增长是“新常态”的最基本特征；优结构方面，第三产业逐步成为产业主体，消费需求逐步成为需求主体，城乡区域差距将逐步缩小，居民收入占比也将出现上升；新动力方面，“新常态”下，中国经济将从要素驱动、投资驱动转向创新驱动；多挑战方面，楼市、地方债和金融风险等潜在风险或将渐渐浮出水面，这些风险因素相互关联，有时一个点的爆发也可能引起连锁反应。

经济发展“新常态”的一个重要标志是经济增长逐渐回落到中高速增长区间。这是一种可持续的经济发展速度，有利于优化配置和充分利用各种资源，提高经济发展的质量和效益，真正使经济发展成果惠及全体人民。经济增速换挡只是相对于以往高速增长的适当降低，我国经济增速仍然大大高于发达国家经济体和很多新兴市场经济国家的增长速度。通过深化改革，我国经济结构将会更加优化，能进一步促进全面、协调、可持续增长。当前，我国正处于增长速度换挡期、结构调整阵痛期、前期刺激政策消化期“三期叠加”的重要发展阶段，对于当前中国经济发展的准确判断说明中央敢于面对改革发展攻坚中的各种问题，善于抓住经济发展的重要矛盾和关键环节。可以预测，在未来10年，我国经济增长将会对全球经济增长作出更大的贡献。

在此背景下，加快经济结构战略性调整是应对经济形势深刻变化的迫切需要。长期以来，制造业是我国经济发展的“火车头”，为创造中国经济奇迹提供了重要支撑。但我国制造业发展模式总体上较为粗放，带来一系列问题，例如产能过剩问题突出、生态环境恶化等。如果现在不拿出壮士断腕的决心和勇气，将来付出的代价就会更大。面对发展形势的深刻变化，我们必须加快推进经济结构战略性调整，把经济发展与结构调整、改善民生、生态文明建设有机结合，实现可持续发展。

2. 改革：中国经济“新动力”

从“三期叠加”到经济发展“新常态”，既是机遇，也是挑战。应对“新常态”方面，一是冷静理性，不急不躁，顺势而为；二是积极主动，开拓创新，尽力而为。“新常态”是新的探索，要创新宏观调控思路和方式，统筹稳增长、促改革、调结构、惠民生、防风险，以改革开路，充分发挥市场的决定性作用，激发企业和社会活力，培育经济发展的内生动力，加快经济转型升级结构优化，更好地改善民生。

“新常态”下，转方式、调结构的要求更为迫切，这就要求我们通过全面深化改革来补上政府职能转换不到位、市场体系不完善、企业改革不彻底等体制机制“短板”。“全面改革”，正成为中国经济巨轮的“新动力”。

“改革”已经成为中国“新常态”下的最大亮点。习近平主席曾指出：“面对人民群众新期待，我们必须坚定改革信心，以更大的政治勇气和智慧、更有力的措施和办法推进改革。”[①]要牢牢抓住大有可为的重要战略机遇期，坚持用深化改革的办法破解经济发展中的体制性、结构性矛盾。要通过推进重点领域

---

① 习近平：深化改革要有新谋划、新举措. 新华每日电讯. 2013-11-14.

和关键环节改革，使市场在资源配置中起决定性作用，同时要更好地发挥政府作用，促进我国经济持续健康发展。

第二节 “新常态”引领资本市场监管新思路

2014年底，中国证监会主席肖钢曾表示，经济发展进入“新常态”将极大改善资本市场发展的基础和环境，为资本市场发展提供难得的发展机遇。证监会要顺势而为，扎实做好各项工作。

中国经济“新常态”引领了资本市场监管思路的转变，一方面，大力推动以新三板为代表的多层次资本市场的建设开展得如火如荼，新三板开始成为服务中国创新型小微企业挂牌融资的全新重要阵地；另一方面，2014年以来，监管部门不断落实简政放权，以注册制为代表的股票发行制度改革落地日渐临近。而就在新产品、新业务、新交易机制不断涌现，市场参与者不断增多的过程中，监管部门更是加大了对违法违规行为的严打力度，为经济“新常态”下资本市场的健康发展护航。

1. 推动多层次资本市场建设

我国已初步建立起多层次资本市场。第一，就股票市场而言，我国已有主板市场、中小板市场、创业板市场、新三板市场，H股、红筹股市场，最近又开通了沪港通交易。第二，债券市场，公司债、企业债得到了长足的发展。第三，投资基金市场得到了迅速发展，公募基金规模不断扩大，私募基金也异军突起，而且阳光私募也逐步公开化和合法化。过去所谓的阳光私募是不公开、不合法的，有的人或公司定向募集了一些基金投资于证券市场，没有法律保障，目前已得到法律的保护。还有创投基金、产业投资基金也发展很快。最近网络股权众筹也很火热，也属资本市场的一部分。股权众筹不是P2P，而是通过股权方式定向募集小额资金投资小规模的项目，网络股权众筹会发展很快。第四，信托业得到恢复和发展，信托业管理的资金规模已经超过了保险业，目前大概管理10万亿元的资产。第五，期货、期权市场也在平稳发展。商品期货交易已经比较成熟，近几年又推出了金融期货及股指期权等。因此，中国的多层次资本市场已经初步形成，也初具规模。

中国经济经过30多年的高速发展，资本市场的发展满足不了中国实体经济发展的需求。推动多层次资本市场建设是中国经济进入新常态的必然要求。

大量小微企业未能通过资本市场的直接融资渠道获得资金，亦难以从以银行贷款为主的间接融资渠道获得融资，长此以往造成中小企业融资难、企业资金成本高企，金融风险大量积聚在银行体系。在此背景下，发展多层次资本市场，扩大直接融资比重成为金融改革的重中之重。

以新三板为例，中小企业融资难、融资贵的问题，一直制约着中国经济的转型与发展，新三板作为解决这一问题的一项手段，也越来越被关注和重视。

2014年1月24日，全国股份转让系统启动全国扩容，来自全国各地的266家企业集中在新三板挂牌上市，挂牌公司达到642家，与中小板企业数量旗鼓相当，数量超过当时的创业板公司家数。从此，整个2014年新三板迎来了跨越式发展，无论是企业挂牌数量、市场交易、公司估值还是融资能力都有大幅提升。

2014年12月26日，证监会新闻发布会发布了《关于证券经营机构参与全国股转系统相关业务有关问题的通知》，从服务、做市、投资、资本、风控、监管等六个层面给出指导意见，对新三板市场的发展构成重大利好。此后，新三

板制度建设不断走向完善，相关配套制度建设也在加紧推出。

2015年4月，全国股转公司副总经理、新闻发言人隋强表示，市场分层是全国股转公司2015年的重点工作。为确保分层工作有序推进，全国股转公司已成立工作专班，研究相关制度安排。其同时强调，当前全国股转公司大力提倡做市交易，这是当前与市场契合度最好的交易方式。竞价交易涉及技术、制度、市场等多方面准备，全国股转公司将根据各方面准备情况及市场发展阶段，统筹考虑推出竞价交易方式时机。

市场分层、投资者适当性标准调整、竞价交易的推出是一个系统工程，须统筹考虑。待市场分层草案成熟后，全国股转公司将正式向市场公开征求意见。

2. 重拳打击违法违规

在建设多层次资本市场和监管部门简证放权的过程中，同时伴随着监管部门对违法违规行为的严厉打击。证监会日前启动“2015证监法网专项执法行动”，集中力量针对市场反映强烈、严重危害市场秩序的重大违法违规行为实施专项打击。

2015年来证监会已经部署的第一批集中打击的案件，主要针对下述五类违法违规行为：一是并购重组过程中上市公司及并购对象的财务造假、舞弊行为；二是以市值管理名义内外勾结、集中资金优势和信息优势操纵市场行为；三是与多种违法违规行为交织的及新三板市场发生的内幕交易行为；四是证券公司等金融机构从业人员利用未公开信息交易行为；五是集中资金、持仓优势操纵期货交易价格行为。今后，证监会还将针对新股发行（IPO）、并购重组、市值管理、新三板、中介服务等特定领域的典型重大违法违规行为部署开展分类型专项打击行动，持续保持高压态势，遏制违法违规。

一方面，中国经济“新常态”带动了资本市场创新发展潜能的激活释放，新产品、新业务、新交易机制不断涌现，市场参与者不断增多，市场的广度、深度发生重大变化，资本市场促进改革开放和经济社会发展的功能和作用更加显现。另一方面，证券市场违法违规行为也开始“花样翻新”，虚假陈述、内幕交易、市场操纵等违法违规行为伴随着牟利模式的改变，在新股发行（IPO）、并购重组、重大信息披露及市值管理等环节变换手法、不断演变，且交织发生，严重扰乱市场秩序；而且在私募市场、新三板、融资融券、期货市场、互联网金融等领域实施重大改革创新过程中，一些手法新型、隐蔽性强、规避监管的违法违规行为也以不同的形式和面目出现，影响和危害市场创新发展。

即便被“力捧”的新三板市场，证监会也通过制度建设保证监管到位。证监会 2015 年 4 月下旬就《关于加强非上市公众公司监管工作的指导意见（征求意见稿）》向社会公开征求意见。《意见》分为五个部分：一是总体要求；二是规范各类市场主体行为，分别对非上市公众公司、中介机构、自律组织等提出具体要求；三是挂牌公司监管，对监管各方的职责作了划分，行政监管机构和自律组织各司其责；四是不挂牌公司监管；五是监管协调，建立健全监管协作和信息共享机制，以及重大风险和突发事件处置机制等。

第三节　“新牛市”折射经济“新常态”

改革牛、资金牛、杠杆牛……2015 年，改革红利成为股市上行的主要动力，“一带一路”、“互联网+”等主题赋予行情新的特点。无论是监管层的表态抑或资金面的支持，此轮股市上涨是市场对经济托底、金融风险可控的认同，一个不同于以往的“新牛市”正在显现。

1. “改革牛”唤醒信心

和上一轮牛市相比，本轮牛市处在中国经济进入“新常态”、经济正在触底回升、增速将重新企稳的大环境下，改革成为本轮牛市重要的推动力。房地产等行业投资领域回报率下降，居民资产配置重新向权益类资产迁移，为A股带来了规模巨大的增量资金。

2007年前后，国内经济增长加速，经济处于复苏期并走向快速发展，加之人民币处于升值周期中，共同催生了一轮大牛市。相较之下，目前经济增长中枢下移，下行压力较大，但各项改革措施相继落地，经济增长步入提质增效新阶段预期强烈。经济新常态意味着经济正处于一个健康周期的起步阶段。“互联网+”“一带一路”“国资改革”形成中国经济新周期的“金三角”动力模型。正是基于此，市场的短期调整无法预料，但是长周期向上的预期正在形成。本轮牛市是在经济增速换挡、经济结构调整中展开的，遵循了费雪逻辑，即新产业、新产品和新市场的出现，使经济出现了异常现象，调动了大众的投资热情。

证监会主席肖钢在2015年两会期间曾表示，中央全面深化改革的各项举措稳定了市场预期，是股市上涨的主要动力，投资者信心明显增强，反映了投资者对改革开放红利释放的预期。改革红利将是推动资本市场进一步健康发展的最强大动力，改革提升了投资者对未来的预期。一些过去被认为难以推动的改革都一一向前推进，这种改革态势前所未有。特别是金融改革，如存款保险启动、利率市场化加速等，这些政策都会在股市上得到反映，并对未来产生趋势性影响。

股市上涨是市场对经济托底、金融风险可控的认同，是市场流动性充裕、中小企业获利情况改善综合的反映，有必然性和合理性。未来股市的平稳健

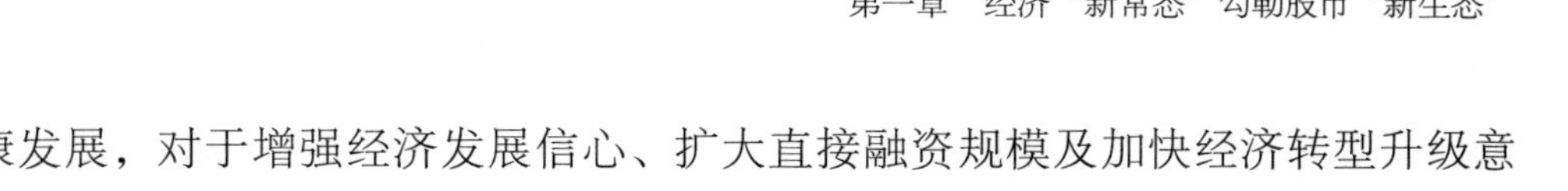

康发展，对于增强经济发展信心、扩大直接融资规模及加快经济转型升级意义重大。

2. “资金牛”引入活水

2014年底沪港通开通，使资金阀门打开，为A股带来源头活水，有助于内地资本市场国际化，从而奠定牛市基调。从受益的品种来看，沪股通中的金融股由于有折价优惠，受益最明显。央行宣布降息，贷款利率的下降有助于降低社会融资成本，也利于股市上行。曾经的“基金一哥”、现在的深圳千合资本管理有限公司董事长王亚伟表示，现在正处在全面牛市中，但牛市会走多远应该抱有一种且行且珍惜的态度。“我比较看好短期市场，虽然市场走牛已经持续了一段时间，但也已经历过一段调整，加上现在政策各方面回暖迹象比较明显，所以我预计牛市将继续”。王亚伟同时表示，首先看好保险，其次看好银行，最后是环保行业。而创业板现在有点过热，80多倍的市盈率水平无论放在哪个市场，或者从哪个历史时期去考察，都已经是一个很高的水平。

由于股市的赚钱效应不断显现，中国正迎来存款搬家时代，从开户数据来看，2015年第一季度是A股历史上保证金新增规模最大的一个季度，股市无疑成为吸金市，国人财富股权投资迎来黄金期。 如果把货币供应、政策导向、改革红利分别比作“天时”“地利”“人和”的话，现在这三把利器正共同推动A股向更高的层面发展。

自2009年开始，为挽救金融危机，全球进入了货币超宽松时代，中国亦推出了四万亿计划，但彼时货币的超发汇聚到了房地产市场，催生了中国的地产泡沫和通货膨胀，股市的走好只是昙花一现。而香港作为一个开放性的市场，亦没有在之后受到全球资金的青睐，因为在进行国际配置时，美国经济的复苏

和公司收益率的走高无疑更具吸引力。2014年下半年至今的A股盛宴，得益于货币政策在经济压力下由前期从紧重新走向宽松、股市在房地产政策不明朗下成为最大的投资蓄水池、国家意志的支持、低估值的发掘和资本市场国际化。

民生证券认为，短期随着经济逐步探底、猪价和油价冲击缓解等因素的发酵，通缩的压力有所缓解，但长期来看，经济仍面临增长动力转换的调整压力，通胀仍将在低位运行，不会成为掣肘货币宽松的障碍。未来稳增长、调结构以及防风险均需要宽松货币政策的支持，具体而言就是及时配合地产政策放松和支持信用扩张，支持新兴产业融资，降低债务维系成本。对股票市场而言，在新股发行冲击缓解之后，货币政策将继续吹“风”，股权投资盛宴远未结束。

平安证券指出，在经历了2014年无风险利率下行预期的行情后，当前市场更多是政策驱动的股权风险溢价下行行情，且在二季度末后有可能转移到基本面因素主导的行情。参考海外市场的经验，基本面弱且债务压力仍较大的欧元区自2012年欧央行转向宽松货币政策后，资本市场中枢系统性的抬升，利率下行与信用风险下降驱动了第一阶段的上行，量宽资产购买则推动近半年多的上涨行情。反观国内，预计在宏观调控确定性转向宽松、改革政策频出的背景下，A股趋势仍在牛途。

3. “杠杆牛”撬动活力

2014年7月以来，A股出现较大幅度上涨。除了改革释放红利，也不能忽视“杠杆牛”的持续显效。证监会主席肖钢指出，这轮股市上涨是对改革开放红利预期的反映，是各项利好政策叠加的结果，有其必然性和合理性。除了“改革牛”，杠杆因素也发挥了重要作用。证券公司银证转账资金、沪港通净流入资金以及保险信托新增资金均有较多增加。同时，融资融券业务发展比较快，特别是融资业务，规模已超过 1 万亿元，为股市上涨提供了资金支持。肖钢表示，目前融资融券的规模和风险总体可控，融资余额占市值的比例为 2.8%，还处在较低水平；融资交易平均占每天的交易额的 15%，虽然相对过去扩大，但总体可控。

经济面临下行压力并不意味股市注定疲软。申万宏源在向肖钢、桂敏杰等人做报告时表示，从A股的总体来看，估值水平距 2007 年和 2009 年仍有差距，同时，4 000 点还有上涨空间。对于目前A股的快速上涨，申万宏源认为牛市是政府、企业、居民和社会的共识所致。同时，监管层放松管制，使得资本市场功能逐渐健全。“这驱动了增量资金‘跑步入市’”。申万宏源证券表示，居民大类资产配置的调整正在进行中，个人投资者对于加杠杆投资A股的热情有望持续；2015 年银行配资可能带来 1 万亿资金增量。

“杠杆牛”撬动了此次资本市场的活力，反过来牛市环境也为监管层规范两融业务提供了契机。证券业协会、基金业协会、上交所、深交所 2015 年 4 月 17 日联合发布《关于促进融券业务发展有关事项的通知》，支持专业机构投资者参与融券交易，并扩大融券标的。这一消息引发市场担忧，认为监管层鼓励卖空，意在打压股市，但证监会随后在 4 月 18 日紧急安抚表示无需过度解读。应该说，此次扩大融券业务规模更多体现出了监管层利用当前牛市环境，防范风险、追求多空平衡的一次政策调整。融资余额的大幅上升虽然推动了本轮牛市行情的发展，但融资业务助涨助跌的特征非常明显，必须推动两融业务均衡发展，化解两融业务畸形发展的风险。

无论是“改革牛”还是“杠杆牛”，牛就比熊好，这是广大投资者和市场人士所期盼的。2014 年推出了新“国九条”，对全面深化资本市场改革做了顶层设计。监管部门也出台了很多改革措施，比如说沪港通、ETF 期权、私募基金备

案制等，为股市带来了正能量。目前牛市大逻辑正越来越清晰。国家空前重视资本市场，下决心让市场在资源配置中起决定性作用，特别是中央新一届领导集体正在部署的是一盘经济与股市的大棋。目前的牛市是一轮历史上最有质量的“改革牛”与“成长牛”高度融合的崭新牛市，它应该走得更远也更久。

第四节　股市进入重大时刻：多层次支持经济发展

凭借在资源配置中的独特作用，资本市场正在中国经济步入“新常态”的重要战略期时被赋予促进经济结构转型升级、推动大众创业、万众创新的历史使命。加大直接融资比重、实现与实体经济的良性互动，不断发展和健全中的多层次资本市场对实体经济的支撑作用将大有可为。

1. 资本市场含金量显著提升

“多层次资本市场”这一提法在2007年就已出现，经过这几年的实践，多层次资本市场变得更加立体。据统计，在前任证监会主席郭树清的任期内，他提出的制度性改革就多达70多项。其中，不仅包括了强制现金分红，对内幕交易“零容忍”的政策，而且还促进新股发行制度的改革，降低市场交易费用等举措。

从“优化资本市场结构”到“加快多层次资本市场体系建设”，再到“加强多层次资本市场体系建设”，已然暗示资本市场在中国经济中所扮演的角色与发挥的作用已非昔日可比。回头翻开2008年的政府工作报告：“优化资本市场结构，促进股票市场稳定健康发展，着力提高上市公司质量，维护公开公平公正的市场秩序，建立创业板市场，加快发展债券市场，稳步发展期货市场。”

中国政府的强刺激政策让市场转变。2009年政府工作报告提出了“推进资本市场改革，维护股票市场稳定。发展和规范债券市场。稳步发展期货市场”，当年上证综指以79.98%的涨幅回报了投资者。当年10月，创业板市场正式启动，中国多层次资本市场迈出了关键性的一步。

“完善多层次资本市场”成了下一年政府工作报告关于资本市场的主要表述。2010年的政府工作报告就提出，要“积极扩大直接融资。完善多层次资本市场体系，扩大股权和债券融资规模，更好地满足多样化投融资需求。”在随后的几年中，中国多层次资本市场体系的建设已具雏形，并步入加速发展期。

如果总结前任证监会主席郭树清对资本市场建设的作用，有两项内容是撇不开的。一是多层次资本市场的推进，在郭树清的任期内，不仅“新三板”顺利启动，地方股权交易市场和券商柜台交易市场发展思路也逐步清晰。二是机构业务创新。自2013年5月，券商创新大会召开之后，改善政策环境，推动经营机构创新发展就成为郭树清任期内最为显著的成绩。2012年，证监会把券商创新“11条”分解成36项具体工作，到2013年底这36项具体工作基本完成。

从着手研究到正式建立，如今的多层次资本市场较几年前发生明显改观。以主板、中小板、创业板以及新三板为重要组成部分的多层次股票市场结构已基本形成。专家指出，在经济转型与产业升级过程中，大力发展直接融资将是解决融资难、融资贵问题的主渠道，随着股票发行注册制改革的实施、资产证券化的扩容，以及多层次资本市场建设的纵向深化等改革红利的逐步释放，以股权融资为主要构成的直接融资有望步入快车道，资本市场在国民经济中的地位与作用将稳步提升。

现任证监会主席肖钢在2015年“两会”期间表示，提高直接融资比重是一个艰巨的任务，不是通过多发股票、多发企业债就能提高的。需要各方共同努

力，为资本市场营造良好的发展环境。他表示，我国经济发展进入“新常态”，但直接融资比重低、社会融资成本高，为适应经济“新常态”，一定要有一个与之相匹配的资本市场作支持，一定要抓住这个机遇，采取改革措施，推进资本市场发展。肖钢指出，直接融资比重低的情况，既涉及资本市场改革仍有空间、制度还不完善等方面的因素，从更宏观的角度看，背后也还有更深层次的原因。直接融资需要解决投资人和资金使用人之间信息不对称的问题，在此过程中涉及一系列法律、监管、文化、信用体制问题，因此直接融资的发展也需要法治环境建设、监管诚信体系建设、投资者保护建设等作支撑。

实际上，无论是新“国九条”对资本市场在经济改革中作用的定调，还是2015年政府工作报告关于资本市场“适时启动‘深港通’试点，加强多层次资本市场体系建设”等86字的表述，资本市场在国民经济转型升级中的地位变得愈发重要。在经济新常态下，扩大直接融资不仅仅是股票或债券发行规模的扩张，更是通过股票和债券发行结构的变化，使金融资源更好地契合中国经济转型与打造新引擎的时代要求，为中国经济发展的新引擎“加油助力”。

2. 资源配置作用更加显著

中国经济已经从一个以银行为主导的大规模间接融资配置金融资源的时代，开始转向以资本市场直接投资为根本的配置金融资源的转型。加快实施创新驱动发展战略，实现大众创新、万众创业的格局，必然要求一个成熟的资本市场与之相匹配。以间接融资、银行为主导配置金融资源，很容易形成有规模性的企业，但其对创新是无利的。现在中国要作为创新型国家，金融资源的配置也必须逐步转向直接投融资的资源配置模式中来。这也就要求资本市场必须在这一轮创新驱动战略中扮演更为重要的角色。

如果说曾经的中国资本市场仍存在与实体经济脱节的弊病，那么如今的股市正逐步回归为实体经济市场融资的重要功能。中国人民银行行长周小川在2015年“两会”上指出，股市中有许多实体经济的企业。从石油化工到建筑、基建、农业、食品工业，他们都在股票市场上融资。特别是从股票发行角度，多数是实体经济的企业通过股票市场来融资，使实体经济得到了发展。虽然股票市场和金融市场的其他环节中有一些金融交易有可能脱离实体经济，是一种纯粹的投机炒作的做法，但是不能一概而论。

而对于“在金融市场中自我循环就都是脱离实体经济”的说法，周小川也认为并不准确。他表示，金融的大量活动都是在进行资源配置，为实体经济直接或间接进行服务。中国无论是从党中央、国务院到中央银行一直到整个金融界，和全世界其他地区相比，都更加强调金融为实体经济服务。

实际上，对于中国全面深化改革所带来的巨大红利，中国资本市场已经给予了充分的预期与反应。2014年是中国全面深化改革元年，在这一年，A股总市值从23.9万亿元飙升至37.39万亿元，而反映改革预期最为直接的蓝筹股，更是演绎了一场轰轰烈烈的行情。一个不断加强发展的资本市场必然会有一个有质量的牛市相随。凭借在资源配置中独有的作用，中国资本市场在促进经济结构转型升级和推动大众创业、万众创新的过程中，必将迎来更为重大的发展机遇。

中国股市迎来最好发展期。一个清晰的逻辑是，国家空前重视资本市场，下决心让市场在资源配置中起决定性作用。无论从中国实体经济的本身，还是实体经济的需要来看，中国股市规模扩展是必然的趋势。否则，就无法支撑起中国如此巨大规模的实体经济与市场。“理性繁荣”要形成资本市场和实体经济良性互动的发展格局，就需要保持股市的平稳健康发展。从国内实际情况看，

实体经济迫切需要一个以价值为基础的理性发展和持久繁荣的股票市场，以大幅度增加企业的股权融资，降低企业负债率，减少财务成本。资本市场的资源配置目的就是找到国内实体经济新的增长点，制造经济增长新引擎。如当前中国的“互联网+”和“智能制造”行动计划以及“一带一路”战略、“中国制造2025”规划方案等。

3. 反向验证经济“新常态”

所谓经济低迷，是一个表观的现象，而当前经济面上的一个“基本国情”是“转变经济增长方式”，这才是被股市所反应的。转变经济增长方式，通俗的理解就是由投资拉动转向消费拉动，要实现这一宏伟目标，需要两个步骤：一是解决间接融资比重过高造成的历史遗留问题；二是创造靠消费拉动的条件。

要解决前一个问题，就要通过扩大股权达到去杠杆的目的。对国企而言，通过资产注入使得非流动资产变成流动资产，或者说把流动性不强的资产变成高流动性资产，从而产生流动性溢价，一方面使得上市公司的资产负债表改善，另一方面也使得国资卖个好价钱，弥补卖地财政结束后的政府收入。对上市民企来说，通过定增来扩大股权规模，实现去杠杆。而尚未上市的民企，也可以通过新三板挂牌实现这一目标。

而对于消费拉动这一步骤，在股市进入牛市后，居民财富增加，扩大消费，就是水到渠成的事情。由此看来，实现“经济增长方式的转变”的两个步骤，都必然要求一个长期的牛市。

伴随着2014年5月新“国九条”发布实施，以及一系列制度建设与改革措施的不断推进，中国资本市场已发生了积极的重大变化。市场创新发展潜能被大大激活，对于实体经济的服务与支撑作用愈加突出。国家经济转型升级需要资本市场作为发动机进行资源优化配置，这让投资者打开了对政策红利的想象空间，加之，一系列稳增长的政策依次推出，吸引着在宽松货币环境下的各类资金入市，从“一带一路”战略到自贸区建设，从“互联网+”到混合所有制改革，从亚投行的筹备到提振东北经济，改革组合拳加速释放，提升了资本市场中长期向上的预期。

第二章

“一带一路”中国股市新版图

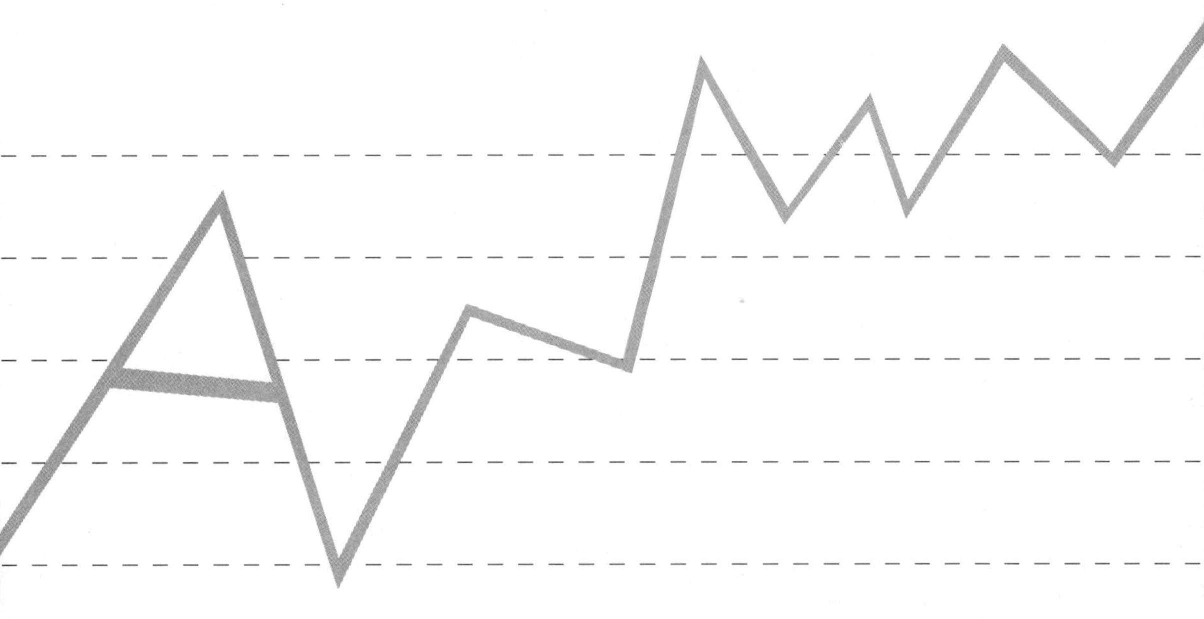

“一带一路”有助于解决我国产能过剩、需求不足的矛盾，为经济注入增长动力，有助于资本市场表现；“一带一路”战略的全面展开，将给多行业带来投资机会。

第一节 “一带一路” 中国资本输出的战略载体

“一带一路”的互联互通项目将推动沿线各国发展战略的对接与耦合，发掘区域内市场的潜力，促进投资和消费，创造需求和就业。

1. 打造普惠的区域经济合作架构

2013 年 9 月，国家主席习近平在访问哈萨克斯坦时提出构建“丝绸之路经

济带”。2013 年 10 月，习近平又在出席亚太经济合作组织领导人非正式会议期间提出了中国愿同东盟国家加强海上合作，共同建设“21 世纪海上丝绸之路”。“丝绸之路经济带”和“21 世纪海上丝绸之路”，被并称为“一带一路”。

当今世界正发生复杂深刻的变化，国际金融危机深层次影响继续显现，世界经济缓慢复苏、发展分化，国际投资贸易格局和多边投资贸易规则酝酿深刻调整，各国面临的发展问题依然严峻。共建“一带一路”顺应世界多极化、经济全球化、文化多样化、社会信息化的潮流，秉持开放的区域合作精神，致力于维护全球自由贸易体系和开放型世界经济。共建“一带一路”旨在促进经济要素有序自由流动、资源高效配置和市场深度融合，推动沿线各国实现经济政策协调，开展更大范围、更高水平、更深层次的区域合作，共同打造开放、包容、均衡、普惠的区域经济合作架构。

共建“一带一路”致力于亚欧非大陆及附近海洋的互联互通，建立和加强沿线各国互联互通伙伴关系，构建全方位、多层次、复合型的互联互通网络，实现沿线各国多元、自主、平衡、可持续的发展。“一带一路”的互联互通项目将推动沿线各国发展战略的对接与耦合，发掘区域内市场的潜力，促进投资和消费，创造需求和就业。

当前，中国经济和世界经济高度关联。从高铁、核电到“一带一路”，中国的国家战略已从韬光养晦转变为走出去的负责任大国战略，而“一带一路”是中国资本输出计划的战略载体，通过资本输出消化自身的过剩产能，并以拉动新兴市场国家和欠发达国家的基础设施建设带动全球增长。

2. “一带一路”料成基建投资催化剂

基建行业是市场看好的投资风口之一。抓住“一带一路”等国家战略迎来新的投资机遇已经成为业内共识，降准、降息等经济手段也有望对建筑工程领域带来利好。建筑板块主题性投资机会将贯穿2015年全年，以PPP为代表的建设模式，则有望为民营资本创造更大的发展空间，并为资产证券化的发展提供良好的培育土壤。

在一系列国家战略的引领下，基建工程及相关领域的发展机遇被普遍看好。银河证券研究员鲍荣富表示，基础设施建设的重点领域投资包括棚户区和危房改造、城市地下管网、中西部铁路公路、内河航道以及水利、信息、电力、油气等重大项目和清洁能源、节能环保、生态建设项目。相关行业存在巨大发展机会。

“一带一路”等国家战略正成为基建工程类投资的催化剂。在经济下行压力陡增背景下，基建投资已成为拉动经济增长的重要着力点。考虑到有关部门批准总投资额逾10万亿的七大类基建项目，以及“一带一路”的全面推进等因素，预计2015年将是基建大年。

包括降准降息在内的政策措施，也有望对建筑工程领域带来利好。建筑行业负债率高企，降息有助于缓解上市公司资金压力，减少财务费用，提振下游需求。在子板块中，受益最多的是钢结构、铁路轨道。

建筑工程行业整体营收、利润增速放缓，与经济下行、投资增速放缓密切相关，但随着政策逐步宽松，建筑行业从订单到营收有望逐步回暖，目前政策效果已经在部分行业龙头公司订单、回款方面得以显现。

随着城镇化的推进，试点地区将在医疗、教育、卫生以及市政基础设施建设等方面推行一系列具体项目。包括轨道交通、城际铁路、花园广场等市政工程类项目也将随着地方性规划逐步落实，将给建筑企业带来巨量订单。国内基建投资方面，铁路和城轨建设将成为领头羊，水利水电建设紧随其后，机场有

望大建，公路建设仍存在局部机会。

股市策略方面，当“一带一路”这个崭新的全球化战略开始落实之后，A股市场将进入“中国创造”和“中国制造”比翼齐飞的系统性行情阶段。中国金融、基建承包商、电力设备、工程机械、铁路设备、通信设备、物流等行业将全面受益。

“一带一路”初期是大规模基础设施建设，紧接着是资源能源开发利用，随后是全方位贸易服务往来，这些将为资本市场带来多产业链、多行业投资机会。

第二节　金融加码支持“一带一路”

2015 年 3 月末，国家外汇储备余额为 3.73 万亿美元。[①]如何运用庞大的外汇储备配合国家的“一带一路”战略，在“一带一路”建设中构建多边开发的市场化投融资机制，是我国政府一直谋划的一个重要课题。

随着亚投行、金砖银行、丝路基金的成立和起步运行，这一规划正式浮出水面。

1. 亚投行搭建基础设施融资平台

2015 年 4 月 15 日，经现有意向创始成员国同意，共有来自五大洲的 57 个国家成为亚投行意向创始成员国。财政部副部长史耀斌表示，亚投行作为开放、包容的多边开发银行，将继续吸收新成员作为普通成员国加入。作为一家新成立的多边开发银行和多边发展体系的新伙伴、新成员，亚投行在治理结构、保

① 人民银行公布 2015 年一季度金融统计数据报告．和讯网．2015-04-14

障政策等方面将充分借鉴现有多边开发银行通行的经验和好的做法，不走同样的弯路，寻求更好的标准。中方将和其他意向创始成员国一道，将亚投行打造成一个实现各方互利共赢和专业、高效的基础设施投融资平台。

中国财政部副部长朱光耀也同时重申，亚洲基础设施投资银行是对现有国际金融体系的补充，而不是替代。朱光耀表示，今后10年亚洲的基础设施存在着约8万亿美元的巨大投资缺口，亚投行是为亚洲地区基础设施发展所设立的机构，未来将会专注于这一领域。

前世界银行东亚地区首席经济学家维克拉姆·尼赫鲁认为，这么多的国家加入亚投行主要有三大原因：一是亚洲国家认识到基础设施对经济增长的重要性，同时亚洲地区存在巨大的基础设施投资需求；二是全球有大量资金愿意投资基础设施建设，但缺乏相应的投融资平台，而亚投行提供了这样一个专业平台；三是中国拥有巨大的财力，在亚投行成功运转后，其资本金可通过金融杠杆进一步放大，将大幅增加投资亚洲基础设施的可用资金。

亚投行对其他多边开发机构运作也会产生正面的激励作用。亚开行近期计划将年度放贷额度提高约40%正是受到亚投行倡议提出的直接影响，等到亚投行真正运转后，将会激励其他多边开发机构提供更好的项目融资等服务。清华大学中国与世界经济研究中心主任李稻葵表示，亚投行的使命应该定位于为亚洲地区的广大民众谋求长期经济发展和繁荣，换言之，亚投行不是为中国的狭隘利益服务的，它的目标是带动周边国家经济的长期发展。“如果中国可以在亚投行框架之内，切实促进亚洲周边国家的发展，那么将来中东、非洲和拉美也很有可能会在感召下加入中国制定的框架。”

在亚投行创建时期，英国的加入将对亚投行的信誉和潜在资金起到重要的推动作用。英国在基础设施、先进工程技术、金融服务和绿色科技等领域都具

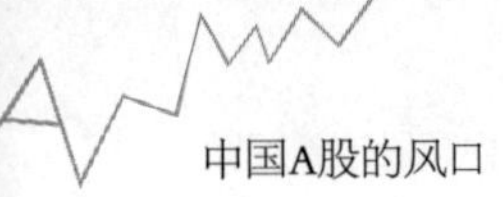

有领先地位，而亚洲经济体持续保持高速增长，在这些领域的需求与日俱增，英国更多地参与上述领域的合作，能够开创支持英国及其亚洲合作伙伴发展全面战略关系的新途径。此外，亚投行是服务于“一带一路”建设的半官方金融机构，亚投行的成功运作，可为“一带一路”树立一个成功的开端。未来亚投行的发展将更加着眼于“一带一路”沿线国家。随着越来越多发达经济体的加入，亚投行将获得诸多宝贵经验。

2. 金砖国家开发银行筑防金融危机

对于亚投行与金砖国家开发银行的关系，俄罗斯国家央行行长纳比乌琳娜表示，亚投行不会替代金砖国家开发银行。针对目前亚投行成员不断增多是在挖金砖国家开发银行“墙角”的说法，纳比乌琳娜认为，尽管亚投行与金砖国家开发银行都将开展基础设施领域的融资业务，但两行是互补而非竞争关系，金砖国家所有成员都非常希望金砖国家开发银行尽早取得实质性成果。

金砖国家扮演着世界经济发展“火车头”的重要角色，金砖国家关注现有的世界经济金融框架改革，经济互补性很强，且都面临社会经济现代化过程中的种种挑战。共同的根本利益为金砖国家机制的发展不断注入生命力。相比亚投行，金砖国家开发银行的任务是为基础设施项目提供融资，比如铁路、管道建设等，为金砖国家及世界可持续发展提供融资。此外，金砖国家开发银行主要是对金砖国家，但也将会有三分之一的额度给非金砖国家，而且金砖国家所有的项目都要以盈利为目的，要本着商业原则来运营。

国家开发银行董事长胡怀邦 2015 年 3 月 28 日在博鳌亚洲论坛上曾表示，亚投行是为亚洲量身定制的政府主导的多边金融机构，它的运作方式也是按照国际上多边金融机构的规则来运作的。而金砖国家开发银行是为了应对金砖五国出现的金融风险或者是危机。胡怀邦解释说，金砖国家开发银行和亚投行有所区别，从它设立的目标来看，前者是为了建立借贷机制网络，通过这种借贷的机制来提升基础设施融资的能力，同时也构建了金砖国家的金融安全网。在金砖国家，除了每个国家出资 200 亿美元，共 1 000 亿美元之外，还有一个 1 000 亿美元的应急储备基金，这个储备基金主要是为了应对金砖五国出现的金融风险或者是危机。

在世界银行行长金墉看来，新的多边银行有助缩小在基础设施、能源、水务等领域的融资缺口。“如果世界上的多边银行，包括亚洲基础设施投资银行和金砖国家开发银行，能够形成联盟，共同努力，支持发展来应对这些挑战，我们大家都能够受益，特别是贫困及最弱势的群体。”他表示，期盼这些新机构加入全世界多边开发银行，和世界银行集团的私营部门合作伙伴一起，共同推动促进经济增长、惠及最贫困人群的共同使命。

3. 丝路基金起步运行

2014 年 11 月 8 日，中国国家主席习近平宣布，中国将出资 400 亿美元成立丝路基金，为“一带一路”沿线国家基础设施、资源开发、产业合作和金融合作等与互联互通有关的项目提供投融资支持。2015 年 2 月 10 日，习近平主席在中央财经领导小组第 9 次会议上强调，丝路基金要服务于“一带一路”战略，按照市场化、国际化、专业化的原则，搭建好公司治理架构，尽快开展实质性项目投资。

丝路基金是由外汇储备、中国投资有限责任公司、中国进出口银行、国家开发银行共同出资，依照《中华人民共和国公司法》，按照市场化、国际化、专业化原则设立的中长期开发投资基金，重点是在“一带一路”发展进程中寻找

投资机会并提供相应的投融资服务。

央行行长周小川表示，丝路基金是以外汇为主的对外投资基金，比一般PE（私募基金）投资期限更长。未来可基于行业和地域设立子基金，国内外投资者可通过市场化方式加入。周小川表示，央行牵头筹备了丝路基金，但其成立后会独立运作，企业化运作，包括其人才选用，目前样样在行的人才稀缺。即使汇聚了人才，也难以覆盖所需行业对人才的各种需要，因此在某些行业的项目投资中，丝路基金可能会设立子基金。

2015年4月20日，习近平主席访问巴基斯坦期间，丝路基金、三峡集团与巴基斯坦私营电力和基础设施委员会在伊斯兰堡共同签署了《关于联合开发巴基斯坦水电项目的谅解合作备忘录》，中、巴两国领导人见证了备忘录的签署。据悉，这是丝路基金首个对外投资项目，标志着丝路基金开展实质性投资运作迈出了重要一步。

丝路基金有关负责人介绍，丝路基金与三峡集团合作，支持巴基斯坦开发水电等清洁能源，"首单"将投资于卡洛特水电项目。卡洛特水电站位于巴基斯坦吉拉姆河，是该河水电5个梯级电站中的第4级，规划装机容量72万千瓦，年发电32.13亿度，总投资金额约16.5亿美元。卡洛特水电站是中巴经济走廊优先实施的能源项目之一，计划采用"建设–经营–转让"（BOT）模式运作，于2015年底开工建设，2020年投入运营，运营期30年，到期后无偿转让给巴基斯坦政府。三峡集团与丝路基金等投资各方计划通过新开发和并购等方式，在吉拉姆河流域实现3 350兆瓦的水电项目开发目标。有关水电项目的建设将有助于缓解巴基斯坦电力供应瓶颈，有利于巴经济发展、民生改善和社会稳定。

丝路基金投资卡洛特水电站，将采取股权加债权的方式：一是投资三峡南亚公司部分股权，为项目提供资本金支持。三峡南亚公司是三峡集团对巴基斯坦等南亚国家进行水电等清洁能源开发的投资运营平台,此前已在巴基斯坦投产了一个风电项目，卡洛特水电站是该公司投资的首个水电项目。二是参与中国进出口银行牵头的银团，向项目提供贷款资金支持。

对于丝路基金未来的运作，有关负责人介绍，丝路基金将继续在“一带一路”发展进程中寻找投资机会，按照市场化、国际化、专业化的原则，稳步开展实质性项目投资，争取良好开局。一是夯实基础。强化项目驱动、扎实推进，避免概念驱动和投资冲动。二是增进信任。在项目合作过程中增进各方了解和互信，促进政策沟通和民心相通。三是统筹兼顾。尊重投资所在国的法律，遵循国际标准，照顾各方“舒适度”，兼顾经济效益和社会效益。四是探索创新。加强相关领域的研究，探索互利共赢、可复制、可推广的合作模式。

第三节 寻找“一带一路”上的投资机会

从设计看，“一带一路”贯穿亚欧非大陆，涉及人口约44亿，占全球人口的63%，经济总量约为22亿美元，占全球经济总量的30%，沿线以新型经济体和发展中国家为主体。沿线国家已建立起一些合作机制，并开展合作项目。“一带一路”将在已有基础上，促进沿线国家战略对接和优势互补，放大合作效果。近期中国和巴基斯坦将中巴经济走廊打造成“一带一路”倡议重大项目，引发A股中“一带一路”主题投资的热潮。伴随着中非合作的推进，“一带一路”料将持续在风口起舞。

“一带一路”以基础设施建设促进互联互通为主，以经贸合作为辅。在非洲，可以是产业转移为主，基础设施建设为辅。就像车子的两个轮子一样，它们可以成为对外发展合作的两个支撑点。

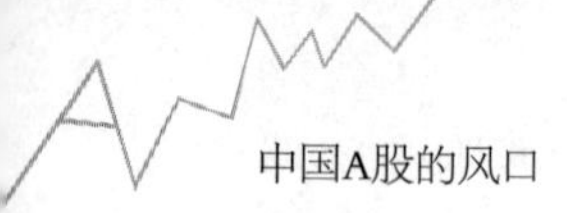

1. 港口股受关注

“一带一路”与港口物流行业深度相关，区域政策是交通运输行业最主要催化剂。伴随着利好政策的不断发酵，港口股料将重回资金风口。

按照“一带一路”愿景规划，天津、厦门等16个港口城市被定义为“一带一路”海上战略支点，这将为上述港口城市迎来前所未有的重大机遇。目前，“一带一路”港口投资热情高涨。根据各地“一带一路”投资项目统计，未来计划开工的港口水利项目投资总额将到达1 765.92亿元，占“一带一路”计划总投资额的16.95%，仅次于铁路建设投资。16个战略支点相关投资计划至少278亿元，其中最多的是青岛港。从三大港口群划分看，环渤海港口群的投资热情最高，计划投资规模达到139亿元；其后依次是珠三角港口群和长三角港口群。

从国际收支平衡表视角看，“一带一路”很可能开启继上世纪80年代基本平衡、90年代资本账户盈余及21世纪前10年经常/资本账户双盈余后的再平衡时代。由单纯的商品出口到未来的资本带动商品输出，中国制造的竞争力有望进一步增强，港口经济或将迎来第二春。以现有经济规模预计，若中国贸易占全球贸易比重提升1个百分点，将给港口经济带来接近3万亿的贸易增量，而“一带一路”16个战略支点有望首先获益。

有消息称，在2015年、2016两年开工的“一带一路”重大项目上，新亚欧大陆桥将是建设重点。新亚欧大陆桥东起中国的连云港、日照等沿海港口城市，西行出域穿越哈萨克斯坦等中亚地区，经俄罗斯、白俄罗斯、乌克兰、波兰、德国等欧洲口岸，全程长达11 000公里左右。因为它是继西伯利亚大陆桥之后连接亚欧的第二座大陆桥，故称“新亚欧大陆桥”。

2015年3月28日，国家发改委、外交部、商务部联合发布了《推动共建丝绸之路经济带和21世纪海上丝绸之路的愿景与行动》，指出根据“一带一路”走向，陆上依托国际大通道，以沿线中心城市为支撑，以重点经贸产业园区为合作平台，共同打造新亚欧大陆桥、中蒙俄、中国–中亚–西亚、中国–中南半岛等国际经济合作走廊；海上以重点港口为节点，共同建设通畅安全高效的运输大通道。中巴、孟中印缅两个经济走廊与推进“一带一路”建设关联紧密，要进一步推动合作，取得更大进展。

作为新亚欧大陆桥上的重要支点，连云港市发改委相关负责人表示，为了强化连云港在“一带一路”国家战略中的地位，连云港市将建设“一带一路”物流中心，并将加快港口和相关的交通线路基础设施建设。

2. 重启预期+走出去战略 核电“等风来”

作为中国高端装备中竞争优势明显的产业，核电“走出去”已经升级到国家战略。2015年初国务院总理李克强做出批示，提出全面提升核工业竞争优势，推动核电装备“走出去”，确保核安全万无一失，为把我国建成核工业强国而继续奋斗。预计2015年核电或将复制高铁的“出海”模式。

2015年4月由中核和中广核联合开发的具有自主知识产权的“华龙一号”第三代核电站已经接棒；到2020年底，“华龙一号”核电机组将建成。“华龙一号”是国家通过多年努力、完全有自主知识产权的百万千瓦级的核电站。此前，在能源局、国家核安全局组织的“华龙一号”总体技术方案审查会上，专家组一致认为，“华龙一号”成熟性、安全性和经济性满足三代核电技术要求，是目前中国可以出口的核电机型。

此外，2015年1月16日，中核与法国核电巨头阿海珐探讨了核燃料循环相关项目合作情况，并就相关合作达成共识。有业内人士介绍，中国核电“走出

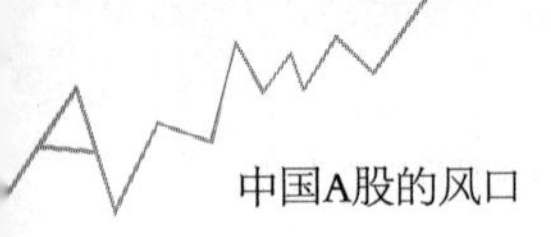

去”遇到的难题就是在核燃料循环前端与后端技术欠缺，需要依靠其他国家的支持。因此，中核与阿海珐的此次合作共识被业界看作是该公司蓄势真正“走出去”的重要准备工作。

随着核电即将重启、“走出去”步伐加快，围绕核电的建设、技术研发、设备生产将大幅提速。对于二级市场而言，核电重启将释放巨大的市场空间，核电板块将迎来明确利好，特别是龙头股值得重点关注。

3. 国内建设+走出国门 高铁继续提速

伴随技术成熟，中国高铁成本优势逐渐凸显，在国际上颇受欢迎。初步估算，国内企业 2015 年以来获得的海外铁路类订单超过千亿元。中蒙两山铁路有望破题，而此前一度搁置的泰国高铁项目重启，这对于谋求“走出去”的中国高铁而言，无疑是重大利好。与此同时，国内铁路建设也开始提速，广西将投资千亿元打造以南宁为中心的高铁经济圈。国内建设和走出国门这两大因素共振，令高铁产业的快速发展期得以持续。

（1）中蒙两山铁路有望破题

蒙古国总统额勒贝格道尔吉接受中国媒体采访时表示，蒙古国正在讨论和积极落实丝绸之路经济带倡议，希望中蒙双方在铁路、燃气管道、公路等领域加强合作。额勒贝格道尔吉表示，蒙方愿意今后从五个方面进一步提升两国战略伙伴关系。第一，进一步增加互信；第二，扩大两国安全合作；第三，在过境运输和基础设施合作方面取得重大进展；第四，进一步丰富多边合作的形式和内容；第五，把两国经贸投资合作提升到新台阶。

此前，参加吉林省东北亚博览会的蒙古国驻华特派大使苏赫巴特尔就表达了希望中蒙铁路能尽快开通的意愿。目前，吉林方面已经做好了铁路宽窄轨换装可行性分析，相关线路开通后货运量及经济效益分析的准备也比较充分。这可能意味着中蒙“两山”铁路（中国阿尔山—蒙古国乔巴山）有望破题。

其实中蒙近年来在铁路方面的合作颇多。2014 年 4 月 7 日，中蒙签署了嘎舒苏海图中蒙合资铁路公司协议。两国将修建中国甘其毛都至蒙古国嘎舒苏海图 18 公里口岸铁路，世界最大的未开采塔温陶勒盖煤矿向中国出口将更为便捷。合资公司由中国神华、蒙古国额尔德斯—塔温陶勒盖公司、能源资源有限责任公司以及塔温陶勒盖公司共同出资，神华占 49% 股权，其他三家蒙古国公司占 51% 股权。

修建中蒙两山铁路对实现中国东北地区的能源战略、保障东北地区的能源供应十分必要，同时相对低廉的能源价格对于促进地区经济的发展也十分有利。蒙古国最近也在考虑根据其资源丰富的特点展开资源外交、经济外交，现在敲定“两山”铁路建设正是一个不错的时机。

（2）泰国高铁项目重启

2015 年初，泰国军政府“全国维护和平秩序委员会”（维和委员会）批准了 2015—2022 年交通基础设施发展战略。战略中提到，8 年内将建成 8 条复线铁路，6 条在原有基础上改建而成，2 条为新建初始时速为 160 公里的复线“准高铁”。该内容一出，便受到了国际社会广泛关注。众所周知，该战略规划一经实施，就将意味着此前一度被搁置的高铁项目正式“重启”，这对正谋求“走出去”的中国铁路而言，无疑是一个重大利好消息。

泰国交通部次长索提此前讲话称，泰国计划修建两条“高速铁路”。一条将连接廊开和玛塔普港，而另一条将连接清孔与班帕钦（距离曼谷以北约 100 公里左右）。这两条高铁线路的规划已被军政府列入应当尽快推动的紧急工程之中。从廊开通往玛塔普港的高铁线路全长 737 公里，预计耗资约 3 925 亿泰铢，

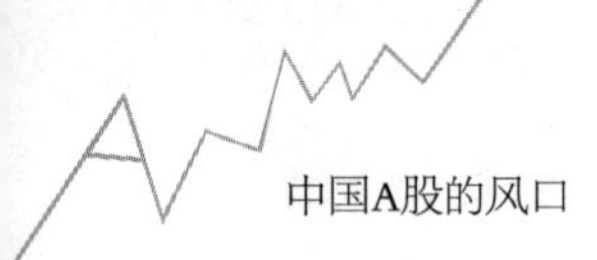

而从清孔通往班帕钦的高铁线路全长655公里，预计耗资约3 488亿泰铢。工程建设将从2015年开始，预计2021年竣工。索提表示，“高速铁路双线设计的标准将会保留，但列车最高时速将会从200公里下降到160公里。在未来的某个时期，一旦有了更多投入就可随时升级到更高速度。”

2013年李克强总理在访问泰国时，曾与当时执政的英拉政府达成“大米换高铁”的相关计划。2014年5月22日，泰国军方接管政权后，宣布暂停一切英拉时代的2万亿泰铢以上大型基础设施工程，并逐一进行审查。泰国坊间一度有言论认为，泰国军政府计划放弃高铁项目，中泰高铁合作已经流产。但随后泰国外交部常务次长西哈萨克在参加一次国际会议中表示，希望“大米换高铁”项目继续进行下去。访问中国的泰国前副总理、维和委员会主席巴育特使宋吉，还与中国领导人一同确认了两国将继续致力于深化和扩大经贸合作，同时恢复“中泰联委会”机制，这更是为双方携手继续这个项目铺平了道路。

泰国当地分析人士表示，当时英拉政府优先考虑的高铁计划是修通曼谷至清迈的线路，但该线路无法与中国规划的泛亚铁路联通。而这次军政府通过的两条复线铁路线，其中一条与昆曼公路的走向完全吻合，而另外一条则与规划中的昆明—万象中老铁路能够联通。这两条高铁线路一旦建成，中国大西南与东南亚的互联互通和经济合作将会提升到一个新水平，并且将给东盟一体化进程注入新的动力。

（3）广西打造高铁经济圈

未来几年广西每年将保持300亿元左右的投资规模，到2020年打造成以南宁为中心的“12310”高铁经济圈，实现“市市通高铁”。南宁铁路枢纽包括南宁站至南宁东站区间，是中国西南铁路网中重要的地域性枢纽，是中国西南地区重要的出海运输通道节点，也是中国面向东盟的重要铁路枢纽。南广、湘桂、广西沿海、云桂等多条高速铁路将在此到发，建成后南宁东站将成为中国南方最大的火车站之一。

广西提出，到2015年先建成以南宁为中心的“123”快速铁路网，即1小时通达南宁周边城市，2小时通达广西境内其他设区市，3小时通达周边省会城市，到2020年再达到10小时左右通达国内主要中心城市的目标，最终形成以南宁为中心的“12310”高铁经济圈。

据介绍，未来一段时间，广西将把保持和扩大铁路建设投资规模作为一项重要任务，抓紧抓实，确保2014年完成投资150亿元，力争完成200亿元，今后几年保持每年300亿元左右投资规模。初步测算，到2025年，广西铁路建设累计投资规模约4 000亿元，估算广西需配套资本金1 000亿元以上，为此广西将深化投融资体制改革，多渠道、多方式筹措建设资金。

多条高速铁路在广西的桂林和南宁交汇，使广西成为中国西南重要的高速铁路交通枢纽。高铁开通、动车开行，有力推动了经济版图调整、资源要素重组和城市空间格局优化，对全面深化广西对外开放开发，具有十分重要的意义。

第三章
并购重组助推A股“转型牛”

并购重组是资本市场永恒的投资主题。近年来，上市公司在“市值管理”的驱动下，频频展开大规模跨界并购。在经济转型、政策不断完善的推动下，并购重组已经进入持续爆发期。2014年，中国地区企业并购交易创下历史新高。2015年，资本市场并购规模有望继续刷新历史纪录，从而推动A股“转型牛”行情的深度演绎。

第一节　并购重组大潮迭起

2014年5月，国务院发布《关于进一步促进资本市场健康发展的若干意见》，共涉及积极稳妥推进股票发行注册制度、加快多层次股权市场建设等九条33项内容。新“国九条”中特别提出了“鼓励上市公司建立市值管理制度”，这

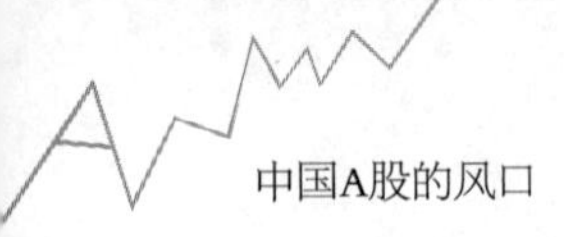

也被业内解读为从本质上提升上市公司质量的核心环节。

1. 并购热潮不断升温

由市值管理所引发的并购热潮自2014年起不断升温。普华永道数据显示，2014年中国地区企业并购交易创历史新高，交易量达到6 899宗，交易金额达到4 070亿美元。

在这波并购浪潮中，上市公司无疑是绝对主力。同花顺iFinD数据显示，2013年全年A股上市公司并购交易共发起了1 334起。2014年上市公司并购交易发起数量已经接近2 000起。

由于并购重组案例带来股价的快速飙涨，令越来越多的上市公司垂涎，成为资本市场最火热的亮点。继海南航空抛出拟定增募资240亿元加码主业后，东方航空也于2015年4月23日晚间抛出一份金额高达150亿元的定增预案，其中120亿元用于购买23架飞机项目，剩余30亿元用于偿还金融机构贷款。受此影响，东方航空复牌后股价当天涨停。

金丰投资也在4月23日晚发布公告称，公司重大资产重组事项获得中国证监会有条件通过，这标志着绿地这家全球业务规模最大的房地产企业即将实现整体上市。4月24日，金丰投资复牌后便一字涨停。

目前中国并购市场已具备天时（即经济转型）、地利（即技术进步）及人和（即政策放松），加上产业并购基金和定向并购债券等新市场中介的出现，都预示着我国资本市场将出现一次历史性的并购浪潮。

统计显示，2014年A股共有724家上市公司抛出增发预案，预计募资金额超过万亿元规模。仅2015年初至4月底，两市已有318家公司抛出增发预案，涉及募资金额已经达到8 112亿元，全年有望超越2014年水平。

近年来，政策层面对并购重组的支持力度明显加大。2013 年 10 月起证监会实施并购重组审核分道制，有条件地淡化行政审核和减少审核环节，对符合条件的申请实施豁免或快速审核。2014 年 3 月，国务院印发了《关于进一步优化企业兼并重组市场环境的意见》，为兼并重组营造了良好的政策环境。

证监会在 2014 年还就修订《上市公司重大资产重组管理办法》《上市公司收购管理办法》向社会公开征求意见，除借壳上市和发行股份之外，上市公司的重大资产重组不再需要经过证监会的行政许可。通过减少事前管制，以信息披露监管为核心，进一步简政放权，加强事中、事后监管。

在资本的驱动下，一部分上市公司通过并购重组新兴产业公司，推高上市公司的市值。上市公司市值增加后，又可以利用其较高的市值发股购买更好的资产，进入良性循环。

2. “上市公司+PE”新玩法

并购市场风起云涌，“上市公司+PE”的组合正成为市场中的“最佳拍档”。据统计，2014 年以来沪深两市已有 66 家上市公司公告参与设立并购基金，设立总规模已经超过 470 亿元，大多投资于新兴产业。

“在国外成熟市场，并购基金已经成为私募基金的主流，但在国内却是近几年才快速发展起来的。”一位PE行业资深人士表示。

2011 年硅谷天堂率先开启了与上市公司共同成立合伙人制并购基金的先河。到了 2013 年，并购基金创新形成“上市公司+PE”的模式，以硅谷天堂为代表的一些机构通过与上市公司联合成立并购基金，拓展了并购基金的退出渠道。

尽管发展时间不长，但从合作模式上看，当前上市公司参与设立并购基金主要有三大模式，即成立有限合伙公司、有限责任公司和专项资产管理计划。

其中，多数上市公司在设立并购基金时更愿意充当有限合伙人的角色。

“通常情况下，在合伙人制的并购基金中，上市公司和外部投资人为有限合伙人，PE为普通合伙人。在分工上，PE主要负责并购基金运作、项目筛选调查等工作，收取1%~2%的顾问及管理费。并购基金完成投资后再将相应资产转让给上市公司。”上述PE行业人士表示。

作为上市公司与PE合作最早出现的模式，自2011年硅谷天堂与大康牧业合作开始，有限合伙人制已经成为当前上市公司参与设立并购基金的“主流”。仅2015年公告设立并购基金的23家上市公司中，采取有限合伙人模式的便有22家之多。TCL集团、探路者、天保重装等公司均以有限合伙人的身份设立并购基金。

根据《合伙企业法》的规定，上市公司不能成为普通合伙人。虽然条文没有限制上市公司参股公司成为普通合伙人，但会面临复杂的程序和监管要求。再加上有限合伙企业较为灵活，享有税收优惠，所以这种模式比较普遍。

除有限合伙人外，部分上市公司还选择成立资产管理计划的模式。2014年4月长城集团公告，与上海金元惠理资产管理有限公司设立金元惠理长城集团并购系列资产管理计划——金元惠理长城并购1号资产管理计划，主要投资于围绕长城集团战略规划范围的产业整合。总规模不超过1.80亿元，其中长城集团认购劣后份额不超过3 000万元，剩余优先级由金元惠理进行募集。

此外，少数公司还以成立有限责任公司的形式参与设立并购基金。合兴包装曾公告，公司全资子公司新疆裕荣股权投资管理有限公司与中新融创资本管理有限公司合资设立一家有限责任公司形式的并购基金管理公司，由管理公司发起设立和管理主要从事股权收购业务的并购基金。基金目标规模为4亿元，裕荣投资拟用自有资金4 000万元认购首期20%份额。

上市公司借助PE的资源和专业能力，将在并购项目获取、项目审核、资本运作和产业整合等方面获得专业支持，从而提高并购的成功率和效率。借助并购基金，上市公司也将获得资金杠杆，缓解公司资金压力。

3. 新兴产业领域成高发地

上市公司成立产业并购基金并非新鲜事物。成立产业基金的好处在于可以规避上市公司不能收购亏损企业的限制，以产业基金为主体收购小微企业或方案，在上市公司体外培育，成长成熟后再注入上市公司。

成立并购基金所使用的行业特征包括：行业本身受制于传统业务增速趋缓、市场集中度分散、中小企业融资压力大，但在细分领域存在个别龙头主导，且龙头具备跨地区、跨行业的卓越管理能力。

事实上，从2014年以来披露成立并购基金的上市公司分布来看，大多数集中在新兴产业领域。根据中国证券报记者的统计，这66家公司中以生物医药、计算机、电子、传媒、电气设备等行业的上市公司为主。

以并购、股权转让为代表的退出方式，已经成为机构的重要选择。这将是市场发展的必然趋势。近年来中国并购市场活跃度和规模迅速增长，随着经济回暖，并购市场有望创造新的纪录。从行业看，公共医疗、健康行业在未来几年将出现大量的收购兼并活动。

在A股医药类上市公司中，通过投资并购基金的方式购买资产渐成风尚。统计显示，包括爱尔眼科、一心堂、北大医药、中源协和、中恒集团在内的多家医药类上市公司均参与设立或投资并购基金。

值得注意的是，一些医药类上市公司已经不是首次设立并购基金。以爱尔眼科为例，上市公司平台在2014年已经先后参与成立了深圳前海东方爱尔医疗

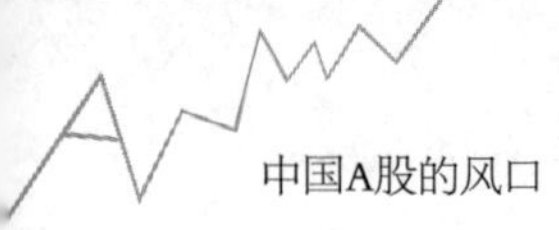

产业并购基金、华泰瑞联并购基金。2014年底爱尔眼科又公告，使用自有资金9 800万元与达孜县中钰健康创业投资基金共同发起设立湖南爱尔中钰眼科医疗产业并购投资基金。此外，中恒集团也已多次参与设立并购基金。

不仅仅是行业内涌现的并购机会，激烈的竞争环境也迫使部分上市公司通过并购实现外延式发展。以电子行业为例，此前*ST合泰、宇顺电子等公司均纷纷公告投资设立并购产业基金。产业并购基金其实是在终端智能化、互联化的大趋势下，国内电子制造厂面临激烈竞争的一种自发延伸，未来产业并购基金将会成为此类制造类企业的常态配置。

自2014年以来，文化传媒市场并购重组火热，上市公司及行业资本参与的文化产业并购基金也频繁设立。包括光线传媒、省广股份在内的多家传媒类上市公司均把扩张触角伸向了并购基金。

符合政策导向、集中度较低、有整合机会的行业将是未来并购基金的“高发地”。上市公司为了实现转型发展，以产业基金的形式运作，将有助于控制风险。一二级市场的价差、产业整合的需求等因素将促使并购基金继续维持热度。

4. 并购效果逐步显现

对于上市公司而言，成立并购基金将有助于企业转型或实现外延式扩张，从而获得更多发展机遇。但由于寻找及培育并购标的仍需要一定时间，部分上市公司设立并购基金的效果有待逐步体现，而一些并购活动对企业经营拓展的带动已开始在业绩中有所反应。

积极参与并购基金的爱尔眼科2014年实现收入24.02亿元，同比增长21.01%；实现归属于上市公司股东净利润3.09亿元，同比增长38.22%。公司称，医疗服务收入继续保持稳步增长，实现盈利的医院数量也不断增加，尚处于培育期的医院收入增长明显，使公司经营业绩保持持续增长。并购基金的建立减少了新开分店对业绩的冲击，确保了公司利润的高速增长。

成立并购基金表明了上市公司转型或外延式扩张的意愿，但由于寻找及培育投资标的需要时间，再加上信息披露的有限性，因此成立并购基金的整合效果并不能立刻体现。并购基金对上市公司的短期影响有限，从培育到成熟再到注入上市公司需要较长的发酵周期。

尽管并购基金实际发挥效力需要一定周期，但目前机构普遍看好上市公司成立并购基金的举动。对于二级市场投资者而言，并购所触发的基本面变化和产业整合机会仍然是引发投资热情的因素之一。

以梅泰诺为例，公司在2015年2月公告，共同发起设立嘉加梅泰诺股权投资合伙企业（有限合伙），作为梅泰诺产业并购整合的平台。对此，包括国泰君安、招商证券在内的多家机构均给出了积极评价。招商证券认为，成立并购基金是梅泰诺利用社会产业资本补充流动资金、加速新业务发展的重要布局。国泰君安则表示，公司此次通过设立并购基金的方式加速了融资步伐，后续外延运作也有望提速。

随着“上市公司+PE”的活跃，监管层对于该模式的监管力度也在不断加强。2015年3月初，证监会表示，为防范该种投资模式可能出现的市场操纵、内幕交易、利益输送等现象，证监会将加强监管力度。强化“PE+上市公司”投资模式下权益变动、签订市值管理协议、关联交易等相关信息披露要求，严厉打击市场操纵、内幕交易等违法违规行为。不过，证监会对于“PE+上市公司”投资模式的监管坚持以市场化为导向，在合法合规范围内，尽可能让市场主体自主决定。

值得注意的是，2014年A股不少上市公司纷纷进行资产收购或并购重组，

如今外延式扩张的成果开始在业绩中有所体现。统计显示，2015 年一季度业绩增幅排在前列的公司中，大多是由于并购重组带来的提升。

一季度明家科技的净利润较上年同期增加了 6 070.05%，在已披露的一季报中位居前列。2014 年度公司实施重大资产重组，完成了对金源互动的收购，2015 年一季度金源互动并表增加了公司净利润，使得业绩实现大幅增长。

同样，金龙机电一季度的净利润同比增幅达到 5 667.6%，公司实现营业收入 6.77 亿元，同比增长 460.58%。2014 年 10 月公司完成无锡博一光电科技有限公司、深圳甲艾马达有限公司并购重组，新增两家子公司一季度营业收入合计达到 3.01 亿元。

2014 年并购市场风起云涌，外延式扩张已经成为推动上市公司盈利增长的重要动力。海翔药业、冠福股份等公司均由于完成收购或资产重组，使公司盈利能力提升，2015 年一季度业绩同比实现大幅增长。

随着监管层对于“上市公司+PE”模式的重视，这种资本市场“新玩法”将逐步进入规范化发展的新阶段。国内产业整合不断推进，上市公司设立并购基金的模式仍将保持活跃，成为实现企业外延式扩张的重要渠道。并购对上市公司业绩的提升效应将在 2015 年逐步显现。

第二节　改革迸发上市公司经营活力

国企改革脚步逐渐加快，通过混合所有制、引入战略投资者等方式，国有企业经营活力得到加强。财务数据显示，尽管因中国石油、中国石化盈利下滑，国有企业 2014 年整体业绩差强人意，但基础建设、金融、新能源等领域国企依然保持营收和利润高速增长势头。

1. 业绩夯实央企发展基础

截至2015年4月29日，258家直属和间接控股的央企上市公司2014年实现归属母公司股东的净利润合计7 329.84亿元，较2013年同比下滑2.11%。

工商银行依然是盈利能力最强的企业，2014年实现净利润2 758.11亿元，同比小幅增长。中国石油、中国石化则出现业绩下滑，分别实现净利润1 071.73亿元和474.30亿元，较2013年分别下降17.3%、29.4%。

自2014年下半年以来，包括大盘蓝筹股在内的A股公司股价普遍出现上涨，尤其是2015年以来中国南车、中国北车、中国中铁等公司股价涨幅巨大。不过，目前央企上市公司的加权平均市盈率只有21.78倍，加权平均市净率为2.56倍，2015年以来市值整体增幅为45.93%。

国企改革即将进入深水区，处于排头兵地位的央企自然成为了改革的主力。推进“一带一路”战略和参与国际竞争是目前央企并购重组的主要推手。从中长期来看，除涉及“一带一路”战略的公司外，央企的兼并整合可能主要发生在竞争类企业、对于经济增长提升明显的装备制造企业和存在同类恶性竞争的企业之间。

数据显示，目前，国资委辖下共有112家央企，旗下共有277家A股上市公司，总市值超过10万亿元。

实际上，央企的兼并重组并非一个新话题。早在2003年，国资委原主任李荣融就表示，要培育30户到50户具有国际竞争力的大企业。在2003年至2014年的11年间，国资委的央企重组工作一直在稳步推进。期间，共有80多家央企被重组兼并。

央企并购重组已成为当前市场最热的话题。但央企重组是一个长期的目标，

是在分类改革以及结构调整的基础上进行的，目前国企改革总体方案尚未出台，成规模的“央企合并潮”在近期不太可能出现。

2. 地方国企有望受益改革

Wind统计数据显示，在目前A股所有上市公司中，实际控制人为地方国资委、地方政府、地方国有企业以及集体企业的上市公司总计高达656家，占到了A股所有上市公司的四分之一以上。

由于数量众多，2014年地方国企类上市公司业绩参差不齐，但整体维持了增长的势头。上汽集团是盈利最多的地方国企，2014年实现归属母公司股东的净利润279.73亿元，同比增长12.78%。浪潮软件则成为业绩增幅最大的地方国企，受益于软硬件国产化的推进，2014年公司软件及系统集成业务规模扩大，使得公司营收大幅增长，全年实现营业收入10.85亿元，同比增长23.90%。另外，公司通过控股子公司山东浪潮通信系统有限公司持有浪潮乐金数字移动通信有限公司30%的股份，后者2014年实现净利润33 846.40万元，山东浪潮本期对其计提投资收益10 075.80万元。

自2014年上海首先出台“国企国资改革二十条”纲领性文件后，多地也纷纷出台相关文件。截至2015年4月底，已有四川、黑龙江、天津、山东、江西、河南、北京、江苏、广东等超过20个省市国资委出台地方国企改革相关文件。从已经公布的地方国企改革方案来看，主要包括六大方面内容：国企改革目标、引入非公经济、企业治理结构提升、监管方式转变、区分不同国企功能、经营收益上缴等。

混合所有制改革提速，改变过去国资“一股独大”局面，成为本轮地方国企改革的一个重点。江苏、浙江、上海、重庆、青海、黑龙江等省市都明确提出将采取市场化的混改方式。其中，上海国企改革方案提出混合所有制改革将成为重头戏。重庆市则明确提出三分之二左右的国有企业发展成为混合所有制企业，总体量达 4 000 亿元，由市场决定国资进退。江苏方案则称，在国有资本持股比例和各路资本参与混改的形式上不设限制。

湖南、深圳、天津、山东、安徽等省市的国企改革思路中都提到了国有资产的整合与注入。但对于整体上市还是借壳整合，不同的地区各有侧重。如天津市明确提出，至 2017 年重点集团至少拥有 1 家上市公司，经营性国有资产证券化率达到 40%。安徽省方案也提出，通过整体上市和分类重组，提高国有经济集中度。

3. 国企改革提升并购预期

重组整合是国企改革的方式之一，从央企集团公司情况来看，电力煤炭、航天军工、机械、航运、地产、有色、石油石化、钢铁等重资产周期行业占据了显著地位。反映在股市中，石油石化、建筑、电力及公用事业等周期性重资产行业中的占比均超过 70%。多数行业已经从增量发展进入存量博弈阶段，面临产能过剩、重复建设、恶性竞争的窘境，通过重组整合，有利于优化资源、改善竞争格局，从而改善央企经营状况。

大量身处竞争性行业的央企及所属上市公司兼并重组，也成为市场的关注热点。目前央企数目仍较多，尤其在建筑、水电等领域一个行业存在多家大型央企竞争的局面较为普遍。若按照一个领域组建 1 家至 2 家国有资本投资公司的目标，推进央企强强合并应是一个趋势。

2015 年 3 月下旬，中船重工集团与中船集团高层对调。由于两家集团原本是一家，此次高管对调引发市场对于两船合并预期。4 月 15 日中海海盛因重大

事项停牌，市场对航运企业的重组预期逐渐强烈。有关四大航运企业（中远集团、中海集团、中外运长航集团、招商局集团）将整合的预期升温。

此外，受制于体制机制以及经济周期等宏观经济因素，不少身处产能过剩行业公司盈利能力大幅下滑，部分企业更因连续亏损存在保壳压力。由于上市公司仍是集团内进行资本运作的重要平台，因此围绕着这一类企业的重组整合也是资本市场关注的另一个焦点。前述接近国资委的人士表示，通过重组等方式逐步退出部分竞争性领域也是此轮国企改革的重要方向之一。通过资本市场和市场化手段运作，实现资源优化整合，有助于释放企业活力和提升企业盈利能力。

第三节　资本市场助力国企改革

在经济步入“新常态”的大背景下，进一步深化改革成为提升我国潜在增长率、实现经济健康快速可持续发展的动力和有力保障。国有企业改革的作用显得尤为突出。十八届三中全会做出全面部署的一年来，中央及地方紧锣密鼓的改革奏响了国资国企改革的序曲。

随着中央经济工作会议和中央企业、地方国资委负责人会议的相继召开，国资改革方向、路径和蓝图逐渐明晰：2015 年国企改革将以“加减乘除”调结构，建立“三项清单”和“四个一批”，以分类、混合所有制以及“四项试点”改革为重点加速推进。随着顶层设计 1+N 个方案的最终出炉，新一轮以产权改革为核心、以国有资本运营为载体、以分类指导和竞争性行业国企市场化运营为取向的多项改革将全面破题，这将极大增强企业活力、提高国企核心竞争力，并为股市注入新的动力。

1. 顶层设计定方向

在关于国企改革的顶层设计中，包括关于深化国有企业改革的指导意见、关于完善国有资产管理体制的总体方案。关系全局工作的方案为：中央企业布局结构调整总体方案、界定不同中央企业功能的方案，加快国有企业发展混合所有制经济的意见、国有资本投资运营公司方案、完善国有企业公司法人治理结构方案以及加快剥离国有企业办社会职能和解决历史遗留问题工作方案。此外，还有完善中央企业分类考核及石油天然气体制改革等方案。

根据深化改革小组 2014 年深化改革工作计划，多项涉及国资领域改革的意见已出台或正在抓紧制定，国企改革将是未来A股行情的重要驱动力和主战场。

出台国有企业改革和国有资产管理体制改革顶层设计方案的时机逐渐成熟。顶层设计所要解决的几大问题在过去的一年里都进行关键试点或在制度层面做出重要突破：一是地方国企改革在分类监管上进行有效探索，为国企改革顶层设计实现分类监管积累必要经验；二是新《预算法》明确全口径预算框架，将政府全部收入和支出纳入预算，为清晰财政和国资关系提供必备前提；三是地方国资在建立国资流动平台，推动国资证券化等方面的试点将为向“管资本”过渡积累经验；四是央企负责人薪酬改革方案落地，将推动限薪与中长期激励相结合，员工持股将在各地改革方案中进行广泛试点和探索；五是随着党的十八届四中全会推动依法治国，以及规范国企推进混合所有制改革方案近期出台，将确保混合所有制改革设计的利益分配问题依法依规解决。

2. 112 家央企改革箭在弦上

2014 年 7 月，国务院公布六家央企作为“四项改革试点”，标志着央企改

革的大幕拉开。第一批六家央企四项改革试点方案经国资委多次审议，已基本定稿并发文实施。较成熟的试点方案无疑将为下一步央企改革梳理出主线，起到示范作用。

首批试点央企的“四项改革”基本勾勒了央企改革的大体轮廓。从具体公司的国企改革进展来看，国有资本投资运营公司试点的中粮集团，主要从事粮食收购、食品加工与制造、粮油食品贸易、粮油糖期货和物流及酒店、房地产开发经营等业务的大型央企。截至2014年末，有上市公司9家，包括A股市场的中粮生化、中粮屯河、中粮地产、酒鬼酒以及H股中的中粮置地、中粮包装、蒙牛乳业、中国食品、中国粮油。历史上，中粮先后并购了中国土产畜产进出口总公司、中谷粮油集团、中国华粮物流集团等大型粮食食品平台，最近中粮又获得了华孚贸易集团，中粮的全产业链已经基本完成，未来有望对旗下上市公司进行进一步整合，做大做强相关业务。

同样为国有资本投资运营公司试点的国投集团，拥有实业、金融服务业、国有资产经营“三足鼎立”的业务框架。实业重点投向电力、煤炭、港航、化肥等基础性、资源性产业及高科技产业；金融服务业重点发展金融、资产管理和咨询业务；国有资产经营业务方面，国投是第一批试点的资产运营平台，试点期间陆续有中国投资担保有限公司、中国纺织物资（集团）总公司、中国电子工程设计院、中国成套设备进出口（集团）总公司和中国高新投资集团公司等5家企业先后并入国投，同时还完成了对中国包装总公司的托管工作。试点期间，国投动作频频，包括将国投中鲁的壳卖给江苏环亚，重组中纺投资注入安信证券等。

作为混改标杆性企业的中国建材，在过去的10年间，一边进行行业整合，一边进行资本混合，重组上千家民营企业。所有者权益也由20多亿元上升到

220亿元，同时吸纳小股东权益440亿元，又以660亿元的净资产撬动了3 600亿元的总资产，混合所有制企业数量超过85%。中国建筑材料公司旗下资产重组的速度还会大大加快，其旗下洛阳玻璃和方兴科技已进入重组程序。

中国医药集团旗下拥有11家全资或控股子公司和国药控股、国药股份、国药一致、天坛生物、现代制药等6家上市公司。此前，民企复星参与并协助国药攻城略地。作为混改试点，国药集团的主要方向可能是进行员工持股计划或引入战略投资。

实际上，除了试点的六家企业，一些央企自身的改革也正积极有序推进中。

恒天集团提出下一步要引入战略合作者；中冶集团也曾提出，混合所有制改革要加快迈出步伐，在大项目、小公司优先推进混合所有制改革。国电集团明确提出，要推进股权架构层面的改革，包括整体上市和发展混合所有制，在各个层面引进战略投资者。中材集团此前亦表示，要着力扩大混合所有制范围，完善经营机制。中铝公司表示，正在推进旗下三家企业的员工持股、技术骨干持股试点工作。

此外，继中国南车、中国北车的合并后，市场曾有消息称，中国船舶工业集团公司和中国船舶重工集团公司领导将互调，引发南北船合并的猜测。中国重工和中国船舶随后发布澄清公告，但投资者仍追捧这两家上市公司。中石油和中石化合并、中国电信与中国联通合并以及中国远洋与中海集运、中外运长航集团、招商局集团整合的传闻出现后，虽然上市公司均发布公告澄清，但市场仍予以热捧。此外，市场还出现东航与南航合并、六大稀土集团合并等传闻，反映了国企整合的预期强烈。

中国企业改革与发展研究会副会长李锦认为，目前的央企重组将有两个趋势，一是配合“一带一路”战略，央企为加速国际化步伐，提高核心竞争力的

需要，在装备制造业、核电、通信等战略性行业进行强强联合、同类合并的重组将加快；二是随着国企改革总体方案的下发，分类改革和混改的推进，央企将迎来大规模拆分归类的重组。随着国企改革全面落地以及国家战略的推进，重组热潮即将形成。

3. 国企改革投资脉络渐清晰

相关数据统计显示，截至2014年12月28日，A股国有上市公司共有981家，总市值25.24万亿元，占比分别达到38.07%、60.35%，其中央企、地方国企平均市值分别为500亿元、130亿元，是资本市场中举足轻重的力量。

从省份分布上看，北京、上海、广东国企数据超过90家，江苏、山东超过50家，数量较多，其余省份多在30家左右及以下。从总市值占比上看，山西、陕西、北京、天津、贵州、江西国有企业总市值占其上市公司总市值比重超过70%。综合这两项指标看，上海、北京、广东、江苏、山东等东部省份及直辖市将是国企改革重点。从行业分布上看，国有企业上市公司分布在29个一级行业内，基础化工、电力及公用事业、房地产、交通运输均超过70家。

国有企业在A股占据半壁江山，A股主要指数的走势也靠国有企业撑起。国有企业已经发展为具有相当规模、相当影响力的经济核心组成部分，期间不断进行的国企改革是一个“摸着石头过河”的“试错”过程。从国企改革与发展的实践来看，改革的脉络呈现出由浅入深的阶段性推进特征。而混合所有制改革大大拓宽了经济社会改革的空间，有助于形成稳定的橄榄型社会财产权结构，有助于推动现代企业制度建设，将助力国企改革难题破冰。

而央企的重组，将给资本市场带来活力与投资机会，对于装备制造业、核电、通信等战略性行业，可以关注行业龙头企业，关注低估值蓝筹股，改革红利将惠及这些上市公司；对于分类改革和混改的相关企业，可关注一些涉及改制上市、引入战略投资者、经营者和员工持股等消息的上市公司。

从行业层面来看，目前石油化工行业中，国企12家，主要可分为中石化系、中石油系、中海油系、中化系、中国化工集团系以及兵器集团；其中以中石化系最多，共5家。

军工行业中，改革的趋势是推进股份制和进行资产证券化，预计企业类资产将加快运作，军工企业注入上市公司可能成为资本市场上的重要亮点之一，研究所改制政策落地值得期待。预计中航工业集团航电系统资产整合空间大，航天领域资本运作潜力大；电子科技系统领域优质资产众多，整合空间较大；船舶工业领域仍有较大整合空间，进展将较快。

建材领域中，中国建材集团纳入第一批国企改革试点，海螺水泥、海螺型材将由安徽省投资集团通过集团间接持股改为直接持股，这标志建材行业混合所有制改革进入实质进展阶段。混合所有制改革利好建材龙头企业，长期竞争力有望提升。

电力行业中，在整体盈利优异的背景下，资产注入将增厚公司业绩。电力央企旗下控制的上市公司较多，每家上市公司均需进行定位，在这个过程中，“小公司，大集团”的投资标的存在“质变”的机会。地方国有企业改革的步伐更大、更快。

第四节　央企重组“长跑”　市场期盼“慢牛”

央企并购重组已成为市场最热门的话题，随着各种传闻持续发酵，市场甚至出现传闻—澄清—股价上涨的态势。但央企重组是一个长期目标，短期内成

规模的“央企合并潮”不可能出现。

1. 市场憧憬央企整合

2015年4月以来，不少央企重组概念股已实现翻番。中国南车、中国北车合并的示范效应点燃资本市场对央企整合的预期。

央企重组是一项艰巨和复杂的工程，是需要五至十年的时间来实现的。像中石油与中石化、国家电网与南方电网这样的央企，目前市场主要在国内，若合并容易造成垄断从而推高价格，因此，合并重组几率非常小。而中铁与中铁建由于竞争相当厉害，合在一起就能减少很多资源浪费。在转型升级和淘汰落后产能背景下，我国钢铁行业在未来几年时间将出现比较集中的企业重组。在“一带一路”战略下，能到国际上去打拼的产业如交通运输相关产业、基础设施建设相关产业、能源建设相关产业、商贸与文化旅游产业、信息产业都可能成为重组热点。反之，暂时不会排上日程。

2. 重组是一个长期目标

央企重组是一个长期目标，是在分类改革及结构调整的基础上进行的。目前，国企改革总体方案尚未出台，大规模重组可能不会马上出现。在未来三五年内，央企有可能围绕核心竞争力改组为六七十个大的企业集团。在5~7年内，央企有可能改组为三五十个企业集团。还有一些未列入国资委监管的国有控股银行、证券、保险类金融企业及铁路、文化、农业企业等，这样估算广义央企总计在百家左右。

大企业宜合宜分，都与全球经济形势、产业演进阶段、国家政经战略、企业竞争对手变化、企业自身发展需要等诸多因素密不可分。央企合并要考虑六个因素，即国力增强、国际竞争、国际安全、国家活力、国家稳定和国资增值。央企将在未来一段时期，由内而外地革新，实现做大做强做优，与全球企业接轨，兼并、分立、剥离等各类重组动作的频率都会升高，因此央企重组潮是可期的，但不是短期就能实现的。

央企重组是大战略，一些央企重组传闻的背后可能有真实的逻辑。首先，南北车合并开创市场对央企整合的预期。其次，证监会日前修改重组条件，条文是有利于央企整合的。此外，从中国经济转型过程看，包括资本市场对实体经济的支撑、经济“新常态”下政策调整，后续会有很多实质性动作出来。因此，以上市公司为平台的央企合并，后续仍会出现。

3. 周期性重资产行业成看点

石油石化、建筑、电力及公用事业等周期性重资产行业中的多数行业已从增量发展进入存量博弈阶段，面临产能过剩、重复建设、恶性竞争的窘境，通过重组整合有利于优化资源、改善竞争格局，从而起到改善央企经营状况的作用。

在钢铁行业中，与钢铁（冶金）相关的央企有 9 家。其中，生产配套服务的有 5 家，分别是五矿集团、中钢集团、冶金科工集团、钢研科技集团、冶金地质总局。钢铁生产单位有 4 家，分别为宝钢集团、鞍钢集团、武钢集团、新兴际华集团。假设生产性钢铁央企整合成两家，北方南方将各保留一家，北方可能以鞍钢集团为主体，可能会推进早已挂牌的鞍本集团整合，加上潜在的，产量估计可达 5 000 万~6 000 万吨。南方假如宝钢、武钢整合，产量将达 8 000 万吨。整合以后统一购销，减少区域竞争，将会产生一定效益。

对航运业，航运央企重组传闻其实在 2010 年后就一直在坊间流传，大多关

于“中远”和“中海”系上市公司，对本轮重组预期，无论从国家战略、央企改革、行业现况及高层执行力等层面分析，央企航运公司的重组会是大概率事件，而且实施时间点很可能并不遥远。

在建筑行业中，中铁与中铁建从国内业务来说，合计占铁路建设市场的份额超过 80%，基本上势均力敌，不是南北分治而是“犬牙交错”。中铁建的地上业务占比略高，中铁的地铁隧道市场份额更高，占一半左右。如果合并，有利于工程盈利能力提升，更有利于国际市场开拓。

央企整合重组是一个长期过程，股票市场对此的炒作存在一定投资风险，可能透支重组利好而不利于慢牛行情培育。

第五节　定增股市场表现突出

定增从来都是资本市场中的热门主题。据Wind资讯统计，2015 年以来共有 452 家上市公司启动亦或是实施增发股份，增发积极性较此前有明显的提升；这些增发股平均市值仅 80 亿元，但年初以来的平均涨幅均超过了八成，多股涨幅翻倍。总体来看，行情向好引发了上市公司的募资冲动，而资金涌入促使定增股大涨，这种趋势仍将延续。

1. 行情向好，上市公司增发热

据统计，2015 年以来共有 452 家上市公司启动亦或是实施增发股份，有媒体统计 2014 年全年发布定增预案的公司近 600 多家。而从具体增发预案的发布时间点来看，有 168 家发布于 2015 年 3 月之后。

从行情上来看，创业板指自 2013 年初逐步上扬，但主板指数仅在 2014 年中才开始上涨，其中，2015 年 3 月 9 日以来上证综指上涨了超过千点。由此可见，不少上市公司趁市场行情向好、资金热情充沛之时，进行增发募资。实际上，这一趋势从 2014 年下半年就已经开始。

从行业分布上来看，这 452 家公司中医药生物、化工、电子、房地产、电气设备和计算机行业个股数目均达到或超过了 30 家；机械设备行业有 26 家；此外，传媒、轻工制造、通信、公用事业和汽车行业个股也均超过了 15 家。

小市值公司定增募资的冲动更强。从自由流通市值来看，这些公司的平均自由流通市值仅为 80.98 亿元。从市场板块分布来看，其中有 137 家公司属于沪市主板市场，93 家公司属于创业板，138 家公司属于中小板，84 家公司属于深市主板市场。总体来看，“中小创”公司家数居多。

2. 资金涌入，增发股涨势旺盛

从个股市场表现来看，这 452 家公司平均在 2015 年以来实现了 80.94%的涨幅，而 3 月 9 日以来的平均涨幅就超过了 47%。其中，龙生股份的涨幅达到了 527.64%，实际上自 3 月 26 日复牌以后，公司股价连续实现 19 个涨停板。同时，大智慧、华鹏飞、江苏三友的涨幅也均超过了 3.3 倍，中科金财、京天利、联络互动和迪安诊断等 18 只个股的涨幅也均超过了 2 倍以上。

从定增的目的来看，大部分公司均是为了补充流动资金，此外，传统行业涉新转型是增发的主要趋势，新兴产业公司扩张收购也有重要动力。值得关注的是，不少传统个股受到追捧系重大转型所致。江苏三友这个纺织服装行业公司被美年大健康借壳，从而迎来股价的连续飙涨，复牌以来涨幅达到了 336%以上；蓝鼎控股也从纺织服装业转型变为互联网服务公司。

此外还有不少公司借募资便利的牛市而加码主业。例如，中南建设、阳光

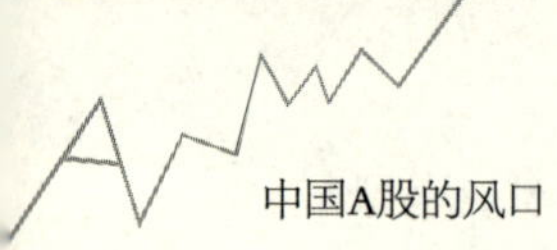

城、长安汽车等传统行业大公司拟募资支持原有项目亦或是产能的建设扩张，华域汽车则拟收购大股东优质资产，东诚药业拟通过定增募资进军核医学这个新兴领域。新兴公司诸如中科曙光，则公告拟增发股份加快公司在环境污染监测预报等各方面的研发，从而使得公司高性能计算机、存储产品在环保等细分领域得以延伸。

在巨大的财富效应下，资金积极涌入，上市公司增发动力也增强。在股价提升的预期下公司能够募到更多的资金，而且在股价上涨预期下，更容易吸引到优质投资者，对公司形成助益。同时，在牛市中，涉新转型也往往成为资金炒作的题材。

第四章
期指、期权　涨跌都赚钱

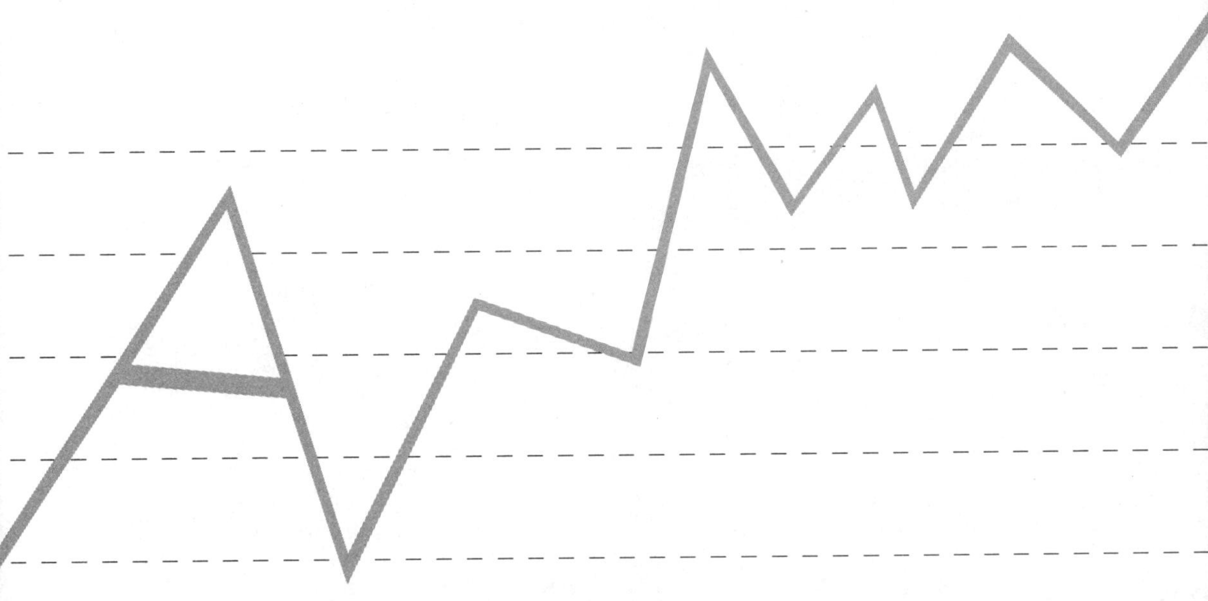

现阶段我国衍生品市场由商品期货、指数期货和指数期权市场组成。其中商品期货发展已有十几年历史，三大交易所已经推出几十个品种，涵盖农产品、能源化工、有色金属、黑色金属和贵金属等产业，品种丰富，体系日趋完善。金融期货及期权方面，近几年主要是沪深300股指期货“一枝独秀”，但2015年推出了不少新品种，分别是：2月19日上市交易的上证50ETF期权，3月20日上市交易十年期国债期货，4月17日上市交易的上证50指数期货和中证500指数期货。未来我国将继续推出原油期货、外汇期权、商品期货期权、个股期权以及更多的衍生品工具。

第一节　股指期货：市场的平衡力

股指期货具有套期保值功能，可以帮助投资者规避股票现货市场的系统性风险。沪深300股指期货推出5年多来，总体运行平稳。它提供了多空双向交易机制，给市场提供对冲平衡力量。股指期货还推动了股票市场化价格的形成机制，培育了一大批成熟的机构投资者队伍。

1. 避险催生股指期货

股指期货最早出现于20世纪70年代的美国市场。当时西方股票市场正经历着二战后最严重的危机，投资者意识到在股市下跌中没有适当的管理金融风险的手段，开始研究用于规避股票市场系统性风险的工具。1982年2月，美国商品期货交易委员会（CFTC）批准推出股指期货。同年2月24日，美国堪萨斯期货交易所（KCBT）推出了全球第一只股指期货合约——价值线综合指数期货合约；4月21日，芝加哥商业交易所（CME）推出了S&P 500指数期货合约。股指期货一经诞生就受到了市场的广泛关注，也获得了巨大成功。

股指期货为何能够规避股票现货市场的系统性风险呢？主要是因为它具有套期保值这一功能。股票市场的风险可分为非系统性风险和系统性风险两个部分。非系统性风险通常可以采取分散化投资方式减低，而系统性风险则难以通过分散投资的方法加以规避。股指期货提供了做空机制，投资者可以通过在股票市场和股指期货市场反向操作来达到规避风险的目的。例如担心股票市场会下跌的投资者可通过卖出股指期货合约对冲股票市场整体下跌的系统性风险，有利于减轻集体性抛售对股票市场造成的影响。

股指期货的推出给机构投资者提供了风险管理工具和流动性管理工具，降低了其操作成本，有助于改善其投资绩效。例如我国指数基金大部分都跟不上标的指数的表现，跟踪误差相对较大。除了和要求现金比例无法全额买入有关以外，也和从投资者申购到资金到位并买入对应的股票这一过程存在时滞有关。有了股指期货，就可以在很短的时间内低成本地建立敞口，并在随后逐步建立相应的现货头寸，同时卖出期货头寸来达到即时建仓，降低跟踪误差。又比如股票基金在遇到保险公司等大客户赎回的时候，没有股指期货情况下，只能在现货市场直接卖出，造成较大的冲击成本，进而造成基金净值受损。

2. 沪深 300 股指期货：高标准、稳起步

2010 年 4 月 16 日，沪深 300 股指期货正式挂牌交易。上市以来市场总体运行平稳，交易秩序良好，对证券市场的积极功能逐步发挥。整体上看，它提供了多空双向交易机制，给市场提供对冲平衡力量，改变了单边市带来的暴涨暴跌，促使形成股票市场的内在稳定机制，但没有改变股票市场长期运行的趋势。此外，股指期货还推动了股票市场化价格的形成机制，培育了一大批成熟的机构投资者队伍。

（1）开户数稳步增加，实际参与交易户保持稳定

截至 2014 年 12 月 31 日，股指期货市场客户数 207 819 户，其中自然人 197 169 户，一般法人 4 111 户，特殊法人 6 539 户，法人开户比例逐渐上升。实际参与股指期货交易的客户数保持稳定，尤其在 2014 年四季度股市快速上涨的情况下，没有出现实际参与交易人数激增情况。以 2014 年 11、12 月为例，日均参与交易客户数和隔夜持仓客户数分别为 33 968 个和 19 247 个，比之前两个月（9、10 月）的 29 589 个和 19 091 个分别上升 14.80% 和 0.82%；比本轮上涨行情启动时两个月（7、8 月）的 28 896 个和 19 449 个分别上升 17.55% 和下

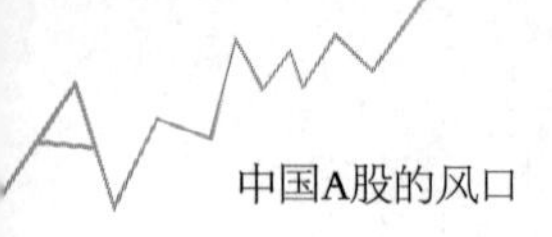

降1.04%。没有出现散户大量涌入股指期货市场的情况。

（2）市场交投适度活跃

截至2014年12月31日，累计1 144个交易日，沪深300股指期货成交6.11亿手（单边），累计成交金额464.52万亿元，日均成交53.43万手，日均成交金额4 060亿元。

在过去的2014年，沪深300成交量2.2亿手，成交金额163.1万亿元，同比上年增加14.2%和15.9%。日均成交88.43万手，日均成交金额6 659亿元，比上年增加9.2%、12.6%。从单个产品的交易量和成交金额来看，沪深300股指期货已经是全球第四大和第二大股指期货产品。

（3）运行质量不断改善

市场成熟度逐步提高。上市至今，沪深300股指期货与现货高度拟合，价格相关性高达99.9%，收益率相关性也达到94.5%，基差率处于1%以内的交易日占96.1%。持仓规模放大，成交持仓比持续下降，从2010年上市初期的26.68下降到2014年12月的7.08左右，逐步向境外成熟市场水平靠拢。2014年日均持仓量16.42万手，12月15日创出24.9万手的历史新高。交割日合约价格始终围绕交割结算价微幅波动，走势平稳，交割顺利，没有出现对到期交割合约的炒作。

（4）市场运行规范有序

严格实施投资者适当性制度，积极采取包括持仓规模、大户报告等风控制度，投资者交易行为规范、理性，没有发生一起会员结算风险、市场操纵等事件，也没有投资者上访。五年市场运行实践表明，股指期货市场防范风险控制措施完备有效，市场风险点“看得见，说得清，管得住”，可以牢牢守住不发生系统性风险的底线。

（5）市场功能逐步深化

股指期货对股票市场的良性作用日益显现。一是提高股市内在稳定性，股市波动率显著降低。股指期货上市前后对比来看，市场涨跌超过2%的天数分别下降了52%和59%，将股指期货上市前与沪深300成分股波动率、盈利能力、所属行业等相似的非沪深300上市公司构成一个参照系，然后对比股指期货上市后其波动率与沪深300成分股的波动率，发现股市波动率下降了11%，股市系统风险明显下降，单边市特征显著改善。二是增强了投资者持股信心。股指期货上市以来，虽然股市持续震荡下跌，但证券公司权益类证券投资规模始终稳定在1 300亿左右。三是吸引和推动各类机构长期资金入市。截至2014年12月31日，挂钩沪深300的指数产品目前有40多只，基金规模近1 500亿；投资股指期货的理财产品近800只，资产规模1 150多亿。证券、基金、信托、保险、QFII、私募基金和期货公司资管等七大类特殊法人机构已获准参与股指期货交易。四是弘扬了价值投资的理念。沪深300指数换手率由股指期货上市前一年的609.2%下降到最近一年的93.5%，降幅达到84.7%。五是加快机构产品创新和业务创新。证券公司、期货公司、部分私募基金利用股指期货对冲手段，设计基于保本、套利、流动性管理和绝对收益策略的理财产品，广大中小投资者通过机构间接参与并分享股指期货带来的制度创新红利。

从股指期货运行以来的实际情况看，沪深300股指期货到期交割合约持仓平均占比不足3%，现货市场运行与一般交易日没有明显差别，市场涨跌、波动和成交情况如常，没有出现“到期日效应”，跨市场投资者的交易行为相对非交割日没有明显变化，交割日指数涨跌幅绝对值的波动率为0.85%，小于非交割日周五和一般交易日的波动率。

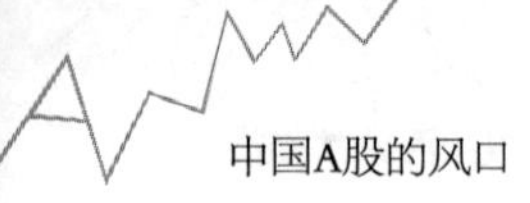

3. 顺应市场需求不断扩容

不过，五年来的实践也表明，单一的期指产品并不能完全满足市场需求。以沪深300指数为标的的期指产品，虽然有着比较大的市值覆盖度，但由于该指数偏重于大盘蓝筹股，因此其代表性未必特别高，尤其是在结构性行情中就很难全面发挥作用。2014年11月下旬，随着央行降息的进行，股市中以银行等权重板块为代表的大盘蓝筹股出现罕见的持续飙升行情。与之相应的，则是股指期货也出现大幅度的上涨。作为主力合约的当月合约，在2014年11月20日到12月8日的13个交易日中，只有两天是下跌的，累计最大涨幅达到32.29%。到2015年的1月5日，连续计算的当月合约已经达到3 768点，比2014年11月20日行情启动时的2 529点要高出1 239点。而此时，那些做对冲以及套利的投资者确实叫苦不迭。这是因为股指期货在市场上涨过程中相对现货出现了大幅升水，这令其原定的对冲策略无从实施。另外，因为是结构性行情，尽管股指上涨不少，但还有大量股票并没有出现上涨，有的甚至还有所下跌，从而使得原先相对完备的对冲交易模型此时发挥不了作用。当时市场上流传一句话："问君能有几多愁，恰是满仓踏空加对冲"，讲得颇为形象。诚然，出现这种状况，投资者本身在行情判断以及决策上的失误是一个重要的原因。但股指期货品种的单调，客观上也使得投资者面对这种单边的结构性行情，无法构建有效的对冲体系，以致套利失灵。甚至，在股指轧空式上涨时，期指出现百点以上的大幅升水，但也没有人去做期现套利，这只能说明，仅有单一品种的股指期货交易遇到了问题，其功能已经无法得到真正的发挥了。

顺应市场需求，中国金融期货交易所于2015年4月16日上市交易了上证50指数期货和中证500指数期货。推出上证50和中证500指数期货首先是有利于稳定大盘蓝筹股市场。上证 50 成分股代表了关系国计民生的大型企业，流通市值约 9.6 万亿元，占沪深 A 股流通市值的比重为 30.38%，主要集中在金融、地产、能源等支柱性行业，是反映大盘蓝筹股公司业绩的重要指数。推出上证 50 股指期货，一是有利于增强大盘蓝筹股的流动性，稳定蓝筹股价值中枢，推动蓝筹股市场建设，提高投资者持股信心，实现股市长期稳定发展；二是有利于机构投资者价值投资功能的发挥，目前仅跟踪上证 50 指数的指数基金资产净值就超过 450 亿元；三是更好地配合上证 50ETF 期权，为期权做市商提供有效对冲手段，避免直接现货倒仓、加剧股市振荡，提升 ETF 期权市场运行质量，促进其功能发挥。

其次是有利于满足中小盘市值股票投资者风险管理需要。中证 500 指数成份股是沪深两市中 500 只中小市值上市公司，总市值为 5.4 万亿元，占全市场市值的 14.42%。该板块公司数量多、单个公司市值小、行业覆盖面广，是我国经济结构转型、技术升级和创新发展的重要依托力量。尽早推出中证 500 股指期货，可以完善这类股票的风险管理机制，提高风险管理的针对性，降低利用沪深 300 股指期货对冲中小盘市值股票的结构错配，提高资本市场运行效率。

最后，有利于推动资本市场业务与产品创新。上证 50、中证 500 与沪深 300 指数，既高度关联，又有显著区别。推出上证 50 和中证 500 股指期货，一方面，能够与现有沪深 300 股指期货发挥协同效应，构建覆盖超大盘、大盘和中小盘股票的风险管理体系，对于降低股市整体波动、促进股市持续稳定发展具有积极意义；另一方面，有利于促进金融产品创新和业务升级，提升金融机构创新发展能力，为居民提供更加丰富、灵活的理财产品与金融服务，让更多的投资者分享资本市场改革创新发展的红利。

4. 期指不会改变股市长期趋势

2010年沪深300股指期货推出后，股市曾一度低迷。上证50和中证500股指期货4月16日上市，股市在4月15日大跌1.24%。对此，有些人就认为，股指期货推出前后必然导致股市下跌，这也是称之为股指期货上市魔咒。实际上，2010年沪深300股指期货推出后，沪指下跌，但不是由推出股指期货引起的，是与当时的实体经济和金融环境有关。股指期货上市当日晚间，房地产调控政策出台，引发股市强烈“地震”，直接导致2010年4月19日上证综指出现4.79%的跌幅。此后，每次地产政策消息的发布也都引发了股市的大幅波动。

国外股指期货市场历史发展经验表明，股指期货上市不会改变股市的长期性趋势。沪深300股指期货运行五年来，股票市场经历了完整的牛熊周期转换，也充分证明了股指期货中性风险管理工具的属性。

此外，股指期货品种丰富之后，是否会吸引更多的交易者进入，从而引发分流股市资金的担忧呢？股指期货品种丰富之后，就会形成多层次和全方位的风险管理工具体系，满足不同投资偏好、不同风险暴露的投资者，股指期货市场也会更加具有活力，吸引更多的交易者进入。但是，股指期货市场不会对股票市场资金产生明显影响。即便以包括商品期货在内的期货市场全体看，日均资金量才刚超过3 000亿元，远远低于16 521亿元的融资融券余额，也远远小于16 453亿元的日均证券交易结算资金，也远远低于历次IPO打新冻结的资金。对于沪深300股指期货5年来的运行情况，中国证监会主席肖钢总结说，沪深300股指期货上市5年来，市场运行平稳，管理严格规范，市场规模发展迅速，对于改善我国股市运行机制、完善产品工具体系和促进资本市场改革发展发挥着日益重要的作用：一是显著提高了股市内在稳定性；二是增强了投资者稳定持股的信心；三是提升了金融机构产品创新和市场服务能力；四是催熟先进投资理念。

中国政法大学资本研究中心主任、教授刘纪鹏表示，将近五年来，沪深300股指期货改变了市场单边运行的历史，为市场稳定运行注入了双向均衡的力量。对于提升我国股市的内在稳定性、优化市场结构起到了积极作用。股市波动极值范围大幅缩小，系统风险明显下降，单边市特征显著改善。“避险舱、减震器、泄洪渠、助推器”的功能日渐显现。

5. 操纵股指期货既不现实也无可能

股指期货市场制度严密、监管严格、规模很小且运行平稳，操纵股指期货既不现实也无可能。

首先，股票市场存在“筹码”一说，单只股票的供应量有限，投机资金可以凭借资金实力锁定筹码，从而操纵股价；而期货交易是多空双方签订合约互为对手方，“有多必有空”，理论上可以生产无限合约；股指期货一旦成交，多头总量和空头总量必定相等，有人做空必然有对等数量的市场力量在做多，市场没有绝对的主力。

其次，与单个股票不同，股指期货合约不存在流通量的限制，理论上可以无限扩仓。并且，在实际交易中，除投机交易外，还存在套利等交易行为，客观上会形成投机交易的制衡力量。正因如此，在国内外市场几十年的实践中，没有发现关于股指期货的操纵案件。

再次，股指期货市场的制度设计在防范操纵方面作了针对性的安排。（1）沪深300指数采用自由流通股本加权而非总股本加权，行业分布均衡，个股权重分散，抗操纵性强。（2）股指期货实行现金交割，不存在交割日逼仓的

前提；交割日设定为到期月份的第三个周五，避开了股市的月末效应；交割结算价采用到期日标的指数最后两个小时、约1400个指数点的算术平均价，比境外市场更为严格，能有效地防范到期日操纵等行为。（3）严格实施开户实名制、持仓限额制度、大户持仓报告制度以及盘中实时监控、跨市场监管等措施，操纵市场的企图难以掩盖。（4）实行严格的套保交易编码申请及套期保值额度审批制度，交易行为一目了然，无法实现利用套保持仓操纵市场的目的。

最后，当前期指市场运行平稳，到期交割顺畅；市场总体保证金规模以及日均占用资金规模均较小且较为稳定，没有交易量及资金异动的迹象，不存在市场操纵的现实和可能。

而从整个期货市场来看，制度严谨、构架严密，市场风险透明、可控。首先，期货交易的各项制度设计严谨，T+0、当日无负债结算、强行平仓、强制减仓等制度措施，使得期货市场的交易风险不过夜、不累积。

其次，期货市场的组织架构严密，证监会、保证金监控中心、期货交易所、期货公司、客户之间形成了严格、稳定、透明的监管、监督关系，尽管单个客户的交易风险有时较大，但市场整体风险却高度可控。

（1）证监会、交易所从促进市场健康稳定发展的角度，一方面直接对期货公司及客户的行为进行监管，另一方面敦促期货公司对客户的行为进行监督。

（2）单个客户的风险可能影响期货公司，因此，各期货公司都主动对每个客户的行为进行约束和规范；并且，期货公司拥有对资金不足的客户持仓进行强行平仓的法律权力，使得每个客户的风险始终处于期货公司的控制之下。

（3）保证金监控中心对客户的交易情况及资金动向明察秋毫，客户也能通过该中心实时查询自身的交易及资金状况，客户及市场的风险始终处于透明状态。

最后，从2008年美国次贷危机及历次全球金融危机看，股指期货市场本身运行都非常安全、平稳，并且为股票市场提供了有效的风险输出场所。

6. 适当性制度为股指期货把关

期货市场的高风险性要求客户具备较强的风险承受能力。期货市场具有价格发现、风险管理等功能，对维护国家金融安全、帮助微观主体对冲风险具有重要意义。然而，对于参与者而言，期货市场与现货市场不同，具有杠杆交易和当日无负债结算等特点，是一个高风险的专业化市场，对参与者的风险承受能力有更高的要求。

期货市场采取保证金交易，杠杆的放大作用不可小觑。以2013年6月24日为例，当日沪深300指数暴跌6.31%，按照12%的保证金标准约8.3倍杠杆率，当天股指期货多头客户最高损失可能达52%。遇到市场连续暴涨或深跌，如果风险控制不力，更会有大量客户血本无归。数据显示，截至目前金融期货市场累计开户超过16.3万个，客户盈亏比例约为1∶3，期货市场的高风险性可见一斑。

期货实行当日无负债结算，收盘后即划付盈亏，这就决定了客户需要实时关注市场风险，做好风险管理和资金管理。一旦市场出现不利走势，投资者需要立即止损或补足资金，以防损失扩大或被动平仓。在期货市场，即使看对了大方向，如果风险控制不好，也可能被小的回调淘汰出局，等不到胜利的那一天。例如，中航油（新加坡）公司曾在2004年看空油价，出售原油看涨期货期权，但在油价一路走高造成亏损的过程中不但没有及时斩仓止损，反而不断加仓增加赌注，最终爆仓造成5.5亿元巨亏。虽然斩仓之后油价大幅回落证明其大方向没错，但中航油（新加坡）公司已因无力追加资金而被提前淘汰出局。

中国期货市场二十多年的历史上，有过很多鲜活的案例和惨痛的教训，如

今的期货市场监管制度就是在这些教训的基础上一步步发展而来。市场参与各方都应牢记教训，正确认识市场风险。正是在深入总结二十多年经验教训的基础上，尤其是针对股指期货高风险的特性，才对参与股指期货市场的客户提出了“有资金、有知识、有经验”的要求。为防止资金实力不足的客户因盲目入市而影响到正常生活，综合考虑每手合约价值、保证金比例等因素，要求客户拥有较强的资金实力，制定了50万元的可用资金标准；为引导客户深入了解股指期货产品的特点、了解市场风险后审慎参与，要求客户具备金融期货基础知识，并通过相关测试；同时，客户还须拥有较丰富的投资经验，如一定数量的金融期货仿真交易记录或一定时期内的期货交易成交记录，防止经验不足甚至毫无经验的客户非理性参与。

面对金融期货市场的高风险特征，适当性制度不只是提出“有资金、有知识、有经验”的要求，更有投资者教育和风险揭示的内涵。交易所本着“把规则讲透，把风险讲够”的理念，将简单的限制参与变为深度的客户教育服务，过去几年来已举办会员合作培训等数千次。

另一方面，中介机构在适当性制度的执行过程中身处市场一线，发挥了更重要的作用。在客户开户时，期货公司都会向客户出示《期货交易风险说明书》，向客户明确揭示期货交易可能发生损失总额超过全部初始保证金以及追加保证金、保证金不足或违反交易规定可能被强行平仓等风险，引导客户认真考虑自身经济能力是否适合进行期货交易，并要求客户抄写确认相应内容；同时，会对客户进行风险承受能力的评估和金融期货知识水平的测试，评估和测试合格后方可开户。期货全行业已形成了统一的风险意识，有效避免了中小散户盲目入市，保护了客户合法权益。

在市场竞争中，中介机构有开发更多客户入市参与交易的冲动，客户开户越多交易所也会获得越多的手续费收入。但出于市场建设和投资者保护的社会责任，证监会和交易所通过各种途径，强化客户风险意识，加深客户对产品的认知，让客户在认清风险、学透规则之后再考虑参与交易；并监督中介机构有效评估市场参与者对产品的认知程度、接受程度和风险承受程度，督促期货公司了解自己的客户、适当选择客户，并对客户进行分类管理，充分揭示产品风险，将适当的产品销售给适当的客户。

从实践情况看，股指期货市场依靠适当性制度把关，从 1.3 亿股票有效账户、78 万期货客户中，筛选出仅仅 16 万有资金、有知识、有经验的客户参与股指期货交易，没有让大量不适合参与的散户盲目入市造成损失。这对维护市场安全平稳运行、保护中小散户利益起到了积极作用。

期货本身是零和交易，不存在股市的财富效应，没有普遍赚钱的可能。因此，国际金融期货市场上的参与者主要是各类机构客户。任由散户参与交易，结果只能是造成更多亏损。因此，劝阻中小散户勿盲目参与，就是对他们的最大保护，也是市场组织者应有的社会责任。

适当性制度实施以来，取得了较好的效果，保护了客户的合法权益，维护了市场平稳有序发展，是金融期货市场的重要保障。未来在新产品创新中，特别是高风险产品的创新中，中金所还将坚持“将适当的产品销售给适当的客户”的理念，继续实施适当性制度。但也要看到，市场是不断变化的，适当性制度也要与时俱进，不能一成不变、墨守成规。在国债期货上市筹备过程中，中金所广泛听取了市场呼声，不断提升适当性制度操作的便利性，做出取消临柜开户等一系列优化安排。未来随着市场的发育完善、客户的逐步成熟、风险意识的提高、产品认知的深化，适当性制度的内容也将不断完善，具体操作中将更加注重经验、知识等参与要求，以适应市场的需求。

第二节　期权杠杆：巨大的“股市彩票”

2015 年 2 月 9 日上海证券交易所上市交易了上证 50ETF 期权合约品种。期权，又叫选择权，是一份合约，给与期权买家在特定日期或之前以特定价格买入或卖出标的资产的权利（而非义务）。而它的卖方则收取买方所付的权利金，承担着必须卖出或者买入的义务。

比如说，你找到一套看起来不错的房子，想要买。但不幸的是你在 3 个月内没有足够的现金。于是你跟房主商量，希望房主给你在 3 个月内以 20 万美元买入的选择权（option）。房主同意了，但是为了获得这个权利，你需要支付 3 000 美元的价格。

现在我们可以考虑两种情形：

1. 这所房子后来被发现是“猫王”真正的出生地！于是房子的市值突然飙升至 100 万美元。由于房主已经卖给你期权，所以他有义务将房子以 20 万美元卖给你。最终你将获得 79.7 万美元利润（100 万美元减去 20 万美元再减去 3 000 美元）。

2. 仔细考察之后，你发现这所房子存在严重的质量问题，墙体开裂。虽然最初你以为自己找到了梦想中的房子，但现在感觉它一文不值。不过还好，由于你买的是期权，你没有义务必须把房子买下来。所以你最终损失的是 3 000 美元的期权费。

看涨期权又叫买权，给与期权持有者在特定期限内以特定价格买入某种资产的权利。看涨期权类似于持有某只股票的多头仓位，个股看涨期权的买家希望在期权到期之前股价能够大幅上涨。

看跌期权又叫卖权，给与期权持有者在特定期限内以特定价格卖出某种资产的权利。看跌期权类似于持有某只股票的空头头寸，个股看跌期权的买家希望在期权到期之前股价能够下跌。

在了解了关于期权的基础知识之后，下面通过一个例子来解释期权的运作方式。

比如说，5 月 1 日，公司A的股价为 67 美元，“7 月 70 看涨期权”的期权费是 3.15 美元。“7 月 70 看涨期权”是指到期日是 7 月第三个星期五，执行价格是 70 美元。这份合约的总价格为 315 美元（3.15 乘以 100）。在实际交易中，你还需要考虑手续费。

记住，一份股票看涨期权合约就是买入 100 股股票的选择权，所以你需要乘以 100 来得出总的期权价格。执行价格 70 美元意味着在期权到期之前，股票价格必须涨到 70 美元以上。由于期权费是 3.15 美元，因此盈亏平衡价格将是 73.15 美元。

当股价在 67 美元的时候，由于低于 70 美元的执行价格，期权是没有价值的（只有时间价值）。但别忘了你已经付了 315 美元的期权费，所以你相当于一上来就先亏了 315 美元。

3 周后，股价比如说涨到 78 美元。这时期权合约的价值也随之上涨到 825 美元（8.25 乘以 100）。减去 315 美元的期权费，就是你的利润 510 美元。换句话说，短短 3 周你就差不多翻倍了！你可能会卖出手上的期权，锁定利润。这称之为“平仓”。当然，如果你认为股价可能继续上涨，你也可能继续持有。

假如你继续持有，但股价不幸在期权到期日跌到 62 美元。由于这一价格低于 70 美元的执行价格，而且已经没有余下的时间，所以此时这份合约价值归零。这样一来，这笔期权投资我们就实际亏损了 315 美元。

对于上证 50 ETF 期权的上市表现，证监会新闻发言人邓舸 2015 年 2 月 13

日在发布会上曾表示，上证50 ETF上市以来，总体运行平稳，从成交和持仓来看，成交9万多张，日均成交2万多张，成交1.16亿元，未平仓合约2万多张，认沽和认购合约相对合理，近月和远月比较活跃，整体成交情况比较符合预期，成交意愿较强，从定价和市场表现来看，整体比较合理，认购和认沽价格关系合理，不同合约序列价格关系正常，期现上涨幅度也较为正常，从上市以来，未出现不正常现象。2月11日下午，因做市商报价出错，出现熔断现象，但市场风险及时控制。

第三节　国债期货：稳健的投机品

国债期货是指通过有组织的交易场所预先确定买卖价格并于未来特定时间内进行钱券交割的国债派生交易方式。我国的国债期货交易试点开始于1992年，结束于1995年5月，历时两年半。1992年12月，上海证券交易所最先开放了国债期货交易。上交所共推出12个品种的国债期货合约，只对机构投资者开放。1995年2月，国债期货市场上发生了著名的"327"违规操作事件，对市场造成了沉重的打击。1995年5月再次发生恶性违规事件——"319"事件。1995年5月17日下午，中国证监会发出通知，决定暂停国债期货交易。各交易场所从5月18日起组织会员协议平仓；5月31日，全国十四个国债期货交易场所全部平仓完毕，中国首次国债期货交易试点以失败而告终。

2013年9月6日，中金所上市交易了5年期国债期货合约，2015年3月20日又成功上市了10年期国债期货合约。

5年期国债期货上市以来，市场在平稳运行的基础上逐步活跃，各类投资者理性参与，风险控制行之有效，各方普遍认可，社会评价积极正面。

1. 市场效率度逐步提升

从价格来看，2013 年下半年至今债券市场大落大起，在较短的时期内完成了由熊到牛的转变，而国债期货市场也与之同步涨跌，经历了一个相对完整的周期，较为全面地接受了市场考验。国债期货市场日间价格波动平稳，截至 2015 年 2 月底，主力合约平均日间波动幅度 0.16%，最大日间波幅 0.82%，均在 1%以内，在利率大幅波动的情况下有效扮演了“避风港”的角色。同时，期货与现货联动良好，关键指标接近甚至好于美国等成熟市场。截至 2015 年 2 月底，国债期现货价格走势相关系数高达 99.47%，大幅高于美国国债期货市场初期水平；主力合约平均收盘基差 0.18 元，与同期美国 5 年期国债期货主力合约 0.12 美元的平均收盘基差相近。

从成交持仓来看，截至 2015 年 2 月底，国债期货日均成交 4 291 手，日均成交金额 40.88 亿元，日均持仓 9 792 手；持仓量明显高于成交量，表明市场交易主要满足实际利率风险管理需求。2014 年 9 月以来，随着对产品认识程度的不断加深，各类投资者积极参与，加之中金所实施下调交易保证金、调整持仓限额等优化措施，市场活跃度逐步提升，至此步入了新的发展阶段。

从投资者结构来看，自然人、证券公司、私募机构、证券投资基金以及期货公司资管产品先后入市交易，市场参与主体不断丰富,以机构投资者为主的市场结构开始呈现。同时，在金融期货投资者适当性制度的前端控制下，各类参与主体均为有资金、有知识、有经验的成熟投资者，熟悉国债期货合约条款设计，以及交易、结算、交割、风险控制等制度，交易行为理性。

2. 风险管理行之有效

首先，合约设计科学合理，从根本上减小了逼仓的可能。与“327”时国债期货标的为单一券种相比，5 年期国债期货采用名义标准券设计，从而扩大可交割国债范围，在防止交易过程中期货价格被操纵的同时有效减小交割时的逼仓风险。在名义标准券的设计之下，凡是符合一定条件的债券都可以用于交割，5 年期国债期货选择剩余期限为 4~7 年的国债作为可交割国债，其现货存量高达 1 万多亿元。巨大的现货存量，可以有效地防止交割时出现的逼仓风险。从市场实践来看，上市至今，5 年期国债期货共顺利完成了五次交割业务，期间未出现一例逼仓事件。同时，交割量保持在较低的水平，表明投资者主要通过国债期货管理利率风险而非通过交割获取实物，这一点也与国际成熟市场一致。

其次，风险管理制度全面系统，有效防范各类风险。在科学的产品设计基础上，国债期货市场建立了一整套风险管理制度，对于保障市场平稳运行、防范各类风险事件的发生起到了明显的作用。一是设置梯度交易保证金，临近交割月时逐步提高保证金，引导没有交割意愿或能力的投资者将交易转向非交割合约，有效防止交割违约并抑制交割月逼仓等风险事件。二是设立涨跌停板，有效防止非理性交易行为影响市场运作，避免国债期货价格过度波动。三是采取持仓限额制度，限制结算会员和投资者国债期货合约单边最大持仓数量，防止市场风险过度集中于少数交易者并防范市场操纵行为；同时对投资者投机账户实行梯度限仓制度，临近交割月时逐步减小账户持仓额度，降低市场逼仓风险以及交割违约率。四是实行大户报告制度，要求持仓达到大户报告标准的会员和客户按照中金所的要求进行报告，进一步降低风险事件发生的可能性。

第五章
融资杠杆撬动万亿成交

本轮高杠杆行情的杠杆资金主要来自三个方面：融资融券排在首位，其次是P2P股票配资业务正在疯狂野蛮发展，第三则是来自银行信贷资金，主要途径即是通过信托计划的伞形信托。

第一节 “两融”余额屡创新高

2008 年 4 月 23 日国务院颁布的《证券公司监督管理条例》对融资融券做了如下定义：融资融券业务，是指在证券交易所或者国务院批准的其他证券交易场所进行的证券交易中，证券公司向客户出借资金供其买入证券或者出借证券供其卖出，并由客户交存相应担保物的经营活动。

对于A股市场而言，由于行情走势逐渐显现从熊转牛的态势，券商两融业

务也开始出现了根本性转变，融资额度屡创新高，券商两融额度频频告急，杠杆融资客大比例融资，已然成为这一轮牛市的“常态”。与此同时，受利益驱动的券商在两融业务方面也频频放低门槛，将更多散户投资者引入市场，这种危险的信号同样也引起了监管层的高度关注。2014年底至2015年初，监管层多次进行两融业务检查，并在1月正式对券商两融业务开出重磅罚单，严格要求将两融业务门槛限制于50万元之内。至此，券商两融业务得以规范。

1. “两融”弹药告急

“最近一段时间来办融资融券业务的客户挤满了营业部大厅，现场排长龙，根本没有时间详细介绍业务情况”，2014年12月8日中午，某上市券商投顾刘飞（化名）在位于深圳华强北的营业大厅里一边帮客户办理两融业务，一边表示。为节省时间往往由他帮客户把调查问卷等资料全部填好，客户直接签字、复印证件即可。另一家券商营业部负责人表示，2015年来开通两融业务的客户数量及交易规模几乎是2014年的10倍。其中有一半客户都是最近一两个月来开通两融业务。

由于融资融券业务火爆，一些券商的服务系统出现问题。刘飞表示，因为交易数量太多，系统会偶尔出现“堵单”的状况。特别是在指数拉涨速度过快时，客户的融资热情被迅速点燃，很多执行融资的业务指令几乎同时发出，融资系统瞬间承压，导致客户在购买股票时资金并没有及时到账，无法支付。

在A股日成交量突破万亿的火热景象下，一些券商的融资融券额度出现“断档”。最近几天，有多位投资者反映收到开户券商的短信，提示其两融额度已经用完，其中不乏个别上市大券商。有证券公司两融业务负责人分析，融资融券额度紧张的现象应主要出现在中小券商。该负责人称，融资融券业务的额度并不直接跟净资本挂钩，因此每个券商的配置比例并不一样。对于资本金实力不够雄厚的券商而言，融资渠道会窄一些。加之银行在年底头寸紧张，在通过两融收益权转让这种融资方式上，银行可能首选大券商。对于上市大券商，出现这种问题的可能性不大，有可能是2015年公司董事会对两融业务的额度有一个授权，而市场行情太火爆公司没有及时修改额度授权而出现的短期“断档”。

与此同时，中信证券、华泰证券、国金证券、国联证券等多家券商发布公告，表示为控制融资融券业务风险，要上调融资保证金比例。中信建投相关人士透露，的确两融额度出现过紧张局面，但并没有达到两融额度上限而无法向客户出借资金的情况。该人士认为，通过上调保证金比例而降低融资买入资金，既是基于风控考虑，也是为了解决额度紧张问题。

“两融额度确实消耗很快，特别是2014年12月以来业务量大幅上升。”国信证券融资融券部总经理陈冰表示，随着市场行情向好，参与两融业务的客户数量飞速增长。目前国信两融“弹药”的补充来源主要为次级债、证金公司的转融资资金、短融、短期公司债、两融收益权转让等，不存在缺资金的问题，完全可以满足客户需求。她认为，监管部门对两融业务在额度上并没有直接限定，相比其他业务，两融业务收益相对较高而风险可控，因此券商往往会主动压缩其他资产配置，而向两融业务倾斜。

前述某上市券商投顾刘飞也表示，从业务操作上，公司总部会根据不同的部门来分配运营资金。现在融资融券业务火爆，对于公司而言创收较多，如果下属某家营业部的信用业务出现资金紧张，总部会进行资金调度来进行补充，因此不会出现客户无法办理两融业务的情况。此外，总部还会考虑通过其他渠道补充资金来扩大两融业务的规模。他认为，两融业务额度主要和证券公司的

资本实力相关，小公司可能会出现额度紧张的问题。

为招揽更多客户开通融资融券业务，刘飞所在的营业部承诺客户只要开通两融业务，交易佣金就可以从当前的万分之五降低到万分之三，且开通门槛只需要5万元，开户交易6个月以上即可办理。此外，将两融额度向优质客户倾斜也是不少券商的做法。“大客户会有特批通道。”刘飞说，普通客户的两融业务最快T+3日可以完成，而行情火爆、申请人数过多的话，可能还需要等上一两天。但如果客户资金量达到千万甚至上亿级别，则将直接走总部特批通道，资金会迅速到账。此外，普通客户一般会承诺1.2倍杠杆，但大客户杠杆就可以放大到2倍以上。

2. 杠杆融资客“刀口舔血”

“加杠杆，加杠杆，买！买！买！”相比以往的牛市行情，2014年底开始的杠杠资金撬动的疯牛节奏也令一众股民看得目瞪口呆，从券商两融信用账户、机构化信托和理财产品到P2P平台配资业务，越来越多的渠道令炒股资金的获取变得更便宜、更便捷，这也让不少胆子大的融资客敢于铤而走险，狂追上涨热门板块的股票。

2014年11月下旬，来自武汉的职业融资客林生（化名）就做了杠杆买入多只券商股，12月4、5日券商股两度出现集体涨停潮，令他账户组合下的股票涨幅瞬间接近翻倍，9日，券商组合多只涨幅不明显，下单卖出了券商股。10日，林生眼见金融股板块再次出现异动，券商股板块调整幅度出现了明显回收，便重新“杀了进去”。经历再次大幅深跌后，券商股重新开始领涨市场。林生坦言，这种近乎冒险的操作风格大概也只有在牛市才能放手赌一把，“像阿甘式的炒股方法，所有筹码一次性都放在一个地方，要么获得精彩的回报，要么就死的惨烈。”

和林生一样喜欢走在“刀尖上炒股”的周甜甜看中了2015年表现同样凶猛的杠杆基金。“9月开始成交量明显放大，我就意识到牛市可能已经来了，牛市确立之后券商股往往是涨得最凶猛的。11月21日降息消息一出，24日我在涨停板上全仓买入证券B分级基金，之后券商股的走势出乎意料的火爆。我就一直拿着证券B，资产最终翻倍。”

相比其他融资客的幸运，贸然玩起P2P配资的胡先生却差点因此前暴涨暴跌的行情调整而遭遇被强行平仓的窘境。12月3日，受前几天牛市行情的消息刺激，资金有限的胡先生跑到了之前投资的P2P平台办起了配资业务，配了5倍杠杆，并在9日上午以28元钱的价格买入了中信证券，当天下午券商股集体跳水，12月11日，中信证券股价接近跌停，胡先生手中的股票瞬间缩水了11.7%，刚好触及配资平台的亏损警示线。“暴跌之后，配资的客户经理就打电话催我紧急追加保证金，否则就要强行平仓，实在没办法，只好向朋友借了点钱把钱补上。”好在券商股在深跌之后继续上涨，也令胡先生松了一口气。

3. “无底线”营销触雷区

一张针对券商两融业务的重磅罚单，无疑让杠杆资金撬动的“疯牛”市场遭遇了滑铁卢。而据了解，此前正是由于券商为争抢两融客户私自大幅降低两融门槛、放宽客户标准并大肆开展营销大战来扩充业务量的激进手法，屡次触及了监管层对两融业务规范的风险底线，而在遭遇检查之后，券商仍未进行及时规范，从而受到监管层的严厉敲打。

据业内人士普遍反映，多家券商原本严格执行50万元开户门槛，但后续为吸引客户，均开始不程度地放松准入标准。根据中登公司公布的12月统计月报，2014年10月末证券账户持股市值超过50万元的投资者只有240万户，仅

占持仓账户总数的6.3%，占有效账户总数的3.3%。

而除了自身标准放松之外，通过无底线的营销来吸引客户开通两融、忽视杠杆资金给投资者带来的风险，也成为此番券商遭遇重罚的“导火索”。据深圳某投资者反映，就在罚单发出之前，还有券商营业部拼命通过各种营销手段来让一些无明显风险承受能力的客户开通两融账户，“我有一个上了年纪的亲戚，没有任何炒股经验，就是因为证券公司营业部的业务员给推销优惠券、打折卡这些奖励，便跑去营业部开户，然后也同时开通了两融信用账户，而且营业部既没有资产的要求，也没有提及风险，实在有些不负责任。”

2015年1月16日，监管层就券商扩大两融业务、放宽规范门槛的“集体违规”动作正式做出处罚决定，其中三大券商龙头——中信证券、海通证券、国泰君安证券因问题最为严重，受到暂停新开融资融券客户信用账户3个月的行政监管措施，而其余有9家券商则因向不符合条件的客户融资融券、违规延合约展期、违规为客户与客户之间融资活动提供便利等问题被证监会采取责令限期整改、增加合规检查次数或出具警示等不同程度的监管措施。

值得注意的是，尽管监管层明确券商两融业务门槛必须严格在50万元以上，但由于部分券商措施执行存在“时间差”，有部分营业部出现了“突击开户”的现象。据了解，由于未收到具体通知，某大型券商营业部在两融处罚之后，还在为大量新增客户办理两融信用账户且完全不设任何资金门槛，有些客户还可以通过手机终端进行在线开通融资融券账户。据业务部门人员介绍，由于门槛调整通知并未及时传达至分部，所以仍按照原来办法办理两融业务。

另据江苏一家券商营业部工作人员反映，1月17日当天加班为客户开通两融账户。“营业部投资经理在上周五罚单出来的时候曾群发信息通知，若仍想开两融业务的客户，周末可以过来，资金门槛还是原来的10万元。”不过，目前上述这类“突击开户”的做法被证实已经遭到禁止，所有营业部的两融新增客户门槛再次回调至50万以上，短期不会出现调整。

第二节　P2P股票配资暗藏风险

由于A股行情的持续上涨，也逐渐诞生了在互联网平台之上的配资业务，传统围绕个人借贷的P2P机构也开始转型将业务模式伸向股票配资领域。所谓配资就是配资公司在你原有资金的基础上，通过一定的杠杆，给你资金使用，主要有股票配资、期货配资、权证配资等。据了解，无论是综合型业务的P2P平台，还是此前线下民间配资公司，都因这场牛市摇身一变，成为P2P股票配资的主角。

由于市场资金需求猛烈，P2P股票配资业务也随之风生水起，而对于出借资金的P2P平台而言，高倍数杠杆便意味着高额回报的收益，且如果掌握好合适的平仓手段，对于中介机构而言，股票配资便像是一场毫无风险的信用业务，而P2P股票配资资金也无疑构成了此番杠杆资金的重要组成部分。

不过理性来看，参与此轮行情驱动资金的P2P股票配资实际上充满了风险隐患。从投资者角度而言，高杠杆倍数意味着高风险系数，如果投资者缺乏强大的操盘能力而随意通过P2P平台获得杠杆资金炒股，一旦市场发生大幅波动，则随时面临血本无归的局面。而对于P2P平台而言，如何确保资金来源的稳定以及杠杆资金的投放，也是其平台风险管理的重要内容。此外，对于当前过于凶猛的杠杆资金，监管层已经采取措施要求禁止券商向P2P股票配资平台提供资金支持，后续为确保市场稳定，仍可能会有相关措施出台，P2P股票配资实际上面临着来自政策层面的未知风险。

1. P2P 模式搅动高杠杆配资格局

多年以来，配资一直被认为是高杠杆游戏，而整个配资行业也由于监管的缺失、行业的商业模式不明，一直游离于灰色地带。不过近期随着一些互联网金融平台介入，行业正在探索阳光化模式。从 2014 年 12 月底开始，由于证券市场的火爆，已有大批机构介入配资业务。灿星财富联合创始人李志尚表示，“目前来说，国内有配资公司近万家，市场整个存量超过了千亿元。未来三年估计至少会有三倍左右的增长空间，也就是至少 3 000 亿元的空间。其中，线下配资大概有 2 000 多家配资公司在做。”

多年以来，行业监管的缺失使得配资业鱼龙混杂，违规操作事件层出不穷。李志尚认为，一方面，由于股票配资行业没有准入门槛，或者是说门槛非常低，谁都可以来做，而对应的也没有专门的职能部门进行监管，就造成股票配资行业鱼龙混杂，行业缺乏一个规范性的标准，加上这是新兴行业，从业人员的专业水平良莠不齐，出现经营不善的情况会把行业带到风口浪尖的“灰色地带”，这并不利于提高行业未来的健康发展。

值得注意的是，从 2013 年开始的互联网金融潮也正在冲击配资业。据网贷之家研究院报告统计，截至 2014 年中，已有多家 P2P 平台开展配资业务，六合资本、贷未来、好借好贷、658 金融网、不差钱、配资贷等即是这类业务的典型代表。不少平台虽然在 2015 年才开展配资业务，但其平台的成交量都已经开始在稳步增长，仅 2014 年前 8 个月，上述平台的总成交已经达到 10 亿元，单月成交额也达到 2 亿元。

业内人士认为，线上配资模式实际上正在突破传统配资行业的瓶颈，甚至可以绕开传统配资“资金池”模式而逐渐走向阳光化。“线上配资对比传统配资最大的优势就是高效，能够批量化的处理客户需求，减少人工干预，简化流程，因为高效，必然会带来资金成本的降低，其实对客户是有利的。”深圳一刚刚介入配资业务的网贷平台负责人表示。

上述人士表示，传统的配资行业是依靠线下资源盘活资金方和盘手方需求，利用优势渠道进行信息撮合，从而达成交易，但这种传统模式遇到的最大的瓶颈是难以充分打破信息不对称，尤其是地域和成本上的不对称。唯有互联网才有这种能力打破地域垄断，提升信息沟通的效率。

实际上，线上配资业务与传统的线下配资业务相比，无论从时间上，还是资金安全上，前者都占据明显的优势。从操作流程上看，线上配资由于所有过程几乎都可以互联网模式完成，审核时间会大大缩小。“线下的流程是这样的，先找客户，然后签合同，再配资，来回要做很多动作，沟通成本和运营成本都比较高。而线上的模式，配资人从在平台上注册，到可以操作股票的账户，整个操作比较顺畅的话，10 分钟之内全部完成。而传统的方式起码要一到两天。”李志尚说。

深圳另一P2P平台配资业务的融资专员介绍，只要计划进行配资投资的客户与平台签署意向合同后，平台就会将资金存入指定的银行账户和股票子账户，客户在存入一定额度的保证金后便可以利用平台借出的资金进行交易。

上述平台融资专员介绍，“假定客户拿一万元的保证金配资，即可扩大资金杠杆获得五万元的借款，共计六万元的资金进行操盘，交易账户在一个小时内可给到。”据了解，该平台股票配资比例为 1∶5，配资月息 1.8%，交易手续费为万分之八。

在配资成本上，由于运营成本的相对下降，线上模式的配资成本也有望大幅下降，据记者了解，已有数家平台其配资成本已陡然下降到 15% 以下。“对于

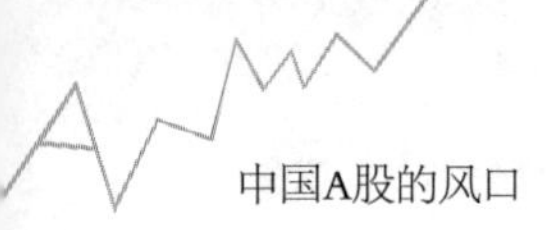

一些较为成熟的配资人，从过去平台撮合的交易来看，配资的年化利率已经接近 12%，是传统模式的一半左右。”前述深圳网贷平台人士表示。

传统的线下配资模式客户最为担心的莫过于资金安全。从目前较为成熟的网贷平台来看，其线上配资业务均是依靠托管账户、托管银行进行运作，双方的交易是在第三方平台来运作。这就使得资金安全已有较高保障。

2. P2P配资转型资金批发商

伴随A股市场天量规模交易的常态化，杠杆资金带来的市场风险暴露也正成为普遍担忧。尽管监管层此前已通过提高两融门槛及收缩银行理财对接伞形信托的限制措施来减缓杠杆资金的入市速度，但面对市场普遍的乐观情绪，资金凶猛入场的态势却并未发生变化，场外配资的杠杆仍在不断放大。

有私募人士透露，银行入市资金的渠道并不仅限于券商两融及伞形信托，部分银行越来越开始倾向于购买基金子公司、私募机构或其他金融机构投的结构化产品来获得投资收益，银行理财资金也借由上述机构的资管计划或有限合伙基金通道“曲线”入市。与此同时，不少专职互联网配资业务的平台也开始转型“资金批发商”角色，将来自线下配资公司、城商行乃至实业资本的资金拆分、放大杠杆分配给客户，令大批增量的民间资金源源不断输入市场。

据熟悉配资业务的人士分析，目前民间资金入市的通道日渐多元化、模式花样翻新，大量带着高杠杆的资金蜂拥进场，对于参与资金产品售卖的资金转让方和“资金中介”而言，并不存在太高的杠杆风险，但对于资金需求方而言，由于杠杆率过高，其承担风险也将被放大数倍，一旦遭遇市场放量暴跌的局面，融资客们恐怕将难逃爆仓危机。

曾在深圳某金融机构负责配资业务的林生介绍，分散化的资金配置模式由于规模小、客户不集中，造成交易量很难迅速推高。为改变这种方式，目前不少平台选择新增券商、民间资产管理公司等第三方机构，平台自身化身为“资金批发商”，通过融资交易放大杠杆，在机构方获得资金之后再批发给下游的散户投资者。

“这种资金成本基本保持在7%左右，如果是一些大型资金方，资金成本虽然会有抬高，但也可以通过大规模的资金批发获得收益。”据林生透露，目前在线平台的合作机构非常多元，平台杠杆率虽然高，仍然不缺乏资金来源，“比如有些城商行自身资金出表的需求比较强烈，就会通过过桥贷款资金或其他闲置资金的形式源源不断地提供给互联网平台，令这些平台的交易规模可以在短时间内冲击百亿甚至千亿的成交量。”

据上述配资平台负责人分析，由于获取资金来源的方式发生转变，平台实际上已经转为类配资公司，不少民间理财资金和信托公司可以直接寻找到平台做相应的伞形结构产品。“在这种平台和机构对接的配资过程中，配资人需要付出18%左右的融资成本，而平台自身大约占据4%左右的息差，收益的大额则交由出资方、银行或者信托等其他机构瓜分。”

由于在线配资业务的日益膨胀，一些专职为机构资金寻找渠道的“资金中介”也开始日渐活跃，并在这条资金产业链中承担重要的角色。据林生介绍，有些配资平台还会招募一些原本在券商、信托等机构的从业人员作为他们的撮合方，“比如一些原来券商的人出来做配资，由于手中握有大量的客户资源，和营业部关系也会不错，在这种行情下就会跑出来当资金中介，把资金作为商品一样转手出借，自己只赚取其中的配资息差，就可以获得不错的回报。”

据业内人士预计，如果将结构化产品中的劣后资金和夹层资金计算在内，通过银行、配资平台入市的增量资金目前已经接近万亿水平，如果牛市行情持

续时间较长，这部分资金则有可能超过券商两融规模。

第三节　伞形信托大户的游戏

所谓伞形信托，是指由证券公司、信托公司、银行等金融机构共同合作，结合各自优势，为证券二级市场的投资者提供投、融资服务的结构化证券投资产品。具体来说，就是用银行理财资金借道信托产品，通过配资、融资等方式，增加杠杆后投资于股市。这种投资结构是在一个信托通道下设立很多小的交易子单元，通常一个母账户可以拆分为20个左右的虚拟账户，按照约定的分成比例，由银行发行理财产品认购信托计划优先级受益权，其他潜在客户认购劣后受益权，根据证券投资信托的投资表现，剔除各项支出后，由劣后级投资者获取剩余收益。

1. 大户追捧伞形信托

单一伞形信托的总规模已经提高至3 000万，甚至1个亿，而此前单一伞形信托的规模仅需1 000万便可成立；伞形信托下挂的单个子账户门槛也略有提高趋势，此前只要客户资金量达到300万元以上，就可以通过伞形信托子账户进行配资，但目前子账户普遍需要500万元以上。作为一种新型的金融工具，伞形信托中的优先级资金主要来源于银行，其最为吸引人的便是劣后资金可以用较少的资金配资，从而利用杠杆在二级市场博取高收益。目前市场上伞形信托的优先级与劣后级金额的比例主要分为1∶1、1∶1.5、1∶2、1∶2.5以及1∶3，这也意味着投资者可以2倍、2.5倍、3倍、3.5倍和4倍的杠杆进行股票交易。

华南一券商IB业务经理张鸣（化名）找到某国有信托公司，准备借道融一笔资金，以参与期货交易。在出具一笔 2 500 万元的自有资金做担保后，信托公司以 1∶2 的杠杆为张鸣融得了 5 000 万元的资金，资金综合成本约为 10%。

对于这种融资模式，深圳一信托经理表示，上述融资模式实质上是伞形信托，不过之前做股票类的居多，类似基金的分级产品。目前参与这一模式的多为大户资金。部分实力较差的中小私募也会通过这种模式募集资金。所谓伞形信托，即在一个主信托账号下，设置若干个独立子信托，门槛为 1 000 万元甚至更低，目前部分机构推出的伞形信托产品融资杠杆比例已超过 4 倍，资金规模超亿元的客户融资利息可低于 7%。

私募排排网的统计数据显示，可灵活进行资产配置的伞形信托产品自 2012 年来明显增多，如中融信托、云南信托、上海国信、中信信托、平安信托等均为较大的伞形信托发行平台。

2015 年来市场强力反弹，这种模式正受到一些营业部大户的追捧，通过融资的方式，参与本轮反弹的“大金融”行情热情明显提升。

2. 伞形信托的是与非

2014 年四季度二级市场情况明显好转之时，业界充斥着伞形信托配资或寻求通道的各种消息。伞形信托优先级与劣后级金额的比例曾一度高达 1∶3，甚至 1∶4。坊间还有传闻称，个别信托公司可为投资者提供 1∶5 的配资服务。

伞形信托作为结构化证券投资信托的创新品种，在实际操作中，往往由证券公司、信托公司与银行等金融机构共同合作，为二级市场的投资者提供投融资服务。

具体而言，就是银行理财资金借道信托产品，通过配资、融资等增加杠杆方式投资二级市场。一个信托通道下往往设立很多小的交易子单元，一个母账

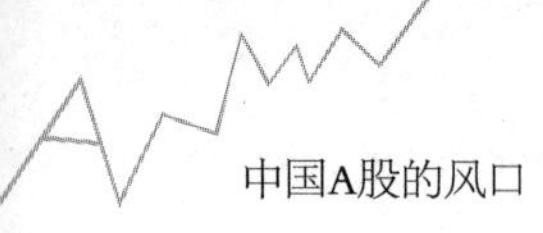

户可以拆分为20个左右的虚拟账户。虽然共用一个信托账号，但每个子信托完全独立，单独投资操作和清算。

按照约定的分成比例，由银行发行理财产品认购信托计划优先级受益权，其他潜在客户，主要包括自然人大户、机构客户及一些集团旗下的财务公司认购劣后受益权。根据信托产品的投资表现，剔除各项支出后，由劣后级投资者获取剩余收益。与融资融券业务相比，伞形信托具备不少优势。

一是伞形信托的设立过程十分便捷。由于伞形信托下设的各子信托无需单独开户，投资者实际加入伞形信托一般仅需要一到两天。而融资融券业务因单一账户模式，开立账户往往需要耗时七天左右。

二是伞形信托所投资标的范围大大超过融资融券业务。除主板、中小板和创业板个股，伞形信托可以参与两融账户无法触碰的ST板块，亦可以参与封闭式基金、债券等投资品种的交易。

三是伞形信托高杠杆率远超融资融券。不同于融资融券普遍以1：1为杠杆率，市场中较为常见的伞形信托杠杆比率是1：2或1：3。与此同时，伞形信托的优先级资金是银行理财资金，劣后级一般则由普通投资者充当，配资成本在8.1%~8.2%之间，低于融资融券8.6%的平均水平。换而言之，通过伞形信托，劣后级投资者往往能以放大三倍的低成本银行资金进行二级市场交易。

据格上理财研究中心保守估计，目前伞形信托市场存量规模不低于1 500亿元，也有统计显示规模已超过3 000亿元量级。正是通过伞形信托这一高杠杆的灵活器具，各路资金在短时间内集聚A股市场，为牛市推波助澜。

然而，在将大量资金导入A股市场，助推行情演进的同时，伞形信托也为A股市场制造了种种雷区。

为了保证优先级资金即银行理财资金的安全，信托公司在各类伞形信托产品中均设有警戒线和止损线。A股市场风险逼近时，劣后级投资者须承受追加保证金的压力，甚至有被强行平仓的风险。这便是高杠杆的弊端，劣后级资金承受的波动是A股市场真实波动的数倍。

因此，伞形信托的劣后级投资者在实际交易中，显得十分敏感和冲动，追涨杀跌的特征也十分突出。每逢市场下跌，伞形信托劣后级投资者卖票倾向十分明显，这部分资金的杀跌力量不容小觑，它们往往成为股指暴跌的导火索。

而一旦发生爆仓，不仅劣后级资金血本无归，优先级理财资金亦不能幸免。作为中间方的信托公司，还需履行向劣后级追要优先级资金的责任。

以 2015 年 1 月 19 日的A股市场暴跌为例，沪指单日暴跌 260.15 点，跌幅达 7.7%。记者一位信托投资公司朋友在微信朋友圈大发感慨，他的数位优质客户，未曾在熊市中失手，却在牛市中爆仓。

利弊双刃剑，随着伞形信托弊端的逐渐暴露，坊间一度传出有地方证监局禁止伞形信托入市的消息。但是疯狂总会消退，经过洗礼的投资者和信托公司将会更懂得适度使用杠杆，严格把控风险的道理。

第四节　“操控”股价遁形有术

坐庄最怕被抓现形，对庄家来说，掩盖真实身份尤为重要。以往的老庄，通常会利用所控制的数百个“马甲”进行对倒操作（自买自卖）。但随着 2007 年进行大规模的证券账户清理后，这种模式戛然而止。

近期，诸多大牛股横空出世，新派“庄家”的诸多遁形手法也随之浮出水面。深圳某私募表示，现在做股票的也与时俱进，利用不少创新手法以规避监管，庄股并未远去，只是手法更加灵活，极力规避监管，显得更加隐蔽。

统计2015年浮现的数只大牛股发现，这些股票的前十大流通股东名单以及上榜龙虎榜数据中，诸如合伙制公司、信用担保账户、伞形信托等账户不断闪现。比如一年内飙涨超过200%的海虹控股，其前十大流通股东中，第三、五、六、七、八、九、十大流通股东均为信用担保账户，显示为某证券股份有限公司客户信用交易担保证券账户。

深圳某券商营业部人士指出，这种账户实质是两融账户，依照目前的规定，融资融券的交易行为都会集中在客户信用担保账户，是属于集合账户，此类账户分一级账户和二级账户，年报季报披露的是一级账户，而真正记录具体资金归属的二级账户并不公布。这种账户可以掩盖诸如资金背景、资金杠杆比例、真实持股量等关键信息。

第二种遁形新招是伞形信托。如前所述，指的是同一信托产品之中包含两种或两种以上不同类别的子信托，投资者可根据投资偏好自由选择其中一种或几种进行组合投资。比如大牛股冠豪高新2012年年报、三季报以及2013年一季报中，“兴业国际信托有限公司——重庆中行新股申购资金信托项目2期”和“兴业国际信托有限公司福建中行新股申购资金信托项目6期”这两个账户一直如影随形，共同进退。“江苏沐雪”一案中，涉嫌坐庄多伦股份的湖北精九，即是合伙制私募基金。前述私募人士指出，合伙制开立的证券账号，其账户资金可分配给多人使用。

根据相关规定，合伙制私募基金为企业，监管部门为工商行政管理局，工商局的监管集中在对合伙企业设立条件的审核，在设立、经营范围、撤销等方面监管，对于基金的日常经营情况和二级市场的投资并不监管。

第五节　银行资金入市渠道多元化

“在这波牛市行情下，外围的新增资金推动成为普遍共识，目前，虽然监管主要盯紧两融杠杆资金投放，银行也开始逐渐收紧伞形信托的配资比例，但这并不意味着杠杆的缩小，相反，银行资金入市的通道非常多元化，资金规模也是非常庞大。”深圳某私募人士这样说道。

2015 年以来，监管层加紧了对券商两融业务的检查，并明确规定禁止券商通过代销伞形信托等方式，为客户提供融资类相关服务。与此同时，不少大型商业银行也开始逐渐收紧伞形信托杠杆比例，一种针对银行资金高杠杆进入股市的氛围悄然形成。不过，在多数人士看来，此前的去杠杆化运动并不会太过奏效，由于市场上涨行情带动了普遍的乐观预期，也同样刺激了各路资金加速跑步入场，而银行资金则成为这批资金大军的主力。

“现在很多大客户来认购私募产品的资金都是带着结构化产品的特点，他们会根据资金的操作风格和风险承受来选择合适的伞形结构和杠杆比例。市场上伞形信托产品的需求非常丰富，而银行就是通过发行理财产品募资，认购信托计划优先级收益权获得固定收益，而劣后资金则由客户自己承担。”深圳某私募人士表示，银行的收益往往可以达到 8%以上，而出让给理财客户的成本则在 5%左右，仅通过对接伞形信托，银行便可以赚取 3%以上的收益。“尽管不断有收紧伞形产品的市场传闻，但银行自身也会有变通办法，调整杠杆、增加资金成本，银行的理财资金就会间接输入到二级市场。”

不过，为了降低市场对伞形信托的过度关注，通过对接来自其他金融机构的结构化产品慢慢成为银行资金进入市场的又一种新模式。据熟悉结构化产品设计的人士分析，这类产品运作方既可能是券商资管、私募机构也可能是期货

公司或者基金子公司，通过共同设立一个资管计划或者有限合伙基金，来投资二级市场。与伞形信托类似的操作，银行负责提供优先级资金，而机构则负责认购劣后级资金。“比如有限合伙的形式，因为运作比较灵活、审批流程相对简单，银行仅负责提供资金、获取收益，并不介入产品后续投资决策，这类产品的存在形式非常多。”

而在银行资金对接这类资管计划的运作过程，夹层基金的操作方式也开始逐渐浮出水面。和伞形信托的方式类似，夹层基金的产品结构也分为劣后资金、夹层资金和优先级资金，其中劣后资金和夹层资金分别由融资机构和第三方资金方提供，银行理财资金则作为优先级资金进行配资。只要融资方负责准备好前期两类资金，并设立好相应的账户，就可以找合适的配资银行进行对接。

“相比其他资产市场而言，目前A股市场仍具有明显的投资洼地价值，而由于利率的不断下调，部分银行自身通过理财资金输出获得相应收益的需求非常强烈，这种需求很难遏制。”有股份制银行人士透露，除了自身的表外理财资金可以作为资金源之外，大型银行也会通过线下同业拆借将理财资金拆借给他们这样的股份制银行，整体上资金并不缺乏，“在以前银行对有夹层级别资金的伞形信托相对还比较限制，但2015年以来，银行也愿意向这类产品需求的客户开放合作，对于银行而言，对接这类产品基本接近无风险收益。”该人士表示。

第六章
注册制　资本市场发展新动力

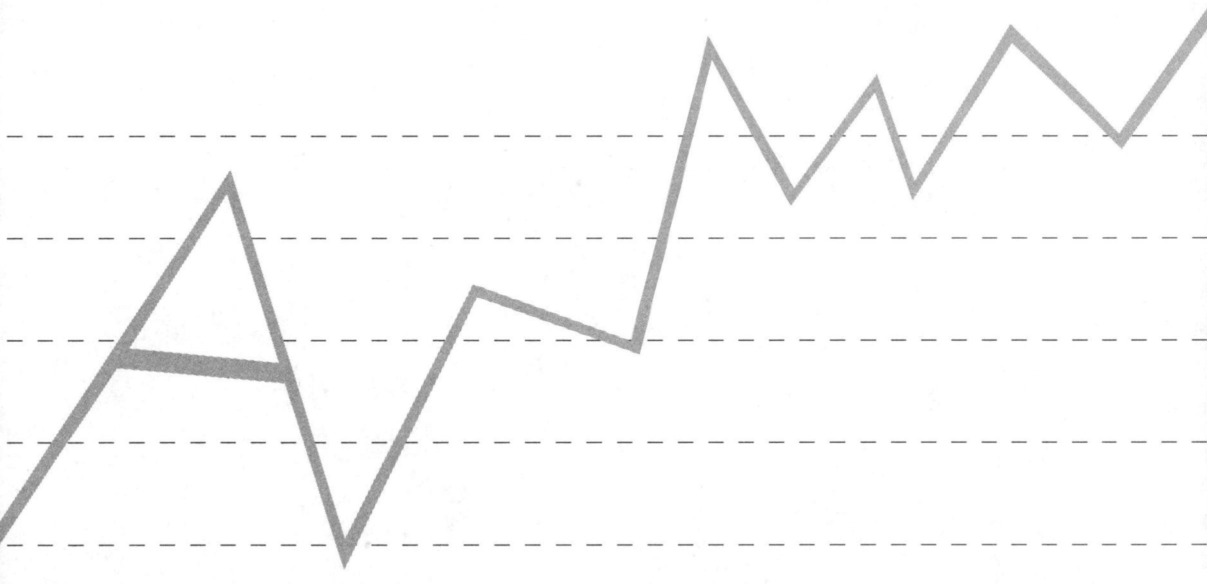

对于A股市场而言，注册制最直接的影响是会缩短股票的发行时间，增加股票的供给；短时间来看，注册制将给股市形成较大压力，新股发行将冲击小市值股票的稀有性，短期利空在于高估值板块，特别是创业板。由于创业板仍处于高位，价格回归应该是必然。但长期来看，注册制将有利于股市的健康发展。市场未来的趋势将更认同价值投资。同时，证券市场结构也将发生根本性变化，新三板、创业板将迅速扩张。

第一节　注册制　压力还是动力

证券发行注册制以信息披露为核心，是一种适用于较成熟的资本市场的新股发行制度。股票发行制度改革提出从审批制、核准制转向注册制，对新股发

行审核制度进行根本改革，是我国证券市场迈向市场化方向的风向标。长期来看，注册制将有利于股市的健康发展。市场未来的趋势将更认同价值投资。

1. 注册制　信息披露是核心

注册制即所谓的公开管理原则，实质上是一种发行公司的财务公开制度，以美国联邦证券法为代表。它要求发行证券的公司提供关于证券发行本身以及同证券发行有关的一切信息，以招股说明书为核心。证券发行注册制是指证券发行申请人依法将与证券发行有关的一切信息和资料公开，制成法律文件，送交主管机构审查，主管机构只负责审查发行申请人提供的信息和资料是否履行了信息披露义务的一种制度。

其最重要的特征是：在注册制下证券发行审核机构只对注册文件进行形式审查，不进行实质判断。证券发行注册的目的是向投资者提供据以判断证券实质要件的形式资料，以便做出投资决定，证券注册并不能成为投资者免受损失的保护伞。如果公开方式适当，证券管理机构不得以发行证券价格或其他条件非公平，或发行者提出的公司前景不尽合理等理由而拒绝注册。

总体来看，证券发行注册制则是以信息披露为核心，是一种适用于较成熟的资本市场的新股发行制度。发行人只要达到证券监管机构公布的必要条件即可发行股票，证券监管机构除了会对发行人提交的材料的合规性进行核查外，并不会对所提交文件的真实性进行专门核查，更不会对拟上市企业的投资价值进行判断，所以股票发行价值、企业未来的盈利能力等都交由市场上的专业投资机构和投资者本身来判断。

因此，在完成向注册制的过渡后，证券发行的成功与否、发行价格及市盈率的高低不再由证监会决定，而是由市场来定夺，关键在于市场和投资者是否认同企业的商业模式和发展前景。如此一来，过去许多PE按照“证监会评判企业能否过会”的标准来做投资的模式就不再适用了。

2. 注册制　改革是大势所趋

中国股市市场化进程中的最大障碍，就是对股票发行的过度行政干预。十八届三中全会提出要使市场在资源配置中起决定性的作用。资本作为基础性资源，在配置中更应突显市场的决定作用，注册制改革是大势所趋。

李克强总理在本次政府工作报告中，明确提出实施股票发行注册制改革。随后，证监会主席肖钢接受媒体采访时也表示，目前市场状况和规模已经具备了增加新股供给的条件。高层多方表态显示，注册制在2015年下半年实施是大概率事件。如此说来，注册制已如箭在弦上，只需等待合适时机。

股票发行制度改革提出从审批制、核准制转向注册制，对新股发行审核制度进行根本改革，是我国证券市场迈向市场化方向的风向标。

从本质上看，我国注册制改革有两大主要目标：第一个就是通过解决供求的失衡，来解决高IPO价、高市盈率和高超募现象，正是因为上市的额度和规模管制，股票供求不平衡造成了这三高，注册制就是创造一个供求平衡的环境。第二个是通过减少审批环节去行政化，提高发行效率，减少权力的寻租。

在此基础上，中国的注册制可能会呈现四个基本特征：一是企业天然拥有发行股票筹集资金的权力，把募集资金、股权融资的权力，让度给每个企业。二是秉持以信息披露为中心的监管理念。三是各个市场主体归位尽责，上市公司、中介机构和监管人、投资人都应该为自己的行为负责任。四是宽进严管，重在事后和事中的监管。以后上市会容易，但是违规的惩罚会比现在严厉得多，也就是违规的成本会上升很多。

从进程来看，中国台湾地区从1983年就开始实行核准制和注册制并行的制度，经过23年，到2006年以后才真正完成实行注册制。中国大陆可能不会走那么长时间，但是肯定是从新三板、中小板这些比较基础的、影响力也比较小的市场里开始，最后才是主板的注册制，需要一步一步来，并非一蹴而就。

3. 注册制　将壮大市场规模

一个股票的价格体现了投资者对这只股票未来收益的预期。而在核准制监管方式下，为了通过核准，中国的拟上市企业普遍是通过做好过去的业绩以通过证监会的审核，而对于企业上市后的业绩和持续发展关注不够、力度不大。因此中国的很多上市公司在上市前几年的业绩都十分良好，因此上市时备受追捧，从而以极高的发行价格上市，但往往上市不到一年就业绩“变脸”，盈利能力大幅下滑，股价也跟着一蹶不振。

注册制的核心在于理顺政府和市场的关系，能较好解决发行人和投资者之间信息不对称的问题，同时规范监管主体的监管边界，避免监管部门过多干预市场。其目的就是让市场在资源配置中发挥决定性的作用。同时，监管部门也会把监管着力点转向事中、事后监管，更好维护市场秩序和投资者的合法权益。

因此，完成从核准制向注册制过渡后，监管机构不再掌握是否批准企业IPO的权力，只要注册通过并被市场接受的企业都可以进行IPO。在拟上市企业的财务指标都大同小异的情况下，市场将更加关注企业的基本面和成长潜力，譬如企业的商业模式好不好，企业的盈利能力是否具有可持续性，企业有哪些优于竞争对手的优势等，以此来决定IPO的成功与否以及企业的投资价值（IPO定价）。从这一点来看，注册制将从根本上解决“圈钱市”、新股发行定价过高和

IPO发行排队堰塞湖问题，宽进严管将减少壳资源炒作，从而保护中小股民的利益，提升资本市场运作效率。

对于企业而言，在注册制下，拟上市企业不再是跟监管者玩游戏，过了审查就等于IPO成功了；反之，IPO能否获取较高的发行价格取决于企业自身的实力与竞争力，这也要求投资者将眼光放得更长远，发掘更多有潜力的企业，并为其提供资金和战略、管理、市场开拓方面的资源，帮助企业飞得更高，同时将自己的投资回报最大化。

这样的制度改革对中国企业的长期发展也有很重要的意义。中国优秀的企业很多，但是由于通过IPO退出的渠道狭窄，致使许多PE热衷于投资监管者所偏好的企业，许多需要资本投入、投资回报期较长的优秀企业却很难融到资金。另外，目前很多在国内上不了市的公司，选择到海外去上市，某种意义上，这是中国目前的制度缺陷造成的。注册制以后，随着相应的制度竞争力改善，中国资本市场的竞争力和吸引力会逐步提高。

值得一提的是，注册制下，民企将获得巨大发展机遇，这将为中国投资主体的切换创造条件。在目前的核准制下，我国股票市场融资主体主要是国企，把更多活跃的民企拦在了外面。所以，要从源头上，也就是把新鲜的、有活力的上市公司注入进来，改变股市的成分，从而增加股市活力。

另外，注册制还会带来真正的退市制度。其实，退市制度在中国出台了很久，但几乎没什么公司退市，退市最大的障碍就是没有注册制，俗话说，“吐故才能纳新”，但在中国股市，其实“纳新”才能“吐故”。在非注册制下，上市非常不容易，不仅仅是上市公司会拼命保，地方政府也会保，所以最后就变成交易所、证监会跟地方政府在博弈，在这种情况下，“吐故”是很困难的，而如果不能“吐故”就是不断地炒作，于是就有了壳资源。IPO实行注册制以后，退

市就会很容易，因为企业只要符合上市标准就可以挂牌，上市就不再稀缺，也就没人去花大价钱购买壳资源，所以一个上市公司只要没有价值就可以退市了。

与此同时，结构性行情可能会是新常态，买股要关注成长性。有分析人士认为，注册制冲击最大的是小盘股与壳资源，并据此推断中小板、创业板未来的风险很大，绩差股行情走到尽头，大盘蓝筹股的投资价值凸显，炒小、炒新、炒差的陋习也会随之改变。事实可能并不一定如此，因为注册制结束了IPO特权，让愿意上市的大小企业都有平等的IPO机会，它冲击的是整个A股市场。今后二级市场的炒作可能更多在于成长性好的新兴产业、龙头企业、创新企业，还有就是与衍生产品股指期货、股票期权等相关的权重标的，而与股本大小没有多大关系，好行业、新兴行业依然会有溢价估值。同样，并购重组仍然是企业发展壮大的重要途径，也还会是资本市场故事来源与炒作热点。因此，今后结构性行情与结构性牛市会更为明显，齐涨共跌的可能性少了，选股更重要了。

另外，对于投资者的分析要求提高。注册制虽然把上市公司的发展前景、资产质量、投资价值交由投资者判断与选择，并把信息披露的真实、准确、及时和齐备性、一致性、可理解性作为监管中心，但这并不可能彻底解决上市公司造假问题，也不能完全解决信息披露的真实性、可靠性、全面性与及时性问题。对广大投资者而言，过去那种对股票实质性信息不关心、不研究、不在乎的状况就必须改变，从招股说明书到财报和各种临时公告，只要会对发行上市以及股价走势产生影响的任何信息，无论大小，都要好好分析、认真研究、仔细推断，极力避免掉进“黑天鹅”陷阱，更不能像过去那样听风是雨、盲目买卖了。

另外，随着注册制的推行，管理层的监管将从过去的事前审批为主转型到事中事后监管为主，从严稽查执法也就成了大概率事件，但毕竟我们的市场是从不成熟走向成熟，依法治市也会有一个循序渐进的过程，除了管理层加大工作力度以外，投资者自身增强维权意识、提升维权水平也是重要的方面。因此，重视维权、学会维权、敢于维权将成为投资者即将面临的一个新课题。

对于投行和私募市场而言，随着承难销易时代结束，市场定价和自主配售将对券商投行业务的定价、风控、销售等在内的综合专业能力带来考验。股权投资基金对实体项目的介入时点前移，风险投资的专业性提高，投机性下降，整个私募市场的收益率会更加市场化，而对创业和创新的促进作用会加强。

对于具体行业来看，推进股票发行注册制改革是向市场化发行制度推进的重要标志。中长期看注册制有利于证券公司投行业务，尤其利于风险定价能力和销售能力较强的公司。资产负债表快速扩张、融资成本下降有望驱动今后证券行业业绩高增长。

4. 注册制下　新股不败神话或破灭

注册制对新股发行的影响将主要显现在发行节奏、发行价上；在市场可接受范围内，预计2015年IPO募资额将同比提高3倍，发行公司数量将有较大增长。2015年新股发行数量的预期在200家至400家的区间内。伴随新股发行扩容和募资规模显著放大，叠加未来相关资金流动性增加有限，新股发行会向供过于求的趋势转变，新股中签率有望普遍上升。

另外，注册制的推行肯定会改变A股市场现行的游戏规则，新股不败的神话可能会颠覆，打新要注意选择性。新股发行一直是A股市场最受诟病的问题，2014年以来通过控制超募、调节发行市盈率、调控发行节奏，虽然控制住了“三高”发行，但新股不败的神话越演越烈，一级市场只有难中签的新股申

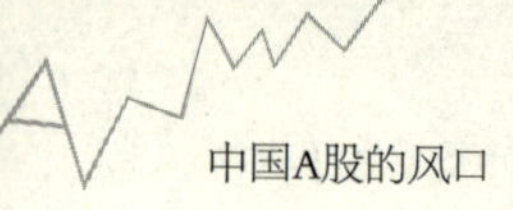

购，没有失败的新股发行；二级市场“秒停”、连续涨停成为常态，打新、炒新的热情高涨，成为中国股市独特的风景。推进股票发行注册制改革，首先影响的、也是影响最大的肯定是新股。当新股能不能发、何时发、以什么价格发、发多少均由企业和市场主体自主决定的时候，新股供给就没有过去那么稀缺了，其二级市场上市定位也就不一定会高高在上了，新股申购破发的风险也就可能随之而来，到那个时候，就不能盲目胡乱申购新股了，而必须根据新股的行业、定价、质地进行选择性打新，以避免新股上市可能破发带来的损失。

第二节　三因素共振　打新扰动或趋弱

不论是从打新资金回流的预期来看，还是从A股的历史走势来看，IPO对于市场的扰动都是阶段性的，并不会改变市场运行大方向。目前来看，降息周期开启，流动性进一步改善，宽松预期犹存，且政策面利好预期升温，这些都对市场带来正面支撑。

1. 牛市背景下　打新还是买股

2015年前3个月新股发行后市场先抑后扬，“下蹲”之后展开轰轰烈烈的上涨，新股发行扰动也将随着谨慎情绪的纾解和打新资金的解冻而消失，短期调整反而为优质品种营造了逢低买入的良好机会。而四月以来新增资金跑步进场，打新吸引力相对降低，市场甚至拒绝回调。

实际上，牛市背景下，持股待涨是收益率最高的投资方式。本轮牛市具备宽松预期和改革印记，市场做多氛围浓厚，政策红利还将持续释放，牛步稳，牛途长，因此，选择优质品种坚定持有，不失为正确的投资方式。与此同时，新股扰动虽然趋弱，但其间震荡难免，这又为投资者提供了重新布局的好机会，在此期间可大胆低吸。当然，“不差钱”的投资者可以左手买股，右手打新，享受牛市和打新的双重收益。

2. 资金加速入市　打新影响减弱

在资金“跑步入场”的火热格局下，市场对打新效应不再惧怕。

2015 年前 3 个月，每逢新股发行，大盘都会出现明显阶段性调整。不过，4 月首轮IPO批文发布以来，市场几乎没有出现过明显调整，屡次顶住压力强势震荡。在多重因素共同作用下，打新的扰动效应正在弱化，打新不再是“魔咒”，而成为牛市试金石。

首先，月月有新股已成“平常事”，一月一发甚至两发的节奏正在被市场所习惯。在此背景下，市场对新股发行存在足够充分的预期，这就使打新对投资者心理层面的冲击呈边际效应递减特征。当新股不再是“达摩克里斯之剑”，市场情绪就不会突然恐慌，调整空间也就明显小于从前。

其次，2015 年 3 月中旬以来，伴随改革红利释放和宽松预期持续，大盘上行提速，做多氛围浓厚，赚钱效应可观。不同于熊市的步履维艰，牛市格局下的速度与激情，使打新吸引力相对下降。相对于“碰运气”的打新，以及为此减仓可能带来的机会成本，不少投资者更倾向于“捂票待涨”，这就使打新引发的资金分流效应趋弱。

另外，由于打新对资金面仅是短暂扰动，不会改变市场原有趋势，加上前两个月打新造就的波段，因此“先抑后扬”成为市场一致预期。在这种预期下，市场一旦震荡调整，便有增量资金进场布局，结果便是“拒绝深调”。

当然，打新引发的资金分流压力依然客观存在，只是程度较此前减弱，这也意味着短期震荡在所难免。在上行趋势确定、牛市前景向好的格局下，震荡将成为难得的“再布局”机会。当打新资金解冻归来，市场将启动上攻。操作上，短期对前期涨幅较大品种可适当锁定盈利，寻找滞涨、低估的“洼地”品种以求避震，可借震荡调整契机低吸优质热门品种。

第七章

政策利好　淘金港股与B股

2015年来港股市场也持续活跃，整体成交量明显放大的同时，还频频涌现飙涨个股。港股基本面因素较此前并未出现重大变化，但近期政策方面的利好带来新的购买力，刺激投资者入市。相比A股，港股市场估值较低，存在补涨空间。港股“价值洼地”有望现“淘金热”。

第一节　发现价值洼地

自2014年11月底A股启动牛市征程以来，上证综指累计涨幅超过60%，相比之下，港股市场表现平淡。然而4月来港股市场热度陡然升温，4月8日起的4个交易日恒生指数大涨逾10%，恒生国企指数更是大涨15.2%，港股总市值创出历史新高；4月9日当天，港股成交额高达2 915.29亿港元，也创出历史最高纪录。

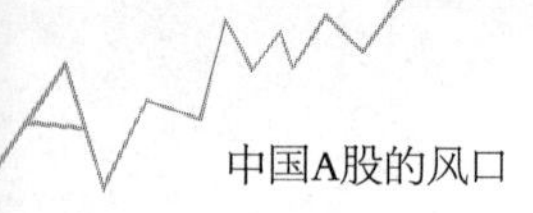

值得注意的是，沪港通下的港股通交易量连续刷新纪录，从此前平均每日的15亿港元骤升至50亿港元以上，4月2日更创下60亿港元的历史新高。港交所行政总裁李小加表示，这显示内地投资者对于香港上市公司的投资兴趣不断升温。

1. 政策暖风催动资金南下

利好政策密集出台是引爆港股的重要导火索。2015年3月27日，证监会发布《公开募集证券投资基金参与沪港通交易指引》，公募基金可借道沪港通投资香港市场。随后保监会发布通知，明确内地保险机构可投资香港创业板股票。上述新措施为港股增量资金带来巨大想象空间，结合深港通预期，给港股市场带来提振，资金“南下”趋势明显。

与此前低迷期相比，港股本身的基本面因素并未出现重大变化，但沪港通相关的新措施出台，为港股带来新的购买力，刺激投资者入市。投资者憧憬沪港通将会从原来由散户主导变为由机构投资者主导。与散户有别，机构投资者较看重公司的基本面分析和估值，因此预期一些估值较低的股票有望受到资金追捧，这成为支撑相关公司股价上涨的主要因素。

提振港股走强的因素可概括为两方面，一是A股走势较强，带动资金流入整个大中华区市场；二是监管新政策出台，刺激港股通交易活跃。此外投资者预期即将出台的深港通可能将香港创业板纳入其中，因此香港创业板涨势显著。

2015年来香港市场来自内地的资金增加，相比之下外资机构在不断减仓，意味着中资和外资对市场的看法出现分歧。而随着A股火爆，港股逐步追赶上来，已经获利套现的外资基金面临非常大的业绩压力，有可能进行补仓操作，因此预计未来一些流通量较大的蓝筹股存在上涨机会。

与A股相比，港股估值明显偏低，可被视为“价值洼地”。不少在香港上市的公司主要业务都在内地，国际及香港投资者或许不太熟悉，所以没有进行大规模投资，但内地投资者会比较容易理解他们的业务，因此在公募基金获准投资港股后，他们会觉得这类股份的估值十分便宜。

从多项统计指标来看，香港市场估值确实较低。由于2015年以来港股涨幅远远落后于A股，AH股价差扩大。Wind数据显示，此前长期低于100的恒生AH股溢价指数在3月底飙升至136.52的三年半高位，这意味着H股相对A股折价30%以上。目前恒生指数市盈率为11倍左右，相比之下上证综指市盈率已近20倍，标普500市盈率为19.5倍，泛欧100指数市盈率为26倍。

随着资金在内地和香港两地股市的双向流动加快，两地价差将趋向收窄。目前港股市场价值洼地的情况明显，以A股的估值体系来看，香港市场很多标的的估值非常有吸引力，未来部分港股估值有逐步向A股靠拢的趋势。AH差价股尤其是估值较内地同业低的股份、暂时只在香港上市的中资股，以及香港独有的股份都存在较大机会。若A股持续强势，也有助港股出现估值补涨的情况。

在市场火爆的同时，一些风险因素也值得留意。预计港股上涨行情会持续，直至港股估值与A股估值的分歧收窄。但如果两者估值差距收窄，可能意味着港股的升幅有限。此外还可留意港股通交易量的变化，如果交易规模下跌，也意味着南下资金减少，港股升势或已见顶。

对于显著活跃的香港创业板，其市值本身就不高，成交量相比于整体市场也十分有限，只需部分感兴趣的资金和散户就可以把市场炒热。其中一些业绩良好，具备条件转主板的公司，也可适当关注。

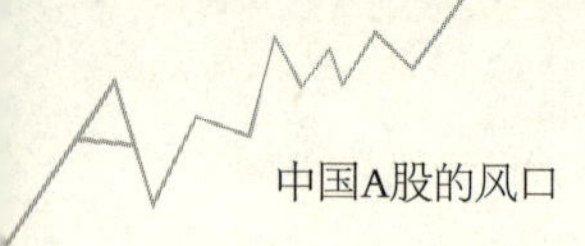

2. 私募全力投入

被视为估值洼地的港股，2015 年来受到资金的狂热追捧。“我们公司除了之前发的一只产品可以投港股外，从 3 月中旬开始就已经筹备全员投入港股，包括投研、市场的工作重心都转到香港市场。”深圳一中等规模私募人士称，港股机会可能更大，未来有可能将管理资产的港股仓位提升到与A股同样的水平。而据了解，该私募机构还大力鼓励员工开设港股账户。“团队里面熟悉香港市场的人比较少，这样的话，在符合监管规定的前提下，既可以让员工分享到风口上的财富，也可以快速提升团队对香港市场的熟悉程度。”上述深圳私募坦言。

从目前了解的情况看，内地资金和屯港热钱应是本轮港股急促暴涨的主力推手。3 月底 4 月初，北上广深都有券商营业部的大户、特大户资金开始配置与A股高估值品种业务类似的中小市值港股。“转场投资港股的原因，一方面是感觉到A股高了，另一方面港股相对于A股还比较便宜，短期可能会有大机会。”深圳一营业部大户表示。

机构研究报告也指出，内地个人投资者的港股存量资金是最早参与本轮行情的投资者，最早响应资金南下预期，并启动中小盘股行情。虽然行情加速后，增量资金的流向可能略有分化。但由于存量资金主导的中小盘股行情需要持续的资金投入，仍将吸收增量资金的主要份额。因此，直接投资港股的内地个人投资者资金还将继续集中于中小市值股票。

3. 外资专买权重股

值得注意的是，抢筹行情中先行出击的不仅是内地资金和屯港热钱，海外资金也在本轮港股行情中大胆布局。彭博数据显示，2015 年 3 月至 4 月初，4

只最大投资中资港股的ETF，净流入接近150亿港元。

港股市场的历次震荡行情中，均有海外短线交易资金的积极参与，这是港股市场的国际地位和自由特性所决定的。根据过往经验，国际游资更倾向于参与各类主流指数，权重成分股及其衍生产品。例如在2014年的“沪港通”概念行情中，国际游资就重点投向了A50指数及其衍生品。本轮行情中，早前由存量资金驱动的中小市值个股行情因其资金容量有限、标的散乱等特点，对国际游资的吸引力有限。而指数行情启动后，国际游资开始参与国企指数及其成分股，这一趋势还将进一步延续。4月最初的一周，香港金管局承接了44亿美元的卖盘，相当于注资超过340亿港元。

“4月初港股突然启动之后，不少外资机构都在紧急开会，以改变之前既定的策略，增加对港股，尤其是中资大盘蓝筹股的配置。”香港一买方研究机构人士透露。不少外资机构的策略过于谨慎，认为内地资金不会那么快进入港股，而且即使进入也不会改变行情的趋势。但从目前的情况看，急促的行情已经改变了这部分机构的看法。

4. “正规军”有望加速入场

不过从目前的情况看，港股2015年4月初一波急促火爆的行情，并未有太多的内地机构资金参与。包括公募资金、阳光私募资金大都还在筹备阶段。此前进入的只是小规模的热钱，而后续包括公募、私募的正规军资金“跑步入场”将会更大程度刺激港股上涨。

中银国际的报告显示，截至2015年3月底内地基金资产规模达4.68万亿元，其中2.12万亿元可投资股市。预料内地在4月将组成1 000亿元的新基金，估计最快5月便可南下通过沪港通等渠道买入港股。3月27日之后，众多公

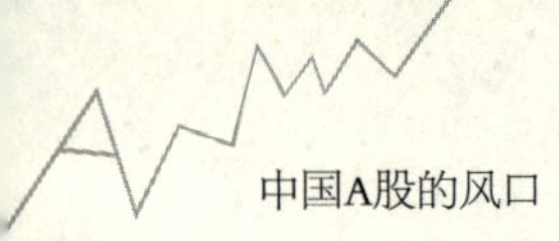

募基金纷纷策划布局港股，包括南方基金中小盘转型为“南方香港优选基金”，专注于香港中小板市场；景顺长城基金发行第一只通过沪港通投资港股的基金——景顺长城沪港深精选基金。而另据汇丰证券报告预测，未来将会有5 000亿元人民币资金由内地公募基金流入港股，包括QDII的1 200亿元人民币额度、“沪港通”2 300亿元人民币的额度以及预期将推出“深港通”的1 500亿元人民币额度。

与此同时，海外机构入市步伐也有望加速。汇丰证券报告指出，环球互惠基金在过去3~4个月持续减持中资股，转投菲律宾、印尼、印度等新兴市场，意味很多环球基金需要提高对中国股票的仓位。中资股近日急升，但估值仍未过度偏高，而深港通的推出，以及中国货币政策宽松预期将提供支持，目前显然不是减仓的时机，反而应换股至表现落后的股份。

值得注意的是，港交所作为市场活跃的主要受益标的，近日受到海外机构的极力追捧，包括摩根大通在内的外资研究机构均大幅调高对港交所的目标价。如摩根大通认为，港交所2015—2017年平均盈利增速达66%，目标价提高45%至285港元。

5. 乐观中保持一份审慎

2015年来机构普遍看好港股市场前景。政策诸多利好恰逢港股相对A股及新兴市场处于大幅折价时期，港股作为全球估值洼地将获得资金追捧，估值修复的行情有望延续。增量资金将显著提升港股市场交易活跃度。

不过在市场火爆的同时，一些风险因素也逐步凸显。恒生指数升势颇为急促，虽然成交金额再创新高，具备动力支持，但升势过急可能导致股指出现反复。

另外，目前进入港股的内地资金只是急先锋，大部队要等到深港通政策落地才会跟进。港股短期上涨过快，后续接盘资金可能跟不上，需警惕流动性风险导致的回调。

港交所主席周松岗也表示，沪港通是香港股市成交创新高的一大催化剂，该机制为香港市场引入了新的流动性，尤其是最近内地监管机构厘清了有关机构投资者参与沪港通的政策，进一步活跃了市场。他同时提醒称，投资者任何时候都应保持审慎态度，尤其在市场情绪亢奋的时刻，因为市场情绪随时可能改变。

第二节 手游板块空间大

在沪港通背景下，港股手游板块与A股相关板块相比，估值更具吸引力，由于手游是互联网流量变现的最高效方式之一，该产业未来具有较大的发展空间，值得投资者关注。

1. 估值普遍偏低

自“互联网+”概念出炉后，港股市场上的手游概念股的表现就持续火爆。神州数字（08255.HK)、IGG（08002.HK）、博雅互动（00434.HK)、云游控股（00484.HK)等相关股票股价持续大涨。此外，美股中概手游股中国手游（CMGE)市场表现也非常突出。

作为棋牌类手游公司，博雅互动的商业模式专注于棋牌类游戏的电子化，主要营业收入来源是《德州扑克》和《斗地主》，目前TTM市盈率为14倍。棋牌类游戏性的生命周期长于一般类游戏，无论是网页版还是手游版都具备较

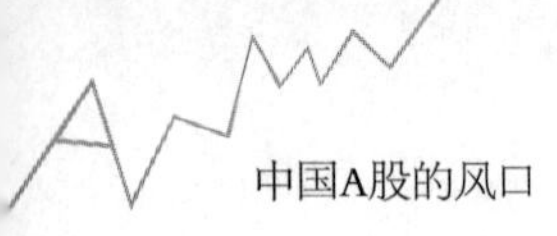

高的黏性。值得一提是，博雅互动目前移动游戏玩家数增长显著。财报显示，2014财年博雅互动的移动游戏收入同比上升95%至5.36亿元人民币，占总收入比重从2013财年的40%上升至2014财年的57%。移动游戏的付费人数也从2013财年的70.8万人，增加128.9万至199.7万人。

总部位于新加坡的手游企业IGG目前TTM市盈率为12.5倍，且12个月预测市盈率估值接近上市以来的最低位。目前IGG将其产品定位于中高端游戏玩家，在全球180多个国家进行产品销售，其销售团队均以各国母语人士为主。在香港手游板块中，IGG的全球性收入及营销能力最强，而其在全球多国拥有强大的本地销售能力，也有助于提升其手游产品的生命周期和渗透率。

此外，在香港上市的手游概念企业神州数字目前市盈率为25.0倍。该公司主要业务是通过促进网上游戏商户与网上游戏用户之间的交易，以及向手机用户提供手机话费充值服务来提供网上交易服务。

2. 行业高增长可期

相比之下，A股手游板块中的掌趣科技（300315）、北纬通信（002148）、中青宝（300052）的TTM市盈率分别为110倍、447倍、8978倍。A股手游行业的整体估值较高主要由于行业并购热情高涨，引发市场资金的相继追捧与炒作。

虽然手游行业已经经历了2013年和2014年的高速增长，但手游产业在全球范围内仍然会保持较高的增速，不过会因为各地市场基数不同，增速不一致。

农银国际研报指出，人口红利的因素对手游企业的收入影响预计会在未来2年内逐渐减弱，新玩法、新载体、新技术将成为手游市场未来长足发展的动力。

事实上，经过2014年，整个港股手游板块的估值大幅下调，投资吸引力已然显现。农银国际分析师认为，从长期来看，优质的手游股具备较大的增长空间，预计 2015 年该行业仍有众多向上驱动因素，因此给予该板块 2015 年显著跑赢大市的评级。

与此同时，《2014 年中国游戏产业报告》指出，虽然近年来端游业务发展受阻，但以手游与页游的高速增长为代表的整个游戏产业的发展依然前景良好。

上述报告还显示，2014 年中国游戏市场实际销售收入达 1 144.8 亿元人民币，增长 37.7%，用户数量为 5.17 亿人。其中手游收入首次超过页游，达到 274.9 亿元，同比大增 145%，用户规模同比增加 15.1% 至 3.575 亿人。

不过，中国智能手机用户数的增速放缓会影响手游板块中长期表现。考虑到产品生命周期、市场竞争、投资成功率等因素，短期看涨港股手游板块，中长期维持中性评级，并建议投资者关注具有渠道代理业务的手游企业。

第三节　科网股："估值+资金"双轮驱动

2015 年 3 月底以来的港股上升行情中，科网板块成为领涨主力之一，恒生资讯科技指数大幅跑赢同期恒生指数。而事实上，早在大市走强之前，港股科网板块就已率先启动，多只具备"港 A 股"特征的个股受到市场热捧，股价表现抢眼。

港股科网板块整体估值显著低于内地同业，在估值吸引力和资金偏好的共同作用下，后市预计将延续良好表现。

1. 科网板块估值仍低

港股大市自 2015 年 3 月底以来显著走强，而港股科网板块则在 3 月中旬

就开始表现活跃。2015年以来截至4月底，恒生资讯科技指数累计涨幅高达40%，是同期恒生指数涨幅的逾两倍。

一些具有“港A股”特征的个股表现突出，畅捷通、中国擎天软件、科通芯城3月下旬至4月中旬近一个月的涨幅均已翻番，慧聪网、网龙、飞鱼科技、联众、IGG涨幅都超过80%，神州数字、天鸽互动、金山软件、方正控股涨幅超过60%。行业龙头腾讯控股上涨逾20%，至4月底年内累计涨幅超过40%。

低估值吸引力和内地赴港资金对高成长性公司的偏好是推动港股科网板块走强的主要动力。

据Wind数据，截至4月底恒生指数市盈率（TTM）为11.43倍，恒生资讯科技指数市盈率（TTM）为27倍，A股创业板指数市盈率（TTM）为92.6倍。

细分板块中，据中金公司的研究统计，Wind三级分类的A股互联网软件与服务行业2015年预期市盈率为198.8倍，半导体产品和半导体设备市盈率为59倍。相比之下，根据彭博GICS三级分类的H股互联网软件与服务行业2015年预期市盈率为36.1倍，半导体产品与半导体设备行业市盈率为31.5倍。

港股和A股估值水平存在长期差异，这是由投资主体和制度决定的。而港股和A股中小盘股票的估值水平差异更为明显，A股“互联网+”板块相对应港股科技板块的溢价率超过400%，这是由于市场对于港股科技板块的不充分认识所决定的。长期以来，港股市场具备定价权的资金是海外资金，更青睐大型蓝筹股。而目前流动性现状正在发生变化，在政策积极引导下，A股资金进入港股的速度将超预期，投资渠道也从沪港通的蓝筹标的向更多中小型成长股扩充。2015年港股创业板估值水平为11.96倍，与主板相差无几，随着具备定价权的流动性改变，中小市值股票特别是“互联网+”概念股将获得更高弹性。

机构预计香港TMT个股上涨行情将持续，理由一是投资者对A股同业股票高估值存在担忧，因而将部分注意力转移至估值更具吸引力的港股。二是深港通有望于2015年下半年启动，从而带来套利机会。

2. “互联网+”挺立风口

对新经济下新兴行业前景的看好也是推动科网股走强的重要动力，特别是“互联网+”概念股，一直挺立“风口”。通过互联网改变现有的生产关系，进行结构化调整是中国产业调整和发展的大趋势，全社会自上而下推进“互联网+”战略，是中国经济转型的出路之一。

中金公司报告指出，2015年初至今TMT各子行业特别是互联网概念在A股出现一轮普涨行情，整体动态市盈率达到47~74倍，远高于相对应的港股子行业12~29倍的动态市盈率水平。估值高溢价主要基于两点原因，一方面是投资群体不同，A股市场具有明显的散户特征，散户占可交易自由流通市值的六成以上，交易量占比超过八成，在市场趋势整体向好时，A股散户特征往往会造成极端高的估值。另一方面是上市供给差异。H股的注册制度更有利于高成长型公司上市融资，A股审批制的上市条件更为苛刻，因而时常有题材稀缺性标的的爆炒情况出现。中金分析师建议投资者积极把握TMT细分行业中模式类似、盈利水平相当且估值溢价较高的H股标的，尤其是A股市场稀缺的标的更为受益，预计市值较小、高成长型、高弹性的公司将优先受到追捧。

机构分析师看好受益于内地和香港股市互联互通计划扩大的公司，上调对互联网及软件板块的配置建议至“增持”。花旗在最新发布的策略报告中建议关注新兴行业中优质的中小型股份。

巴克莱策略报告预计，在强美元及潜在通缩环境的背景下，资金会偏重资讯科技服务板块，部分行业会利用互联网转型，建议选择性吸纳重磅中资股，

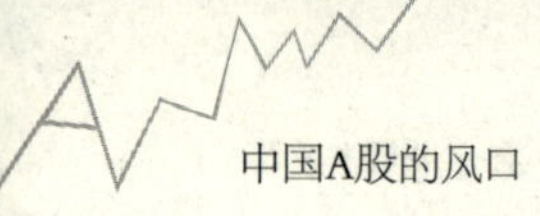

同时看好中资互联网企业。

第四节　能源板块上涨动能充足

能源板块也在港股本轮行情中表现抢眼。能源板块周期性比较明显，与一些更容易受到资金和政策影响的板块相比，其持续上涨的动能更加充足。

若统计2015年以来的累计涨幅，能源业指数仅为14.68%，位居各行业指数倒数第三位。港股能源板块在行业基本面“触底”后有望掀起补涨行情，尽管前期港股大涨时该板块尚未“显山露水”，但存在“后发制人”的可能性。

即使港股近期出现盘整，能源板块所受的影响也将相对较小。实际上，不仅港股，未来数月全球能源行业将出现更多并购交易，总体而言，这股不断蔓延的并购潮对市场环境十分有利。

另外，石油、天然气与煤炭一起构成全球最重要的一次能源，短期内地位仍难以撼动，未来油气领域依然将受益于能源行业的持续增长。

就内地油气而言，除了价格以外，供需更是长期的矛盾。2013年内地原油对外依存度增加至57.4%，而天然气的对外依存度增加更为迅速，从26.2%增加至30.8%，两者均刷新历史高点。在此背景下，在油气开采方面的投入不断增加，未来将产生大量的新增油气设备和油田服务需求。港股相关板块值得关注。

黑石集团董事长施瓦茨曼认为，现在可能是投资能源行业的好时机，很多能源企业此前以高成本借贷，现在需要更多的资金。一些企业会进行重组，一些会被淘汰，这将带来多年来最好的机会。凯雷投资集团创始人鲁宾斯坦也强调，眼下的能源行业比未来五到十年更具吸引力。

港股能源板块还有一些与内地关联较小的股票，主营业务更多是在海外市场，未来前景将更多取决于自身盈利水平以及国际油价等因素。

第五节　B股改革预期强化

A股、港股的火热，搅动了沉寂多时的B股市场。2015年4月，B股市场迎来罕见的大涨。

从2015年初到4月的统计数据发现，B股的涨幅“合情合理”。2015年初至4月23日，上证指数大涨36.47%，深证指数上涨33.85%，创业板指数更是大涨84.02%。股市的全面火爆，资金出现开始涌向H股、B股等“价值洼地”。4月10日，上证B指放量暴涨，接近涨停，这一情形只在2001年B股向境内居民开放时出现过。

对B股投资者来说，幸福来得太快。一位氯碱B股的投资者感叹自己赶上的好时候。氯碱B股4月9日、10日、13日三个交易日累计涨幅达26.36%，而年初至4月8日累计涨幅才7.89%。同属于上海华谊集团旗下的B股双钱B在3月24日重大资产重组复牌至4月13日，累计涨幅达81.04%。“之前买氯碱B是考虑到氯碱化工有望成为华谊集团的核心资产上市平台，希望B股受益于A股资产重组。但后来集团资产重组平台最终选择了双钱股份，还以为氯碱B会长期低位徘徊。”该投资者称。B股的财富效应很快在市场中传播，引得投资者蜂拥跟进。据中国结算公布的数据显示，4月13日至4月17日一周，两市新增股票开户数328.40万户，环比大增95%，创出历史新高，其中新增B股账户26 990户，环比暴增7倍有余。

针对B股的急速走热，申万宏源认为，A股上升速度超预期已经在B股上

体现其强势影响，体量相对较小的B股在大量资金涌入的情况下迅速上涨。国信证券则称，目前B股一共有104家，总市值为1 926.7亿元，平均市盈率为16.79。由于长期受到冷落，B股市场相对A股来说，市值小、估值相对较低，成为了一个难得的价值洼地。

但国信证券同时表示，B股市场相对封闭，历史问题的解决又是势在必行，因此在目前资金汹涌的时点下，B股市场将迎来历史性的投资机遇。事实上，B股的改革预期一直强烈，这波B股行情的出现强化了这种预期。B股改革之势，随着股市整体的新常态，出现烈火烹油的状况。

B股资深投资者孙先生表示，B股的突然走强有多方面因素。从B股形成的历史背景来看，B股在初期承担着利用民间外币、为企业筹集境外资金等功能。从目前统计资料来看，B股的上述作用渐渐丧失，成为资本市场中估值过低、交易不活跃、融资功能下降的一块，且目前B股的投资者多为境内投资人。正因为存在改革的预期，所以才会成为资金追捧的对象。

在经济“新常态”之下，B股的改革蓄势待发并有上市公司先试先行。

2014年5月，《国务院关于进一步促进资本市场健康发展的若干意见》明确提出，“逐步提高证券期货行业对外开放水平”“稳步探索B股市场改革”。而后，国家外汇管理局重申将加快人民币资本项目可兑换，使得B股借鉴新加坡等国外资股改革经验推进改革的预期更强烈。

目前B股改革的推动力是多方面的，基本逻辑是资本市场开放与活跃，在内地资本市场日渐活跃，沪港通、深港通渐次落地的背景下，B股改革是内地资本市场日趋成熟的必然选择。

具体到B股公司，早在2014年7月，新城B就停牌筹备转板事宜。2014年年底，新城B向上交所和证监会上报了B股改革方案，随后获得监管部门的支持。公司方面称，公司为纯B股公司，而B股市场在我国实际上已失去正常的融资功能且流动性较差，使得B股股票的市场价值难以体现实际价值，进而影响到公司股东尤其是中小股东权益，公司改革势在必行。

2015年4月7日，新城B公告B转A计划，由新城控股向公司全体股东发行A股股票，并以换股方式吸收合并新城地产。合并完成后，新城控股的A股股票（包括为本次换股吸收合并而发行的A股股票）将申请在上海证券交易所上市流通。新城B成为继东电B在2013年顺利转板后，又一家选择B转A的公司。

4月23日，继中集、万科、丽珠之后，南玻公告拟实施B转H。2012年末中集集团B转H，拉开了B股改革的大幕。此前，还有万科B转H、丽珠B转H、东电B转A等成功案例。如果南玻B转H获得成功，将是第四家实施B转H的公司。

具体到上海B股公司的改革，2013年以来的国资国企改革正在催熟酝酿已久的B股创新转型。

上海城投旗下上市平台城投控股和阳晨B股公告将以一种前所未有的方式进行整合。公司重组进展说明会和投资者交流会透露的信息显示，两公司共同的大股东上海城投明确，两上市公司重组目标为解决阳晨的B股改革问题，公司重大资产重组涉及B股改革等重大事项，并可能属于重大无先例事项。阳晨B的改革有望为现阶段B股改革提供创新模式。

据了解，阳晨B的改革需要放在整个上海国资改革的大背景下加以考虑，目前上海市国资监管部门已经将国资国企改革作为B股改革的重要契机，阳晨B的改革有望为上海国企B股整体改革的推进提供经验。

除此次阳晨B的改革外，2014年上海浦东新区国资委已出让汇丽B控制权，在完成股权转让后，三林万业（上海）企业集团有限公司将间接持有汇丽B股

份5 198.93万股，占公司总股本的28.64%。另一家上海浦东新区B股上市公司管理人士向中国证券报记者表达了对改革的期许：公司已经对B股改革有基本安排，目前需要等待的是国资委的最后定夺。

此外，据上海国资监管部门消息，目前监管层关注国企B股向H股或者A股转板，其中B转H股的考虑是希望港股平台为国企提供相应的海外融资平台，上海国企改革中重要的一点是推动国企走向海外、利用海外资源，B转H正是符合了这一改革期望；B转A则指向国企股权流动性的提升，并有利于上市公司利用好日渐活跃的内地资本市场，B股长期的“低迷”状态实际上不利于国企股权流动，也是对国企股权融资功能的浪费。B股改革有望随着新一轮国资改革加速。

大势已定，犹待落地实施。B股的大势是改革，但改革落地实施并未有放之四海而皆准的模式，监管部门对改革也是温和引导多于强势介入。

在改革具体路径上，目前B股上市公司仍需做“选择题”。B转H、B转A、回购、AB并轨等是B股改革的可选途径和方向。B转H适合以港币交易的深圳B股和大型绩优B股公司等，此前已有中集B股、丽珠B股、万科B股等转板案例。上海国企B股上市公司中，也有公司希望利用香港的融资平台，但沪市B股采用的美元交易，且部分公司规模有限、盈利能力弱，不符合H股上市条件，在具体的B股改革操作中仍需要跨越相关障碍。

另外，在AB股之间差价较大的情况下，B转A被投资者认为是最有获利空间的办法，在实际操作中有其优越性。以回购推动B股改革的则有上柴B股，即由上市公司拿出现金回购B股并进行注销，这一方式对上市公司的资金实力等有着更高的要求。

第八章
“互联网+” A股我最任性

2015年政府工作报告首次提出“互联网+”概念，并将制定“互联网+”行动计划。国务院总理李克强在答记者问时也表示，“站在‘互联网+’的风口上顺势而为，会使中国经济飞起来”。

第一节 “互联网+”加什么

“互联网+”的内涵不断扩展，随着“互联网+家电”“互联网+汽车”等改变不断提出，一些传统行业得以站在风口之上。

1.“互联网+”工业化和信息化的深度融合

2015年两会上，国务院总理李克强在政府工作报告中提出了制定“互联

网+”行动计划。这引发市场对互联网行业的极大关注和追捧。“互联网+”行动计划意在促进工业化和信息化深度融合，使互联网渗透到金融、医疗、钢铁、家居、教育等传统行业，加速我国经济结构转型。

目前，我国互联网用户规模已超过6.49亿，普及率已达到47.9%，互联网产业已在深刻影响传统IT市场和传统产业，其业务模式和商业模式在进行加速变革。在此背景下，上市公司也加入到追捧“互联网+”的大军中。总体而言，上市公司呈现出两种“互联网+”发展路径，一种是通过外延式并购互联网企业实现“互联网+”的转型；还有一种是传统行业与互联网尤其是移动互联网的深度融合来改造行业。

2. 互联网对传统行业的改造

“互联网+”的内涵不断扩展，随着“互联网+家电”“互联网+汽车”等改变不断提出，一些传统行业得以站在风口之上。其中最引人注目的就是看似与互联网毫无关系的农业。随着移动互联网时代的到来和政策大力支持，“移动互联网+农业”正创造着农业触网的新模式。

2015年中央一号文件《关于加大改革创新力度加快农业现代化建设的若干意见》指出，“创新农产品流通方式，支持电商、物流、商贸、金融等企业参与涉农电子商务平台建设。开展电子商务进农村综合示范。”

梳理发现，众多上市公司已经开始在农资电商、农村互联网金融、农业信息化三大领域加大“互联网+农业”的布局。“互联网+农业”不仅有利于推动我国农业走向现代化，还对农资行业上市公司估值提升明显。

在上市公司的布局中，农资电商、农村互联网金融、农业信息化三大领域最受关注，将是未来一段时间“互联网+农业”发展的三个主要方向。

农资电商方面，农资上市公司金正大、辉丰股份等上市公司已率先实现布局。金正大董事长万连步表示，“农资电商是大势所趋。我们首先考虑的是将现有渠道升级，我们有十多万家二级经销商，要先按照电商的要求对这些二级经销商进行升级，提高效率，降低物流费用、财务费用及人员支出。在实现线上线下结合的基础上，农资电商要和种植大户、家庭农场、农业合作社、专业化的农业公司实现直接对接。”

农村互联网金融方面，大北农旗下的农信网便以公司旗下另一网站猪管网的数据为基础，向上下游伙伴提供小贷、P2P等金融服务；公司还于3月6日拿出了一份募资额高达22亿元的定增方案，拟投向农业互联网与金融生态圈建设项目。新希望则依靠产业链的数据优势与线上融合来发展P2P等业务，将不同渠道、不同风险偏好的资金与不同风险的养殖户对接，降低养殖户的整体融资成本。

“‘互联网+农业’是大势所趋，也是公司在发展过程中考虑的非常重要的一个问题。比如我们可以发挥产业规模大、联系带动农民多、市场影响力大的优势，迅速地推广公司的互联网金融业务。我们在天津注册了金融保理公司，还注册了基于互联网的一个金融类公司，希望通过互联网的方式推动养殖业和食品业的互联网式发展。在养殖方面，我们也通过互联网的方式，从一个重资产公司逐步转变成为一个轻资产公司。以前我们在饲料、养殖和加工的各个环节都是自己做的。今后，我们可以只抓主要的，饲料我们来做，养殖我们建示范厂，然后，我们建立一个技术服务专家队伍和金融服务担保队伍，动员一批农村和城市的中产阶级队伍来一起做。”新希望集团董事长刘永好表示。

农业信息化的浪潮也从国外蔓延到了国内。2014年10月23日，芭田股份使用自有资金4 000万元受让金禾天成20%股权，介入到农业大数据、农业物

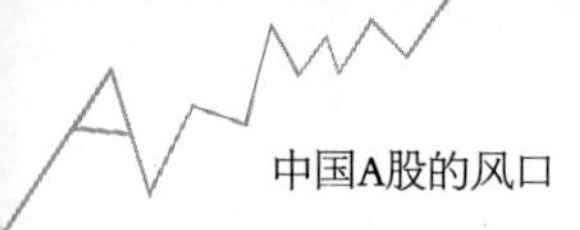

联网、农业移动互联应用、种植业投入品平台、农业地理信息系统等领域，并探索提供以数据分析为基础的产品组合。新希望的福达计划，则是通过养殖场的数据分析提供针对性的服务方案。

目前互联网农村渗透率不断提高，农业信息化风起，逐步改造传统农业生产方式。传统农资流通渠道面临变革，农资企业顺应大势，纷纷拥抱互联网，优化供应链，降低流通成本，从销售商转型综合服务商，将开启新的成长。

而从资本市场表现看，互联网＋对相关上市公司估值提升作用明显。数据显示，2015 年一季度涉及农资流通上市公司业绩增长快速，电商营销渗透加快，板块涨幅接近 50%，跑赢沪深 300 指数 35.7%。而在此过程中，龙头公司具备广泛的渠道和线下服务能力，有望强者恒强。

第二节　谁在身体力行“互联网＋”

2015 年政府工作报告首次提出“互联网+”概念，并将制定“互联网+”行动计划。国务院总理李克强在答记者问时也表示，“站在互联网＋的风口上顺势而为，会使中国经济飞起来”。

“互联网+”概念兴起后影响几何？哪些上市公司正在身体力行“互联网+”？

物产中大原先是一家以汽车售后服务、贸易实业为主的上市公司，在注入物产集团大宗商品供应链集成服务业务后，将依托互联网、物联网、大数据、云计算等技术，在研发、生产、交易、流通、融资等各环节进行互联网渗透，从而连接供应商、制造商、消费者等相关各方，由卖商品变为卖服务，打造生产资料领域的“阿里巴巴”。公司股价也在复牌后短短一个多月时间内翻了一番。

传统行业拥抱互联网的脚步已势不可挡。“产业互联网”将成为继“消费互联网”之后，促使我国经济结构转型升级的新动力。与互联网的深度融合也为相关A股公司的市值打开更大想像空间。“互联网+”料将成为贯穿A股2015年全年的投资主题。

1.“互联网+”　让国企改革插上翅膀

2015年2月13日，停牌4个月的物产中大发布重组预案，拟向物产集团的全体股东综资公司、交通集团发行股份吸收合并物产集团，向煌迅投资发行股份购买其持有的物产国际9.60%股权，并向浙江物产2015年度员工持股计划、天堂硅谷融源等9名特定投资者非公开发行股份，募集配套资金不超过26.29亿元，物产集团拟作价104.89亿元整体上市。

物产集团是浙江省政府直属特大型国有企业，以大宗商品流通与生产性服务业为主业。物产中大此前主要从事汽车销售及售后服务、房地产、期货、贸易实业等业务。本次交易完成后，物产集团的大宗商品供应链集成服务业务将整体注入上市公司，物产集团将实现旗下业务的整体上市。物产中大则将通过供应链整合、产业链管理、价值链提升，成为现代流通领域的集成服务商、产业组织者，打造互联网时代流通4.0版新型综合商社。

何谓“流通4.0”？用物产集团董事长王挺革的一句话概括之，就是做生产资料领域的“阿里巴巴”。其核心是以互联网、物联网、大数据、云计算等技术为支撑，以消费者驱动为理念，以大型流通企业为核心，把供应商、制造商、消费者和利益相关方联系在一起，实现线上线下结合的平台化运营，由卖商品向卖服务转变。

还有人将物产中大提出的“流通4.0”概念分解为“四流”：“商流”“物流”

“资金流”“信息流”。

“商流”——即运用信息技术，实现贸易过程的网络管控，并不断拓宽供应商、制造商和消费者资源，连接国内国外市场，参与全球资源配置，进行原材料开发配供以及相关行业的合作经营和整合。

“物流”——即在提供基本物流服务的基础上，增加订单处理、供应链设计管理、物流金融、库存分析与控制等增值服务，运用信息技术，进一步提升物流水平，提高客户满意度，提高物流业务对核心业务的支撑力。

“资金流”——即依托物产集团不断完善的金融业务平台，为供应商、制造商、消费者提供各种供应链金融服务，打通“资金流”服务业务渠道。

“信息流”——即通过电子商务平台的线上线下一体化服务，实现供应链中的信息共享，推动上下游客户信息的交流与对接，为客户节约采购成本、物流成本和财务成本，进而为客户创造价值。

也就是说，物产中大未来将以供应链物流和供应链金融作为支撑，实体网络和电商平台虚实结合，“上控资源、中联物流、下建网络”，逐步实现从传统贸易商到供应链集成服务提供商的转变，公司市值也由此获得极大跃升空间。

2. 产业互联网重塑“价值经济”

如果说，阿里巴巴、腾讯、百度等代表的是消费互联网业态的成功，那么，“物产中大”们的转型则标志着中国“产业互联网”革命的兴起。

与消费互联网以个人为中心、博取“眼球经济”不同，产业互联网更多是以企业为中心，通过在研发、生产、交易、流通、融资等各个环节的网络渗透，提高生产效率、降低生产成本、节约能源消耗、扩大市场份额、畅通融资渠道，通过传统产业与互联网的融合，寻求新的商业模式，创造“价值经济”。

放眼A股，“产业互联网”概念已悄然渗透到许多传统行业领域：

在高度垄断的石油行业，中国石化的“互联网+”步伐已走在许多企业前列。中石化前董事长傅成玉在2015年3月23日举行的香港业绩发布会上宣布，2015年将全面启动基于互联网的车联网、O2O、互联网金融等六大创新业务，相应的客户管理系统和第三方支付系统2015年4月将调试运行。

银行大佬也在拥抱互联网。中国工商银行近日在京发布互联网金融品牌“e-ICBC”以及一系列互联网金融产品，全面加快实施互联网金融战略。目前，五大国有商业银行都已把互联网金融提升到战略地位。

古老而传统的医疗行业亦在加速触网。比如，中医药企业康美药业设立的网络医院近日获批。其打造的网络医院将提供Web平台、手机App等终端，通过终端上集成的在线聊天、电话、视频等方式实现医患沟通，将互联网与移动医疗概念紧密结合。

房地产行业更是将触角全面伸向互联网。最初以房地产广告和咨询业务起家的三六五网，2013年开始向“房产O2O”发展，2014年又在此基础上沿着“居家O2O”产业链进行扩张。目前，公司业务已囊括房产O2O、家居O2O、社区O2O和互联网金融服务。公司股价也不断攀高，并于年初登上百亿市值。

“互联网+”浪潮汹涌，引发的辩论也不少。比如，做生产资料电商哪个模式更可取，是像上海钢联、康美药业这样在某个垂直领域深耕细作，还是像物产中大这样大而全？是否所有传统行业触网都能获得附加值？触网企业是在炒短期概念，还是酝酿长期变革？

不可否认的是，“互联网+”倒逼企业转型升级的趋势已不可逆。期待互联网对传统行业商业模式的再造，孵育出更多领域里的阿里巴巴，亦期待在A股“互联网+”的风口里寻找到更多“飞天的猪”！

第九章
新三板　新风口

尽管有着较高的入市门槛，但依然挡不住新三板的火爆。在鼓励创新、创业的大背景下，新三板未来几年或迎来更多战略性的投资机遇。对创业公司而言，意味着进入资本大门可以更早，门槛更低；而对投资者而言，则是拥抱早期创业公司的机会（当然风险也是对等的）。这根生态链条一旦打通，故事必定精彩纷呈。

第一节　新三板火了

就在 2015 年的头两个月，新三板市场已然暗流涌动，仿佛火山即将喷发。短短两个月，已经有 6 只股票涨幅超过 10 倍，涨幅超过一倍的也已经高达 160 只。

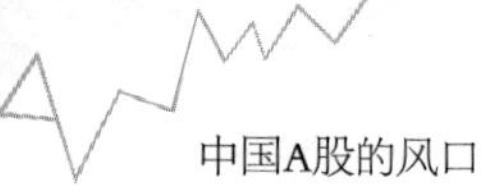

热情迅速蔓延。3 月 6 日（周五）这个交易日结束后，九鼎投资（430719）成为市值最高的新三板公司，总市值已经高达 278 亿元，当日成交金额 5128 万元；成大生物的市值也超过百亿元，达到 115 亿元。

而在 2 月 27 日当天，新三板首只百元股——麟龙股份（430515）诞生，3 月 6 日该股收盘价达到 113 元。

2015 年以来，新三板个股以惊人的爆发力吸引了市场目光。如瓷爵士（831441）在 3 月 6 日这一天一举上涨 353.4%，一天上涨 14.03 元。而就在 3 月 4 日，该股最低价还一度触碰 0.01 元。

3 月 6 日当天，5 只新三板个股涨幅超过 100%，包括瓷爵士、维恩贝特、冰洋科技、汽牛股份、永继电器。涨幅之巨令人瞩目。

新三板的正式名称是“全国中小企业股份转让系统”，是经国务院批准设立的全国性证券交易场所。这和美国的场外交易市场 OTCBB 类似，最早可以追溯到 2001 年的“股权代办转让系统”。

2006 年，中关村科技园区非上市股份有限公司进入代办转让系统进行股份报价转让，因为挂牌企业均为高科技企业而不同于原转让系统内的退市企业及原 STAQ、NET 系统挂牌公司，故被形象地称为“新三板”。2014 年之前，新三板长期处于低迷不振中。

直到 2014 年，新三板才进入快速增长阶段。随着市场大幅扩容（2014 年底挂牌公司增至 1 572 家）、新交易系统上线及做市商交易制度的推出，各路资金参与新三板的热情大增，成交量由 2013 年的 8 亿元增至 2014 年的 130 亿元，2014 年更是产生了 71 只涨幅超过 10 倍的牛股。

其中的转折点恐怕与“做市商制度”的出炉密切相关。2014 年 8 月，证监会正式允许证券公司和符合条件的非券商机构，使用自有资金参与新三板交易，持有新三板挂牌公司股票，通过自营买卖差价获得收益。新三板流动性问题逐渐得到解决。

随着做市商制度拓宽了投资渠道，场外资金参与新三板的热情开始攀升。以做市股票为例，做市商制度推出初期每日仅有30余只股票成交，而2015年2月每日约有百只股票实现成交。成交金额超千万元的大单频频现身，带动做市股票股价不断上涨。

不仅如此，2015年以来还有不少新三板公司推出重磅的高送转分红方案。麟龙股份拟推出10转20派1.08元的分配方案；2月11日金润科技披露10转25派10元的分红方案；仅仅一天之后，金正食品宣布拟推出10股转增90股的创纪录分配方案。根据不完全统计，目前已披露2014年度利润分配方案的近30多家新三板公司中，约有半数推出了每10股送转超过10股的方案，推动新三板进一步火爆。

当然，若认为新三板的看点只在于市场热度升温便肤浅了。更深层的意义在于宏观经济结构的变化，创业潮的兴起，使得新三板也站到了风口上。如果说过去10年是房地产投资时代，那么未来10年可能将是股权投资时代——股权投资（包括公司不同阶段）将成为下一个投资热潮，其带来巨额回报的可能性将大大高于房地产。新三板是其中一个重要的细分领域。

“若细看纳斯达克的结构，它中间有40%的公司基本上是没有交易活跃度的，另外30%多的公司很一般，还有10%多的公司很优秀，最后有不到5%的公司让你吓一跳，因为它们变成世界巨人了。有些公司，当初大家都看不起，后来渐渐看不懂，再后来就追不上了。那些大家看不起、看不懂的企业，上主板、创业板没戏，但我们有新三板。什么指标统统不要，只要你能说清楚自己是干嘛的就行，这就是我们的新三板。”某业内人士表示。

对创业公司来说，能上新三板，便有了资本的平台。在新三板上，若能把公司做到10亿元市值，企业就张开了想象的翅膀。从起步到10亿元、50亿元、100亿元，以及将来走向1 000亿元的过程当中，资本市场的支持不可或缺。

所以也有机构投资者说："我不看好中国的经济数据，但我看好中国千千万万创新创业的公司。在这个过程中，我们每年只要有10%的人创业成功了，那么将来伟大的公司就可以慢慢地出来。这就是新三板最大的价值所在。"

由于新三板公司上市门槛非常低，实际上是给所有具有一定特色的企业打开了资本的大门。只要企业觉得能够找准业务战略，做好业务，就可以跨入这扇大门。

第二节　新三板公司整体盈利能力尚好

虽然股转系统对于挂牌公司的盈利门槛要求不高，但从目前已经披露年报的挂牌公司整体情况来看，实现净利润为正的公司家数仍占绝对多数。Wind数据统计发现，截至2015年4月27日，股转系统共有1 613家挂牌公司公布了2014年年报，其中1 414家归属于挂牌公司的净利润为正，占比达到87%。

1. 三公司净利飙升百倍

新三板挂牌公司中，恒远利废、卓繁信息和立高科技3家公司2014年净利润同比增幅均超过10 000%。这个增速在A股主板市场极为罕见。

恒远利废年报业绩增速夺冠。恒远利废是山东一家利废技术装备制造类企业，公司2014年实现净利润289.8万元，与上年同期1.7万元相比，增幅高达

16 989%。公司净利润之所以增幅较快，一方面是因为2013年基数极低，另一方面则是因为公司在2014年获得超过15万元的非经常性损益。

此外，包括奔速电梯、圣才教育、东方水利、九鼎投资、中钢机械等在内的55家挂牌公司的净利润同比增幅也均超过1 000%。以备受瞩目的“PE第一股”九鼎投资为例，公司2014年实现营业收入6.8亿元，同比增长120%，实现归属于挂牌公司股东的净利润3.4亿元，同比增长1 250%。

2014年IPO重启，九鼎投资随着私募股权行业逐步走出低谷。年报显示，2014年，公司所投企业中共有28家成功登陆资本市场，其中5家（众信旅游，飞天诚信，地尔汉宇，方盛制药，柳州医药）完成国内IPO，2家（嘉化能源，新联铁）通过并购重组或借壳实现A股上市，利民化工、爱迪尔珠宝和维力医疗3家企业已通过发审会审核等待发行，另有18家企业在新三板实现挂牌。公司推出每10股转增2.27股的分红预案，成为新三板第一家股本超过50亿股的挂牌公司。

因为被大智慧并购而广受关注的湘财证券2014年实现收入20.12亿元，同比大增142.24%，实现归属于母公司股东的净利润7.89亿元，同比大增505.65%。这明显高于主板太平洋、国海证券、西部证券等上市券商。湘财证券表示，2015年若顺利完成与大智慧的换股合并重组，公司将成为国内第一家真正意义上的互联网券商，业绩上升空间值得期待。

根据Wind统计数据，在目前已经披露年报的挂牌公司中，营收规模最大的为南菱汽车，公司2014年营业总收入超过50亿元；净利润规模最大的为湘财证券，公司2014年实现净利润7.89亿元。这些新三板中的“巨无霸”，随着业绩的继续回升，有望继续带领新三板市值不断扩大。

2. 分化明显　风险伴生

不过，由于股转系统对挂牌公司没有盈利要求，部分企业净利润亏损程度也堪称“惨烈”。中搜网络2014年净利润巨亏1.3亿元，暂列全部挂牌公司中的“亏损王”。

值得注意的是，资金对于新三板的竞逐并非以业绩为唯一指标。巨亏的中搜网络已经实现做市转让，目前股价持续在30元以上高位震荡。作为一家掌握着第三代搜索引擎技术、个性化微件、云计算等互联网核心技术，主营业务覆盖移动搜索、移动社交、互联网金融等多个领域的移动互联网生态型高科技企业，中搜网络目前市值已经接近40亿元。

另一家IT公司ST激动同样业绩惨淡，2014年净利润亏损3 012万元。公司作为复星旗下的新三板公司，从2015年3月30日起被股转系统实施风险警示，如今已经“戴帽”。

不少挂牌公司业绩的亏损与新兴产业市场本身尚未进入业绩释放期有关。除了前述IT类公司外，第六元素等石墨烯企业、页游科技等手游类企业2014年也都没有实现盈利。这些企业要想进入业绩释放期依然有待时日。

除了业绩风险之外，部分挂牌公司的抗风险能力较弱也值得关注。以2014年“增长王”恒远利废为例，公司虽然净利润大幅飙升，但是报告期内营业收入仅为4 810万元，较上年同期下降10.95%。公司指出，营业收入的下降主要原因是2014年受国家经济波动影响，特别是房地产市场低迷造成以工业固废生产墙体材料的企业普遍限产、停产，新上项目延迟和缓慢，甚至出现部分已签订合同取消的情况，整个2014年经营状况回复到2009年的市场水平。另外，新开发的大宗固废充填市场也受煤炭价格下降、铁矿石价格下降影响，在矿山无利润的情况下，充填市场急剧萎缩。

新三板中有不少企业生存于“蓝海”之中，不少以TMT为代表的挂牌公司虽然短期尚未盈利，但只要相关技术和数据资源得到挖掘，利润增长空间难以想象。而一些以传统产业链为生存空间的企业，即便短期实现了业绩增长，倘若不抓紧融资转型，行业天花板已经越来越低，此种风险值得警惕。

第三节　新三板掘金　机构遭遇冰火两重天

“我现在逢人就讲新三板市场的风险，反而先不讲新三板市场有多好。”上海一位管着五只新三板产品的基金经理表示。三板市场的风险肯定是大于主板的，但很多投资者把三板当做主板来炒了，“涨的时候鸡犬升天，跌的时候一天二三十个点都正常。”

2015 年 4 月以来，新三板市场一反 3 月的狂热“牛势”，突然出现一大波调整。与此同时，交投热度也回落许多。2015 年 3 月可谓是新三板的“分水岭”。面对这样的调整，之前进来的机构有的手握超过 100% 的浮盈，因此淡定地表示“洗洗更健康”，而后进场的人面对已经跌破 1 元的净值心情复杂。实际上，众多机构认为，从阶段来看新三板市场的“牛势”远未结束，近期下跌是因为年初的狂热上涨提前透支部分热情。不过，新三板的调整远不是普通投资者所想象的那么好“扛”。

1. 狂欢后的两种“表情”

全国股转系统（新三板）在 2014 年 8 月推出做市转让制度，刚推出的数日成交量猛增，随后归于沉寂。在这样一个容量不大的新兴市场，狂欢的情绪总

是很容易被挑动。2014 年年底时，宝盈、前海开源等深圳的“激进型”基金公司开始开发这片蓝海，尝试发行新三板专户或子公司资管计划，令人艳羡的账面浮盈迅速获得青睐。随后，九泰、财通、兴全等北京、上海的基金公司纷纷迎头赶上；与此同时，新三板个股翻倍的造富神话层出不穷，甚至引得一些不符合资格的散户也踮起脚尖往里钻。

2015 年 3 月，股转系统推出新三板市场首批指数，即三板成指和三板做市，指数节节高升将新三板的狂欢派对推向一个高潮，成交量价齐升，一时间投资圈无人不谈新三板。不料，4 月 7 日以来，新三板做市指数从当日最高点 2 673.17 点一路狂泄至最低处 1 885.52 点，跌幅达 30%。三板成指则由 4 月 7 日的 2 134.31 点下跌至 1 755.27 点，跌幅也有 18%。

“现在什么公司都在发三板产品，什么人都想进来捞一把。”有业内人士这样表示。其实三板市场的走势远没有结束，才刚开始，只不过比预期的稍微快一点。“没想到一个月就翻倍了。我们想象的是缓慢上涨，没想到一下子 100 多只产品就出来了。”作为最早进入市场的一批机构投资者，这位人士连续用了两个“没想到”强调新三板狂欢来得如此措手不及。

该基金经理所在的公司新三板业务十分亮眼，三板产品规模达到 9 亿元，他目前则掌管着五只新三板产品，规模大约有 4 亿元，最早发的一只资管计划四个月已经浮盈 150%。与此截然不同的是，有数据显示，2015 年 1 月开始不少公司扎堆发产品，但现在有些产品净值已经掉到 1 元以下。

“因为 4 月调整了一波，所以 3 月之后发的产品业绩会分化。”前海开源基金管理公司董事总经理付柏瑞表示，这一轮调整很健康，“洗洗更干净”。“其实这是好事，3 月初的那种涨法太疯狂了。因为新三板是注册制，但很多人根本不理解注册制的意义。注册制的市场风险大于审核制。如果跌的时候成交量下降也好，说明大家都不肯卖。”

2. 流动性成“命门”

流动性是新三板最大的风险，这是投资者首先要考虑的。三板市场未来一定会有很多僵尸股，主要体现在协议转让中，券商不肯做市，公司又融不到资，投资者一旦接盘很难退出。他亲眼目睹创业板出世，“这么多年看着创业板从900点涨到2 900点，期间监管层也曾经无数次站出来提示创业板风险。2012年底的时候创业板也跌到很低的点位，作为有经验的机构投资者，我们知道一个新市场是如何逐渐成熟的。我认为，这个过程会在三板市场复制。”前海开源基金管理公司董事总经理付柏瑞这样表示。

一位只做新三板投资的机构投资者也表示，他做三板投资时最注重公司的流动性，基本上买的都是做市指数成分股，必须有做市商，卖的时候至少可以和做市商做对手盘。第二是选股，不选太小的公司，市值要相对大。“我们80%以上的仓位投的标的基本上流通市值都在5亿元以上，涨上来之后个股的流通市值都在10亿元以上。我现在基本不碰协议公司，不方便研究，也容易踩‘雷’。相比做市公司来讲，协议转让的公司风险更大。现在跌了一大波之后倒还好，股价都比较平稳了，说明大家不是在往里面涌了。”

4月以来，新三板告别了过去“涨多跌少”的喜庆红，逐渐演变为涨跌互现的格局，甚至有时候是涨少跌多。当年的创业板也曾走过一样的路径，普涨一波之后跌下来，以后的每一波上涨的范围会相对更小。部分机构投资者表示，三板也会走出一样的路线，这就是筛选的过程。强者恒强，弱者恒弱。一两年之后再来看这些股票的走势，会分化得非常厉害。

那么，如何在这样一个即将高度分化的市场中挑选靠谱的个股？三板市场对于创业板来讲，是“黑马”市场，一定要选市场里的“白马”，也就是三板市场最优质、未来最有可能成为蓝筹的公司。三板市场未来会很像香港市场的特征。做市指数的市盈率是高于协议转让的，大股票会更贵，因为流动性就是溢价。只要今后还有产品要建仓，这些蓝筹就会是必选标的。

第十章
改革牛途长

2015 年来股指顶住重重看空言论，频创新高实现逆袭，期间改革牛市本质毕露：央企改革大刀阔斧、上市公司竞相募资重组、新股发行节奏加快……在指数新高途中一切正在发生着重要变革，而这种变化仍将持续。

显然，这是一轮为改革服务的牛市。这不仅意味着市场将面临越来越多的新股、重组和政策变革，而且意味着行情的演绎并不会轻易结束。

第一节　新常态新思维　牛市开启新征程

经历了轰轰烈烈的春季攻势后，沪综指稳稳站上 4 000 点。回望历史，上一次股指站上 4 000 点已是 2007 年 5 月 9 日的事情。经历 8 个年头，无论是从杠杆交易的规模、市场容量，还是从单日成交量、股价结构来看，4 000 点的市

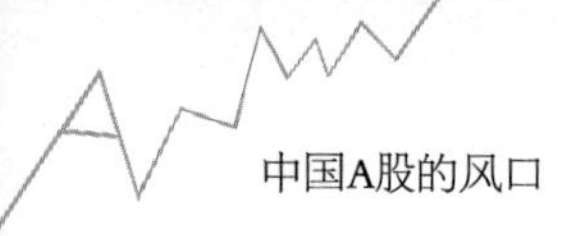

场格局已经发生翻天覆地的变化。4 000 点，将是牛市征程的一个驿站。

1. 融资杠杆VS增量博弈

杠杆交易大潮的兴起是本轮牛市的最重要特征，资金通过融资加杠杆入场，为市场不断上攻提供了“充足弹药”。截至2015年4月13日，沪深两市融资余额为16 719.18亿元，继续刷新历史新高。经历了1月的两融核查，3月沪深两市的融资余额重拾升势。步入4月，融资资金更是直接步入加速快车道，单日融资净买入额持续维持在200亿元左右，其中4月7日的融资净买入额超过300亿元，达到312.23亿元。

把时间轴拉长，2010年3月1日两融业务启动，2014年8月21日，沪深两市的融资融券余额突破5 000亿元，达到5 009.41亿元，完成第一波5 000亿元的增长，耗时4年多。2014年12月19日，两融余额突破10 000亿元，达到10 070.11亿元，完成第二波5 000亿元的增长耗时不到4个月。2015年4月1日，沪深两市融资余额突破15 000亿元大关，达到15 183.91亿元，第三波5 000亿元的增长耗时只有3个多月。由此来看，自2010年3月启动融资融券业务，伴随着两融标的不断扩容，此项业务呈现出加速发展的趋势，融资业务在A股中已经占到举足轻重的位置。

而在2007年5月，沪综指首次登上4 000点时，融资融券业务尚未启动，金融衍生品处在一个相对匮乏的阶段。在缺乏杠杆工具的背景下，资金更多的呈现出增量博弈特征。不可否认，当时牛市已经确立，但缺乏有效的杠杆工具，入场资金的规模相对有限。在当年的6月，由于增量博弈出现中断，市场成交量一度大幅回落，使得股指出现一波将近500点的快速调整。

2. 万亿成交VS千亿成交

与历次牛市相同，增量资金入场和市场成交额放大是A股由熊转牛的重要标志，不过本轮牛市的成交规模却着实让人咋舌。自2014年7月底，本轮行情启动时，沪深两市的单日成交额便维持在3 000亿~4 000亿元之间，预告了牛市的来临。2014年12月，伴随着股指的加速上攻，沪深两市单日成交额首次突破万亿元。随后在3 000点平台整固时，沪深两市的成交额出现下降，不过2015年3月中旬后，A股成交额再度放大，最高达到1.55万亿元，刷新历史天量。随后成交额维持在万亿之上，万亿成交已经成为A股新常态。

与之相比，2007年的牛市行情，成交额虽然也出现扩大，但单日成交额仅为千亿级别，即便在市场的大震荡中，沪深两市的成交额也未超过6 000亿元。成交额的多少不仅决定了市场上攻是否具有充足的弹药，也直接决定了个股的活跃度能否维持。由此来看，由于量能不属于同一级别，本轮牛市的前行之路可能会超出市场的预期。

成交规模的天差地别其实折射出财富配置逻辑的不同。自2005年人民币汇率改革后，国内外资金共同推动了包括地产、水泥等各类实物资产的投资热潮，实物资产泡沫推动了信贷资产的扩张，A股只是大类资产中的一种，并无绝对的优势可言。与之相比，本轮牛市中资金环境出现明显的改变。一方面，降息、降准的启动，美国QE平稳退出，市场整体维持了较为宽松的货币环境，沪港通及相关改革加速海外流动性扩张对内地的传导速度，内外两方面因素助力市场无风险利率出现下降；另一方面，地产大周期拐点出现，大宗商品表现低迷，而A股的赚钱效应凸显，对于资金的吸引力提升，改革提速则提升了投资者的风险偏好，居民财富再配置向A股倾斜。

3. “互联网+”VS“吃药喝酒”

从沪深两市的市场容量来看，2007年5月9日，沪深两市的市场容量为1 418只股票；伴随着新股批量发行，2015年4月14日A股市场容量已经达到2 662只股票，市场扩容幅度接近1倍。从A股的股价结构来看，虽然大盘同为4 000点，但沪深两市的股价结构迥异。旧4 000点以低价股为主要构架，新4 000点则以中高价股为重要组成部分。以2007年5月9日的收盘价（前复权）来看，股价超过50元的仅有贵州茅台、中国平安和S前锋三只，当日收盘价分别为67.78元、60.41元和50.47元。股价在10元~50元的股票有461只，股价低于10元的954只。由此来看，低价格股票占很大比例，而中高价股则以医药股和白酒股为主。以2015年4月14日收盘价（前复权）来看，股价超过50元的有232只，股价在10元~50元之间的股票有2 048只，股价低于10元的股票有382只，中高价股占到了大多数，而高价股中计算机、电子、传媒等新兴产业股票占了多数。

此前“吃药喝酒”一直是A股市场一条重要的投资主线，白酒股和医药股的股价领衔2007年的高价股群体。特别是白酒行业自2005年结束长达8年的衰退后，在中国经济高速发展、居民收入普遍提高，商务活动显著增加的大背景下，行业迎来爆发，部分公司甚至创下连续7年净利润超过50%的神话，高端白酒也一度出现量价齐增的火热消费。但此后随着宏观经济增速放缓、产能过剩凸显，白酒板块在2012年下半年再次步入行业调整期，这次调整持续的时间不短。

与之相比，以“互联网+”为代表的新兴产业股则领衔今日4 000点的高价股军团。2015年的政府工作报告中提到了“互联网+”，改革的风潮将吹向新兴产业，2015年新兴产业发展政策出台的力度和频度有望保持较高水平。随着产业扩张、技术进步和应用的逐渐普及，2015年将是新兴产业的丰收年，行业景气度的提升不仅会提升小盘成长股的整体估值水平，还将提振新兴行业中上市公司的业绩，届时小盘成长股有望迎来戴维斯双击。

从“吃药喝酒”到“互联网+”，投资主线的变更昭示了市场的“新”逻辑，今日的4 000点开启了牛市新征程，也必将造就一批新牛股。在行业景气度提升和改革深入推进的背景下，新兴产业板块将是诞生新牛股的沃土。

第二节　改革新棋局　再造A股新牛市

沪指重新站上4 000点，让人不禁有“昨日重现”之感。但此时的4 000点传递出的却是新内涵。2015年，改革红利成为股市上行的主要动力，“一带一路”、“互联网+”等主题赋予行情新的特点。

1. 改革红利持续释放

和上一轮牛市相比，本轮牛市处在中国经济进入“新常态”、经济正在触底回升、增速将重新企稳的大环境下，改革成为本轮牛市重要的推动力。房地产等行业投资领域回报率下降，居民资产配置重新向权益类资产迁移，为A股带来了规模巨大的增量资金。

2007年前后，国内经济增长加速，经济处于复苏期并走向快速发展，加之人民币处于升值周期中，共同催生了一轮大牛市。相较之下，目前经济增长中枢下移，下行压力较大，但各项改革措施相继落地，经济增长步入提质增效新阶段预期强烈。经济“新常态”意味着经济正处于一个健康周期的起步阶段。

"互联网+"、"一带一路"、国资改革形成中国经济新周期的"金三角"动力模型。正是基于此，市场的短期调整无法预料，但是长周期向上的预期正在形成。本轮牛市是在经济增速换挡、经济结构调整中展开的，遵循了费雪逻辑，即新产业、新产品和新市场的出现，使经济出现了异常现象，调动了大众的投资热情。

证监会主席肖钢在2015年两会期间曾表示，中央全面深化改革的各项举措稳定了市场预期，是股市上涨的主要动力，投资者信心明显增强，反映了投资者对改革开放红利释放的预期。改革红利将是推动资本市场进一步健康发展的最强大动力。

改革提升了投资者对未来的预期。一些过去被认为难以推动的改革都一一向前推进，这种改革态势前所未有。特别是金融改革，如存款保险启动、利率市场化加速等，这些政策都会在股市上得到反映，并对未来产生趋势性影响。

2. 货币环境有望持续宽松

上证综指站上4 000点时，虽然货币政策都定位为稳健，但内涵有所不同。在2007年至2008年，央行开始收紧货币，存款基准利率和贷款基准利率处在上升周期中，存款准备金率也在上升。在2007年三季度央行货币政策执行报告中，已有"实施适度从紧的货币政策"的提法，尤其是第四季度开始，控制物价、抑制通货膨胀已成为首要关注的问题。在2007年第四季度货币政策执行报告中提出2008年实行从紧的货币政策。

2007年CPI全年同比上涨4.8%，GDP增长14.2%，M2余额40.34万亿元，比2006年末增长16.72%。此外，当时的房地产市场也呈现如火如荼的发展趋势。央行全年6次加息、10次上调存款准备金率。尽管当时国家层面出台多项政策抑制房地产过热，但国家统计局数据显示，2007年全国共完成房地产开发

投资额25 280亿元，增长30%，增速上升7.4个百分点，高于其他行业的投资增速；占城镇总投资比重高达21.5%。

而2015年，经济仍处在增长周期的底部，通货紧缩的阴影若隐若现，利率和存款准备金率运行在下降的轨道上，货币政策有可能进一步宽松。随着经济逐步探底、猪价和油价冲击缓解等因素的发酵，通缩的压力有所缓解。长期来看，经济仍面临增长动力转换的调整压力，通胀仍将在低位运行，不会成为掣肘货币宽松的障碍。未来稳增长、调结构以及防风险均需要宽松货币政策的支持，具体而言就是及时配合地产政策放松和支持信用扩张，支持新兴产业融资，降低债务维系成本。对股票市场而言，在新股发行冲击缓解之后，货币政策将继续吹“风”，股权投资盛宴远未结束。

3. “变阵”应对巨震

站上4 500点后大盘多次出现巨震。改革红利遭遇获利盘回吐、宽松预期碰上打新潮分流，都使得多空分歧明显加大。预计短期大级别震荡在所难免，但不会改变上行趋势，充分换手更加有助于指数向更高的点位上方腾跃。“中小创”短期虽然面临调整压力，但主角地位难撼，后市仍将反复表现，优质品种更将穿越震荡维持强势。操作上不宜追涨杀跌，对于前期获利丰厚的品种可适当锁定利润，并向低估值蓝筹品种倾斜以“避震”，同时，借助小盘股“挤泡”机会进行新一轮的逢低布局。

首先，目前流动性宽松和改革红利两大牛市逻辑依然清晰，这就令市场存在强势的基础。宽松格局下，增量资金源源不断跑步进场，即便盘中跳水也有新资金勇敢搏反弹，而经济数据下行还将进一步提升宽松预期；而改革的加速推进，不断赋予市场活力，“一带一路”、“互联网+”、区域发展战略、国企改革、

环保等主题投资此消彼长。

其次，尽管打新对资金面的压力无法回避，但这仅是阶段性扰动，打新资金回流后将继续推升市场上行，这种可以预见的“先抑后扬”为资金提供了逢低布局的好机会，也封闭了大幅回调的空间。进一步来看，在当前火热的牛市氛围下，打新的吸引力实际上较前两个月有所下降，鉴于打新的运气成分和机会成本，不少投资者选择捏票待涨，这有望削弱资金分流对二级市场的冲击。

另外，创业板短期进入震荡调整阶段，但并不会由牛转熊。在经济转型的大背景下，新兴产业股票集中的创业板仍是牛股聚集地，创业板市场主角的地位难以撼动，调整之后仍将反复表现。不过，在调整中，个股分化将全面展开，符合转型方向且成长前景向好的品种将穿越震荡，强者恒强；透支概念的题材股将被震出局。

总体来看，短线波动基本上在市场预期之内，空间不会太大。操作上应灵活配置，通过“变阵”来“避震”。对于前期涨幅较大的“中小创”品种，短期可适度锁定盈利，并向大盘蓝筹股倾斜，毕竟，主板估值低企，安全边际相对较高；与此同时，可借助调整时机低吸优质成长股，实现新一轮的布局。

4. 转投估值洼地

2015 年 5 月以来市场宽幅震荡，而背后折射出的是资金入市热情依旧高涨的情况下，偏好正在逐步发生改变，估值洼地成为了逐利资金的首选。目前市场处于新股申购的阶段，经济数据、政策预期等均使得市场短期震荡仍难停止。不过在政策以及资金的双重驱动下，指数继续向好仍是大势所趋，整理后有望继续反弹创新高，此时，机构普遍看好低估值板块的机会。

市场大幅震荡之际，各主要券商均发布了调仓换股相关的策略研报，将共同的目光转向了低估值板块。

卖方机构来看，民生证券指出，由于公募基金仓位中小市值组合比重较高，料成为动荡期首当其冲减持对象。4 000点之上的动荡期内，建议整体仓位不宜过高，继续布局地产、金融、建筑等低估值滞涨板块，对受到系统性风险拖累的优质成长小票有耐心，逢低谨慎加仓，港股策略上注意投资逻辑从消灭A/H溢价到创业板资金偏好的转变。

国泰君安证券表示，随着行情的蔓延，兼具业绩增长和成长性机会的公司将会表现更好，推荐工业互联网、大环保，以及转型的传统行业诸如黑电、汽车、农业和医药等。

中信证券看好环保行业，认为政策落地和案例丰富的催化下，PPP是贯穿全年的主题投资机会，PPP模式在医院领域的应用及城市地下管网建设方面的潜力尚未得到市场充分重视。

买方观点也相类似，上投摩根认为，随着新一轮打新潮的临近，市场波动料将加剧。但短期震荡并不会改变牛市格局，随着打新资金的解冻回流，市场有望再度延续上涨趋势。操作上，可继续布局滞涨品种及年报超预期的个股，具体可以关注大消费、环保、医药、水利等年后涨幅相对落后的板块。

此外，农银汇理也表示，增量资金入市的趋势仍旧没有发生太大变化，因此看好券商的修复性机会，以及地产板块的转型和传统个股机会。摩根士丹利华鑫也表示，低估值的股票仍具备估值提升潜力。

第三节　券商：二季度市场剧烈博弈

每一轮的行情都是在争议中到来——上证综指从2013年6月中的1 849.65

点不断攀升至5 000点附近，在券商等研究机构眼里，这一轮波澜壮阔的上涨，让所有的人不得不承认牛市的到来！但站在高点上，投资者更想知道风往哪里吹？牛市进行到哪个阶段了？未来还有哪些可以关注的投资机会？

在2015年4月下旬一家研究机构对百位机构投资者所做的调研问卷显示：57%的投资者认为未来一个季度内上证综指仍然是趋势性向上；而对于创业板指数，投资者则更为谨慎，41%的投资者认为未来一个季度的趋势是区间震荡。与此相一致的是，53%的投资者认为未来一个季度内的市场风格体现为大盘蓝筹有相对收益。在行业选择上，33%的投资者认为未来一个季度最有机会的行业在于大金融板块。仓位变化上，50%的投资者选择在未来一个季度内维持现有仓位不变，而29%的投资者选择逐步减仓。

投资者大盘蓝筹偏好度明显上升。认为创业板趋势向上的投资者占比大幅下降（从47%到22%），投资者最偏好大行业从TMT转向大金融。大环保和国企改革依然是投资者看好的主题。有63%的投资者认为未来一年内港股将是小幅度上涨，65%的投资者认为未来两年内新三板活跃度还将会持续上升。

1. 股市与经济反向而驰

经济增速放缓，但股市越来越火：2012年、2013年宏观领域热议明斯基时刻，财富人士掀起移民潮，股票市场陷入熊市。然而当全面深化改革稳步推进，尽管经济增长压力犹存，但已没人议论中国要迎来明斯基时刻了。如今，不少移民到国外的企业家已经想重新回国投资了。国泰君安证券研究所认为,这轮牛市不是杠杆牛，也不是资金牛，是改革牛。

国泰君安证券表示，中国经济正在加速探底，而不是平稳运行。2014年二季度最重要事情是房地产长周期拐点出现，导致房地产投资在2014年降了一半，从过去20%多的增长降到10.5%，2015年还在下滑，房地产投资大幅的下滑，重化工业的下降，土地财政的坍塌，地方投资能力的萎缩，财税改革的提速，货币政策的放松，这些是房地产长周期拐点在2014年二季度发生以后所引发的一系列事件。

经济将在2015年晚一些时候探明中长期底部。大量的证据表明中国的内外需两大增长引擎先后换档，先是2012年出口由过去20%多的增长降到6%，2014年二季度房地产长周期拐点出现以后，房地产投资2014年降了一半，2015年还有一跌，大概跌到5%左右，基本与人口周期相匹配。大家会发现到2015年晚一些时候，中国的出口、房地产投资、制造业投资等主要的增长动力指标都探明了底部，中国经济可能会露出它中长期的增长平台。

经济和资本市场有三种前途：经济L型，牛市有顶部；经济U型，牛市不言顶；经济止不住，重回熊市。2015年底需要确认经济能否探底，在2016年的时候，我们需要再确认经济探底以后是L型还是U型走势，抑或根本没有止住下滑。

2. 股市大招如箭在弦

国信证券认为，经济形势恶化有破底风险，调结构让位于稳增长，大招如箭在弦：2015年一季度经济数据全面下滑且低于市场预期，目前各类增长指标已经基本接近2008年金融危机时的水平。4月以来，经济形势仍在恶化之中。目前经济增速已经接近政府的底线，且一些传统重工业基地省份的就业问题也可能逐渐开始显现。预计在现有政策力度下，二季度经济仍然难有起色。在经济形势的压力下，预计未来政策基调将更多向稳增长倾斜，放松力度将逐渐加码。牛市基础不会轻易动摇，大招不息，牛市不止。

财政政策加码猜想：政府投资将发力，PPP将成为政府大力推行的模式，未来财政政策和货币政策均将有所发力。财政政策方面，未来政府投资势必要增加，以对冲地产和制造业投资的下滑。之前发改委曾力推的七大工程包，未来可能会着力推进。另一方面，认为PPP模式将继续得到政府的大力推行。在地方政府存在财政和债务压力的情况下，通过PPP来引入民间资本，开展新的融资合作模式将是未来的一个必由之路。

货币政策加码猜想：降息降准不会缺席，“中国版QE”值得期待。货币政策方面，未来降息降准仍有空间。另外“中国版QE”同样值得期待。目前政府准备以债务置换的方式来逐渐消化地方政府债务，但这将会明显增加债券的供给压力，从而带来无风险利率的上行，而这与政府希望降低融资成本的意愿显然背道而驰。因此未来政府必然会通过一些数量宽松的对冲方式，而不会完全依靠市场来消化政府债务的新增供给。

方式上有多种可能。第一种可能的方式是直接给一些政策性银行注资；第二种方式是大范围推广PSL，扩充抵押品标的范围，比如将地方政府债务纳入至抵押品范围；第三种方式是参照美国的QE模式在二级市场上购买地方债甚至国债，以压低利率水平。总的来说，这几种方式都是异曲同工，即由央行来间接参与地方政府债务置换的债券发行，从而达到量化宽松的效果。

关注受政策鼓励的成长股领域，以及受益政府对内投资加码的投资品行业。牛市的特点就是，尽管牛市途中难免震荡，但从来不缺热点和机会。此轮牛市的基础，就在于实体经济低迷缺乏足够的回报率，而流动性宽裕所带来的资金大量涌入股市，及社会资金“脱实入虚”，居民资产配置“脱房入市”。因此只要经济疲软，而稳增长的政策甚至还在加码，尾部风险可控，牛市的趋势就不会停止，即便短期调整不妨碍新的热点涌现。

3. 二季度市场进入重要博弈阶段

海通证券旗帜鲜明地认为：市场再创新高，趋势依旧未改。增量资金入市第二次加速，短期看，市场向上趋势未变：宏观政策面继续积极，央行通过政策性银行曲线QE（购买地方政府债等）成为可能，发改委称“政策预研储备比较充分，还有较大的政策空间，只要应对得当，能够保持经济运行在合理区间”。赚钱效应驱动下增量资金不断入场，这种正反馈趋势延续，银证转账、融资余额均在增长。

中信建投认为，2015 年二季度后半期到三季度，极有可能出现全球库存周期共振向上阶段，在这个阶段中，美国一枝独秀的景象不再，美元没有持续强势的基础，所以，美元大概率是震荡趋势。而在这个过程中，全球需求的短期提振可能成为一种复苏预期，拥抱资源概念将进入高峰阶段。对于牛市来讲，拥抱资源的逻辑就是从宽松到企稳的逻辑，围绕着这一逻辑的博弈，对于市场节奏有着重要意义。进入 2~3 季度，经济企稳回升将是重要的看点，4 月中旬开始原油、工业金属等大宗商品开始反弹，资源板块表现积极，随着大宗商品领域企稳回升的品种增加，市场的运行逻辑有望很快切换到经济弹性高的资源板块，后续市场将逐渐走向拥抱资源的高峰阶段。对于市场风格，2015 年以来，中信建投一直强调当前的牛市大逻辑决定了成长股没有系统性风险，只会受阶段性热点转移的冲击，而不会有系统性回调的风险。3 月以来的均衡配置策略也一直是这个思路。当前，如果 2~3 季度经济能否企稳是看点，那么风险偏好的上升仍然是成长股的主要逻辑，并且成长股重要的制度保护：“内生性增长+定增产业并购=业绩高增长预期”的逻辑仍然没有出现拐点。《重大资产管理办法》修订对于配套融资的支持仍然强化着这一逻辑。

从趋势来讲，二季度在寻求经济企稳的思路中，趋势依然向好，随着政策的不断发力，国家战略的不断推进，围绕着“一带一路”战略对于国内区域自贸区建设的相关主题依然有望反复活跃，配合中国制造业大型化、“走出去”战略，国企改革的加速有望推进，这仍然是存量经济中的最主要看点；围绕着经济企稳的逻辑，可以看到随着资源品的价格反弹的进一步确认，以及中国经济短周期的企稳回升，拥抱资源股将逐渐走向高峰阶段；对于成长股而言，看历史，无论是20世纪80年代里根时期经济企稳后，还是90年代的纳斯达克泡沫，都启示我们企稳后风险偏好的上升不会终结成长股的趋势，而对于支撑中国成长股高估值微观基础的转型并购与业绩高增长，在二季度我们仍然看不到终结的趋势。因此，二季度对于成长股而言仍然要围绕信息产业改造传统产业、高端制造业以及能源革命进行精选。

广发证券认为，二季度宏观经济仍然比较疲弱，再加上通胀压力还很低，因此一定还有进一步的货币宽松空间；另一方面，由于目前地产市场还未进入全面复苏阶段，也暂时不会大量分流股市的资金。因此广发认为二季度A股市场还有进一步的估值向上空间。但是下半年如果宏观经济真的由于宽松政策而企稳，这反而可能引发通胀的回升，进而使货币政策进一步放松的空间受限，且如果下半年地产市场进入全面复苏，还可能分流股市的资金，这就可能会开始压制A股的估值。届时首先受到压制的将是对政策敏感的大盘股，从大盘股中流出的资金甚至可能继续流向对政策不敏感的小盘股，从而推升小盘股进入真正的“泡沫化”阶段。

4. 价值与成长各有机会

国信证券认为，从投资机会上，主要可以继续关注两点：一是受政策鼓励的成长股领域，如能源互联网、PPP模式相关的环保等成长性行业，短期调整后再赢布局良机；二是政策投资加码的相关受益领域，前期市场关注的更多是“一带一路”、亚投行等对外投资主线的受益品种，随着稳增长发力，对内投资力度加码应更受市场关注，包括发改委推进的七大工程包（信息电网油气等重大网络、清洁能源、油气及矿产资源、粮食水利、交通、生态环保和健康养老），以及基建、地产、银行等政策受益行业，另外京津冀和长江经济带等区域经济发展主题亦可关注。

兴业证券认为，对于追求安全边际的绝对收益投资者，建议继续持有短期风险收益比值相对安全的股票，享受在大盘未来数周冲高过程的补涨，同时事先准备好对冲工具，以应付加速冲高形成“尖顶”后的快速调整。补涨的契机，也许来自关于1季度经济形势分析，关注：（1）低估值、政策利多频频的金融股、地产等大盘蓝筹。这一处的“洼地”如果没有补涨，大盘很难遭遇能够影响“配资盘”的杀跌动能，从而，最多只是小幅震荡，很难出现幅度超过15%的“像样的调整”，所以，可以期待金融股在未来1个月在形成短期“小尖顶”之前的作为。（2）低价、有故事的股票，继续关注“一带一路”及国企改革相关的“中字头”央企、铁路、电力设备、军工、交通运输等，稳增长、降电价以及石油价格反弹所驱动的资源股反弹。（3）保增长和调结构的“公约数”，包括，环保、充电桩、新能源汽车、城市地下综合管廊等等。

对于追求相对排名的成长股风格的投资者，（1）在大盘见“小尖顶”之前，市场情绪继续亢奋，创业板为代表的成长股作为此轮牛市的主战场仍有较多增量资金追捧，特别是乐视网等一批成长股龙头股票经历前期休整之后再次向上攻击，有望带动创业板惯性冲高，或者，至少会保持强势震荡、构建更复杂的短期头部。（2）基金持有成长股的总仓位已经显著偏高，在“市胆率”的时代，

“沸腾时的踏空而排名快速下滑”比起“调整时的一起下跌而排名保持不变”更加令相对收益者焦虑，因此，建议除了持有具备护城河优势的生态型公司，建议寻找更新、更炫的机会，特别是挖掘次新股的机会，组建能够战胜创业板指数的股票池。创新相关的产业是此轮牛市最强音，精选“风口上的鹰”，耐心淘金：“互联网+”，特别是商业模式清晰、具备流量变现优势的“互联网+”相关的公司；新能源汽车、环保、清洁能源、能源互联网；健康、快乐时尚相关机会，比如，体育、生物医药等；工业 4.0 相关的机会。

第四节　增量资金入市　四路大军点燃A股新火

2014 年至今的牛市行情，点燃了各路资金入市的热情。尽管市场目前有关调整的担忧始终挥之不去，但是从截至 2015 年 5 月 22 日当周的数据看，增量资金入市节奏正再次提速，包括公募、私募、海外、来自两融及其他渠道来源的散户资金，再度迎来一次新的入市潮。

私募：新产品暴增致“建仓难”

“我现在就盼望市场跌一跌，越跌我越买，好给新发的产品建仓。”深圳一中等规模的私募基金经理表示。由于对市场的过快上涨有疑虑，该私募并没有抓住创业板、中小板上涨的机会。但是尽管如此，由于在 2014 年底抓住了券商股行情，其管理的产品 2014 年业绩仍接近 70%，而这大大刺激了其 2015 年以来的产品发行。

格上理财统计的数据显示，2015 年 4 月，阳光私募行业平均收益 9.72%，股票类基金平均收益 12.01%，相对价值策略基金平均收益 1.58%，宏观对冲基金平均收益11.88%，组合基金平均收益3.74%。其中，股票类基金行业前1/4平均收益24.2%，行业后1/4平均收益1.51%。2015年以来，阳光私募行业平均收益30.3%。股票类基金平均收益35.66%，相对价值策略基金平均收益9.49%，宏观对冲基金平均收益34.88%，组合基金平均收益23.49%。其中，股票类基金行业前1/4平均收益64.4%，行业后1/4平均收益10.27%。

赚钱效应之下，在新老客户的追捧下，私募新产品发行异常迅速。“年初发了3只，4月、5月又发了6只，总体算下来，今年发了总共有十几只，总体规模翻了1.5倍了。”上述私募透露。值得注意的是，上述情况并不罕见，深圳另一私募公司市场总监表示：“以我们公司为例，3月以来已经成立了接近12只新产品,公司管理的资产规模翻番。”

据中国基金业协会公布的资管规模，截至2015年一季度末，基金管理公司及其子公司、证券公司、期货公司、私募基金管理机构资产管理业务总规模约23.82万亿元，其中，私募证券投资基金呈爆发式增长，产品数量从2014年底的3 766只猛增至2015年一季度末的5 588只，资产规模从4 639.67亿元大幅增至6 593.75亿元，增长35%。另外，据格上理财统计，4月份有近1 184只阳光私募扎堆成立，同比增长297.32%，环比增长53.77%。

新产品发行的异常顺利，也带来了幸福的烦恼。上述私募市场总监称：“发行得太好带来了新问题：股市涨得快,不那么容易建仓,近期公司新发行的产品平均仓位才三成,老板的想法是等市场调一调再把剩余的仓位建好。”

公募：大波援军刚刚出发

此前数月，在去杠杆效应的影响下，本轮牛市的“先遣军”杠杆资金规模增长的空间变得难以预估，但最近，已有另一大波资金正借道基金开始大规模进场，这部分资金有望抵消杠杆资金阶段性放缓带来的部分影响。

虽然2015年以来，市场上已经出现数只百亿基金，公募基金规模创下6万亿元新高，但实际上，剔除掉市场本身上涨带来的净值增长后，公募规模增加的提速才刚刚开始。一些规模位居全国前十的大型基金公司高层向中国证券报记者透露，实际上，基金公司刚刚从净赎回变成净申购，直到4月，公募份额的规模才出现明显增长。

根据中国基金业协会最新发布的统计数据，截至2015年4月底，我国境内共有基金管理公司96家，其中合资公司46家，内资公司50家；取得公募基金管理资格的证券公司7家，保险资管公司1家。以上机构管理的公募基金资产合计5.19亿份，对应净值6.20万亿元。从份额变化来看，2015年1月以来，公募基金份额分别每月递增1 275.41万份、1 944.06万份、1 070.98万份、6 947.62万份。可见刚刚过去的4月才是公募规模增长的爆发期。

新基金的规模也表明，资金的狂热盛宴还未真正开始。从本轮牛市出现第一只百亿基金开始，新成立的基金中，累计有31只基金规模超过50亿元，而过百亿元的基金仅有四只。但是，在2006年至2007年的牛市中，大约有33只新发基金规模过百亿元，还包括一只419亿的巨型基金，更有基金在一天之内申购就达到1 162亿元，以至于最终只能像新股IPO一样按比例确认。

基金圈内人士指出，目前基金发行还处于初期阶段，是业绩优异的公司相对热卖的阶段。目前的百亿与当年的百亿不可同日而语，2007年的流通市值最高峰时才10万亿，现在超过了20万亿；当年人民币储蓄存款是21.7万亿，而现在是53.8万亿。而中国基金业协会的统计数据显示当前公募基金的总规模约为6.2万亿，若简单按人民币储蓄存款的变化比例来计算，公募基金总规模还有9万亿的增长空间。就上述数据而言，公募基金的规模也许还未真正回归当年的巅峰时刻。

对于原本就是公募重仓的中小盘成长股而言，新资金不断进入与股价上涨之间形成了一个正向循环。据了解，现阶段考核相对收益的公募基金投资者绝大部分都是满仓，配置上也极端偏向中小成长股，且越是前期表现好的偏小盘股配置的基金，近期申购越是热烈，当出现仓位被动下降的情况时，这些基金经理会很快又将仓位加满。

海外资金：沪股通 5 天流入超 90 亿元

5 月 19 日，港交所发布公告称，由于上海机场总境外持股比例超过 28%，根据交易所规则，从 5 月 19 日起沪港通将暂停接受该股票的买盘，卖盘仍会被接受。过去两月，外资持股增加近 3%。

事实上，年初以来，沪港通的日均交易额在稳步增加，而上海机场被暂停买盘，恰恰反映了海外资金对A股的追捧。数据显示，截至 5 月 22 日，沪股通总额度 3 000 亿元，已使用近 1 549 亿元。而过去五个交易日，沪股通净流入资金更是逐步增加，5 月 15 日~21 日净流入分别为 5.97 亿元、12.47 亿元、22.15 亿元、29.36 亿元、20.12 亿元。5 天净流入超过 90 亿元。

过去多年，海外资金对A股的配置一直比较谨慎，数据统计显示，过去 5 年，对亚洲除中国外的新兴市场净买入超过 400 亿美元，而近半年来，对中资股净卖出超过 20 亿美元。不过，这种局面有望得到迅速改观，MSCI将于 6 月份宣布是否将中国A股纳入其基准股指。而一旦纳入，将会给A股带来近 3 000 亿元的增量资金。

根据高盛的研究报告，会有 4 大利好力挺A股于 2015 年 6 月纳入MSCI新兴市场指数。一是市场规模。如按交易量计算，中国A股已是全球最大股票市场，按市值来看，也是第二大股票市场，中国的总市值占全球总量的 19%，但

中国H股仅占MSCIACWI2.8%的比重。从经济角度而言，中国GDP和贸易量分别占全球总量的12%和11%。二是外资进入A股的渠道正在完善。如果将QFII、RQFII和港股通南向的容量进行加总，截至2015年3月外国投资者在内地市场的总投资额总计为1 750亿美元，较5年前增加1 580亿美元，短短5年增长9.3倍，外国投资者投资总额度分别占总市值和自由流通A股市值的2.8%和5.9%。远远落后于亚洲其他市场，外国机构投资者在韩国、中国台湾和印度拥有的股权分别达到31%、36%和20%。此外，沪港通的逐步优化和政府的政策支持也会促进A股纳入MSCI新兴市场指数。

值得注意的是，酝酿多年的中港基金互认机制在5月22日终于水落石出。7月1日正式施行。有香港基金业内人士指出，通过这个机制，香港的基金公司，将可以通过基金的方式，为A股带来不超过3 000亿元的增量资金。

散户：杠杆资金热情回潮

这一轮杠杆资金催生的牛市中，由于监管层对配资、两融等杠杆配置的严查，前段时间，杠杆资金悄然退居二线，由公募等机构执牛耳。不过，据记者了解，机构配资、两融等杠杆资金热情已经逐渐回潮，其有望在牛市下一阶段再唱大戏。

尽管两融业务此前已经过监管层严控、多家券商对担保折算率的调整以及部分券商对“绕标”等操作的叫停，但仍未能阻挡其再创新高。沪深两大交易所数据显示，自5月20日起，沪深两市融资融券余额已经超过2万亿元，截至上周五（5月22日），两融余额已经达到2.03万亿元，再次刷新历史记录。融资增速加快，中小板块成交量处于高位，量价齐升显示市场做多情绪依然强烈。不过，融资融券交易占A股交易的比重与此前相比有所下降。

两融余额突破2万亿后，未来还有多少增长空间？对于这一问题，市场分歧较大。“如果静态考量，2014 年底券商的净资产是 0.92 万亿，按照 5 倍杠杆算，资产总规模可做到 5.52 万亿，而当时券商的总资产是 4.09 万亿，也就是还有 1.43 万亿的融出空间。”一家中小券商风控部人士指出。

瑞银证券多样化金融服务业分析师崔晓雁则表示，若参考中国台湾市场，股市高涨时融资融券占比可以很高，顶峰状态融资余额达总市值的 5%，两融交易额占比 50% 以上。“我们认为我国两融业务还有客户覆盖率提升、标的券扩容、融券、公募基金等空间。我们参考中国台湾经验，和各待开发空间分项估算取得结果均在 3 万亿元左右。”

与此同时，在这轮牛市大热的配资业务也并未减速，配资平台为大户提供的“结构化产品”销售如火如荼。虽然银行已经谨慎对待优先资金的供给，但一些信托公司的配资业务却逐渐兴起，只不过如今的新名字叫作“结构化产品”。私募机构可以通过该产品做融资，个人也可“开伞”并由信托公司提供配资，以 300 万元门槛起步，配资比例 1∶2，但操作的股票必须是在信托公司根据产品类别制定的“白名单”之内的股票。据一位信托从业人士透露，以前其所在信托公司只做国内一些非常优质的私募公司业务，现在已经放宽门槛，开始接单中小私募和“个体大户”。一般通过融资融券所能撬动的资金非常有限，但通过信托公司可数倍放大资金量。

第五节　收紧杠杆成新常态　投资者何去何从

最近一段时间，各大券商纷纷调低融资担保折算率，银行下调伞形信托配资杠杆……市场去杠杆已成常态。在速度与激情之后，多空如何博弈？投资者何去何从？

1. 杠杆加大了市场波动性

数据显示，自2014年7月底以来，上证综指10个月快速上涨120%，杠杆融资迅猛发展，截至5月初两融规模从不到4 000亿上升到1.8万亿（杠杆1：1），伞形信托上升到4 000亿（杠杆2：1~3：1）。产业资本、私募和高净值客户大量使用杠杆，杠杆操作既让投资者大赢大输，也让牛市在初期呈急涨、快速透支预期特征，加大了市场波动性。

这可以从此前表现强势的中字头个股表现看出，尽管4月中字头个股普遍涨幅超45%，但在券商去杠杆过程中，短短一周时间，部分个股最大跌幅也达25%。

融资收紧有利于市场，强杠杆并非好事。目前股市聚积一定风险，部分个股、行业出现局部泡沫。加杠杆导致过度投机，易造成连锁踩踏。杠杆有所收敛后，资金入场幅度减小，市场将由疯牛过渡至慢牛。

不过，券商高位风险控制只是券商自已因为部分股票上涨过多，而采取的风险控制方式，本身很难改变市场运行的节奏。说得更精确些，券商控制风险很难改变市场运行的趋势，短期节奏可能受冲击，毕竟600余只股票折算率直接下调至零，会对其中的个股造成短期冲击。

2. 收紧杠杆：牛市新常态

其实监管层收紧杠杆举措早已有之。2015年2月叫停券商代销伞形信托后，4月17日，在证监会例行发布会上，中国证监会主席助理张育军对证券公司开展融资融券业务，提出“不得以任何形式参与场外股票配资、伞形信托等活动，不得为场外股票配资、伞形信托提供数据端口等服务或便利”。到了4月底，市场新一轮疯狂之后，这种累加效应逐渐显现。

据统计，目前近30家券商调低了融资买入股票标的的担保折算率，主要是对涨幅大、业绩差的券种进行了调整。光大等多家银行下调伞形信托配资杠杆，从1∶3下调到1∶2。各券商执行禁销伞形信托，目前伞形信托新项目已暂停申报。

数据显示，目前融资融券余额1.80万亿，占A股62万亿总市值的2.9%，但以22万亿自由流通市值计算的话则高达8.1%；从流量来看，4月份以来两融日均交易额3 360亿，占全市场交易额的18%以上。

未来杠杆率上升速度将趋缓。且从账户数来看，目前持有市值超过50万以上的账户数为316万个，但两融客户数已达347万个。随着两融监管的加强，至少31万个账户融资偿还后不能再进行融资。而且两融之外的杠杆途径也将受到监管严格制约。

3. 投资者如何应对

速度与激情过后，改革牛如何与实体经济形成良性互动成各方博弈重点。

券商加强两融业务的风险控制举措，相当于从两融渠道上给A股的新增资金加上“节流阀”。从市场调整角度看，券商新一轮降杠杆是循序渐进的市场化行为，叠加新股发行，短期将对资金面产生一定影响。然而，场外资金正在源源不断地流入股市，市场降温不会一蹴而就，投资者需密切关注融资资金近期动向。

如果市场能主动调整，就达到警示效果，监管层可以暂不亲自出手，短期也不会有大招出现。中信证券认为，未来牛市趋势不变，并建议投资者利用市场短期调整买入“价值洼地”，如医药、家电、汽车、食品饮料等。

在新平衡格局下，投资者可以在三个方向进行配置：其一，风险评价迅速改善，与经济改善相关度高行业。推荐估值洼地组合，银行、非银、地产；其二，行业酝酿“逆袭”机会，如有色、煤炭、石化；其三，工业互联网依然是成长的大方向。

第六节　海外投资机构加快布局A股

虽然MSCI官方于北京时间2015年6月10日宣布暂未将A股纳入其指数体系，使得跟踪其新兴市场指数的约1万多亿美元基金仍在A股门外徘徊，但来自业界一线的信息表明，海外投资机构已经加快在A股布局，新增资金正在流向A股市场。一家合资基金公司总经理称：“海外投资者对进入中国股票市场已在一段时间内持积极关注态度，部分投资者因担心中国股市涨幅过大或新兴市场中亚洲占比较大而产生疑虑，但从中长期看，海外投资者或主动或被动都会进入中国市场，A股进入MSCI新兴市场指数只是时间问题，大批海外资金将因此而进入中国股市。”

位于上海的浦银安盛基金公司一位高管表示，早在2014年初，他们即已捕捉到海外资金对中国A股市场关注的脉搏。通过其外方股东法国安盛投资管理（AXA IM）的牵线，浦银安盛与多家欧洲机构进行了接触，并在欧洲向包括管理规模较大的退休基金、主权基金等在内的机构客户进行了路演推荐，参与的机构客户对中国A股市场都表现出浓厚的兴趣。不久之后，一家欧洲资产管理公司选择浦银安盛作为其QFII基金在中国A股市场的投资顾问。2015年3月，这家欧洲客户又追加了投资，表现出对中国A股市场的强烈看好。

根据国家外汇管理局最新公布的数据，截至2015年5月29日，共批准

271家QFII机构；累计投资额度达744.74亿美元，较上月增加8.59亿美元。同时，累计审批RQFII额度3 827亿元人民币，较上月增加190亿元；RQFII机构总数达129家，较上月新增8家。从2014年11月开始，外资机构又多了沪港通这一投资路径。据银河证券统计，自2014年11月17日开通以来，截至6月9日，沪股通累计净买入1 144.23亿元，2015年以来累计净买入441.72亿元。与此对应的是，申请A股投资资格的外资机构逐年在全球各地涌现。

感受到这股外资投资热情的还有海通证券研究所的宏观分析师姜超。2015年4月，海通证券组织国际部、资管公司、香港公司以及研究所组团去欧洲拜访客户，姜超也一同随行。他描述说，海外客户对A股市场的熟悉程度在增加。中国香港的客户对A股最熟悉，现在去中国香港推介几乎不用讲英语，因为内地相关业务都换成了中国人，中国香港的RQFII额度也是最早用光的。欧洲对中国的了解还在缓慢推进，其中伦敦最早开放RQFII，申请也最为积极，巴黎相对进展也较快，但德国、意大利、瑞士等有待开发。

与此相应，姜超接触的客户也是五花八门。“首先是跟中国已经接触了多年的中国通，他们已在中国本地设立合资公司，忽悠起来连我们也叹为观止；然后是已经通过RQFII和QFII投资A股市场的，他们能和我们充分交流、你来我往；之后是最近刚刚通过沪港通进入A股市场的，他们是否会直接投资A股仍在考虑之中；还有一种客户和你见面就属于很给面子，他们完全不投资A股，只投资港股，和我们坐下来就讲未来5年内绝对不打算开A股账户，说A股投资不讲估值不讲逻辑。我们只好使出道高一尺、魔高一丈的本事，和对方唇枪舌剑尽情辩论一个小时，依然谁也说服不了谁，但感觉至少还是让他们多多少少改变了对中国资本市场印象，起到了教育市场的效果。”

在投资标的上，许多海外机构偏向指数投资。浦银安盛经过严格的数据比

较、筛选，最终向海外客户大力推荐中证锐联基本面400指数。该指数精选国内基本面优秀的中小上市企业，代表了中国新兴产业的发展进程，其基本面价值主要体现在上市公司的营业收入、现金流、净资产和分红四个核心财务指标。这一指数不仅代表了中国未来的转型方向，也符合海外机构客户的投资偏好。400指数在过往短、中、长期各阶段的表现均优于A股市场中的其他指数，且表现稳定，回撤较小，其2015年以来近100%的涨幅明显优于沪深300指数。

正是由于浦银安盛基金在中国资本市场上的优异投资业绩，受到了海外机构关注和认可，2015年二季度有多家海外投资机构受法国安盛投资管理公司（AXA IM）的邀请来到中国，对中国资本市场进行了实地考察，并与公司投研人员进行深入交流与沟通。目前公司正与包括欧洲、亚洲在内的各国海外资产管理公司保持密切的沟通，商讨由浦银安盛担任其中国投资顾问事宜。

无论是从中国在全球经济的地位来看，还是从股市交易量、涨幅来看，A股被越来越多的海外机构纳入视野是迟早的事。目前，中国GDP总量在全球排名第二，贸易额和消费额分别占全球的20%和7%。同时，A股2015年以来涨幅在全球市场居前，体量巨大，如果不将A股纳入视野，则无法准确体现全球资本市场的波动。数据显示，A股自2014年以来连续上涨，赚钱效应明显。截至2015年6月11日，沪深300指数近一年时间的涨幅达146.2%，2015年以来的涨幅达53.55%，A股的靓丽表现使之在全球的影响力进一步提升。

2015年来，英国指数公司富时集团宣布启动将A股纳入全球基准的过渡计划，将推出两个富时罗素新兴市场过渡性指数，A股在新指数中的初始权重为5%；待国际投资者可全面进入A股后，该比例将提高至32%。富时集团亚洲区董事总经理白美兰表示，作为全球第二大经济体，中国股市市值全球第二，但中国股市在全球指数中的比重却很小，富时推出这两个过渡性指数是为了反映中国市场的积极变化，并满足一些拥有足够额度的市场先行者对于指数灵活性以及增加A股敞口的要求。此外，全球最大的指数基金公司领航基金也宣布将A股纳入其旗下新兴市场指数及对应的ETF。这些都是A股提升国际影响力的重要一步，而随着后续MSCI纳入A股、深港通的开通以及预期中进一步与其他海外市场的互联互通，A股市场推进国际化的立体画卷渐趋清晰。

附　录

A股观察家

用牛市模式对未来社会做出判断

上海朱雀股权投资管理股份有限公司董事长　李华轮

我今天演讲的题目叫“时代的阿尔法”。第一部分内容，我想讲的是金融服务实体经济、重仓时代阿尔法。

这张图大家并不陌生，这是木、火、土、金、水，中国传统文化中的五行。木对应春季，火对应夏季，土对应夏末，金对应秋季，水对应冬季，从木到火到土是一个向外扩张的过程，阴阳的扩张与收缩在各种循环中，不断进行，每一种循环都有5个阶段的进化与退化、扩张与收缩。如果把它看成五个阶段，就是五行；如果看成两面，就是阴阳。投资也是一个寻求均值回归的过程。不同大类资产在不同阶段扩张、消融，物极必反、否极泰来。

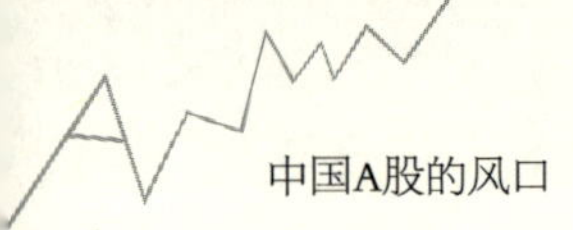

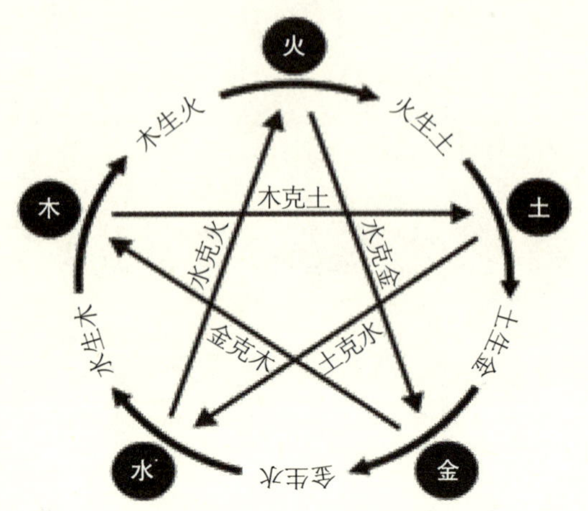

投资股市跟做很多事情类似，需要选择，在不确定的因素下做出选择。因此，投资的关键是看清楚主要矛盾。我们做投资，当大盘在 2 000 点的时候要选择，当大盘在 4 000 点的时候也要选择。大约在 2014 年这个时候，市场处于 2 000 点时，有很多非常悲观的声音，比如用“暴雨将至”描述经济基本面。当时，朱雀认为市场的主要矛盾是投资者对于进一步推进改革是否有信心（商鞅立木），是以市场配置资源为代表的改革周期和以降低实体经济融资成本为目标的利率下调周期能否持续。因此，我在 2014 年金牛奖论坛上的所做的演讲的题目是“形势比人强”。其实，朱雀在 2013 年底就做出了判断，认为 2014 年大概率将迎来股债的熊牛拐点。

过去半年多，股债市场都进入了扩张周期。我们认为，推动市场运行的主要矛盾没有改变。当下，全社会用语言、用行为进行选择，资本市场用钱进行选择，用牛市模式对未来的社会做出判断。

面对 4 000 点，股指上行不断加速，与基本面的背离不断加大，短期市场的主要矛盾是“反身性”，即是人性的好恶和资金的趋势共同作用带来赚钱效应，但人性的共识往往是错误的。影响股市中长期的主要矛盾并不是 4 000 点或者6 000点，而是时代变迁，是时代的阿尔法。2014年，我在金牛奖论坛上提出：切忌南辕北辙。我们回顾历次牛市，1996、1997年，以四川长虹为代表的黑色家电股和以陆家嘴、深发展为代表的浦东、深圳改革开放概念股领涨市场，当时我们买深发展的时候，没有市盈率的概念，价格非常贵，但几年后，有人以更贵的价格买走了深发展的大股东位置，并以赚大钱的形式分享了那个时代的阿尔法；2003、2004年，当时的阿尔法是钢铁、石化、能源电力、银行、汽车等五朵金花，代表了当时经济增长的驱动力；2006、2007年有色、非银金融、白酒、工程机械、造船、航空等板块领涨，反映了当时投资驱动经济的特征；从2012年以来，成长股成为牛市中涨幅最大的板块，领涨行业分布在传媒、卫生健康、环保、新能源、军工和“互联网+”等领域，与经济和社会变迁息息相关。

对于阿尔法投资人而言，最重要和最值得珍惜的就是每个时代的阿尔法，一定要重仓把握住不同时代经济和社会成长中最具有爆发性的领域，成长空间和确定性的重要性要远高于估值。由于受太多因素的影响，估值往往难以判断，但公司被高估的概率常常大于被低估的概率，市场能想象到向上10倍的空间，往往就会先涨到10倍，使得短期内股价就会透支未来三、五年的业绩增长，这种现象也可以叫做泡沫。但是，如果结合有效监管，泡沫并不会产生颠覆性风险。从实践上看，一定程度的泡沫对经济和社会发展的促进作用更加重要和显著。在微观层面，高估值会激励企业家的斗志和冒险精神；在宏观层面，泡沫有助于引导整个社会前瞻性的调整资源配置、提高效率，指引产业发展方向，同时提高重复建设的成本。

当今的信息和互联网时代，平等、开放、透明成为市场的主旋律，无论是美国的苹果还是国内的BAT，都表现出赢家通吃的特征，这些龙头公司的发展

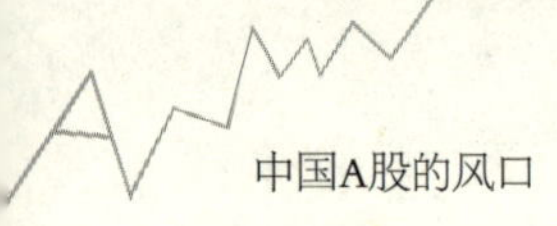

路径清晰，但具体发展轨迹难以辨别，投资人一定要去伪存真。所以，在注册制和供给无限的前提下，我们不怕股票涨幅大，就怕公司不够好。我们需要在各个不同领域选择具备全区域竞争力甚至是全球竞争力的公司，使用简单贴标签的投资方法是非常危险的。

朱雀经常会有这样的体会，在这个充分竞争的时代，爱拼才会赢。上周，我们接触了一个做医疗器械的公司，这家公司的市值是50亿。有一家医疗器械行业的世界巨头愿意按市价参与这家公司的定向增发，增发规模30亿。对这家公司来说，这是一个非常大的契机，但代价是如果事情不成功，要交出所有股权。对于这位企业家，如果他搏输了，可能将一无所有，但如果他搏赢了，则公司市值会有巨大的提升空间。我不知道最后的答案会是什么，但是，我相信最后起作用的一定是企业家精神。以我对这位企业家的了解，我相信他最后的选择一定是接受该世界巨头参与定增，这样的企业家代表了中国这一辈创业家的特征。

中华民族的伟大复兴离不开伟大的企业，必须依靠企业，中国才有机会在信息和移动互联网时代实现弯道超车。

另一个重要的时代阿尔法就是我们这个行业，资产管理行业。制度红利奠定牛市基础，新三板完善资本市场生态圈，发展直接融资能支持实体经济。

股市和债市是国民经济的晴雨表，也是经济发展的推动力。历次A股牛市都需要以市场制度红利的释放作为基础，1996年市场为国企、金融和住房改革服务，2005年则是股权分置改革的启动。2014年5月发布的新“国九条”，是本轮牛市的制度基础，它提出“推进注册制，完善退市制度，建全多层次资本市场，提高直接融资比例，发挥资本市场优化配置资源作用，促进创新创业和经济转型升级。近期，《人民日报》报道，股市表现既受整体发展环境的影响，又反作用于经济基本面，股市上涨不仅能给直接参与的投资者送来“红包”，对于经济全局同样有不可小视的“红利”。证监会主席肖钢说，这轮股市上涨是对改革开放红利预期的反映，是各项利好政策叠加的结果，有其必然性和合理性。在杭州举办的中国财富论坛上，证监会主席助理张育军指出，我国发展财富管理行业，要坚持服务实体经济的根本方向，要着眼于推动大众创业、万众创新，要构建面向实体经济的财富管理体系。

注册制的施行、新三板的迅猛发展、债务刚性兑付的打破，都意味着资本市场发展的最后障碍正在消除，这将为中国经济增长注入新的动力。居民财富配置从90年代的存款时代，过去十年的地产和理财时代，正在进入金融时代，包括权益类投资在内的各项金融资产正在成为居民财富配置的主要增长方向。

资本市场的重要性被提升至前所未有的高度，即将成为融资主场，而场上最大的明星非新三板莫属。新三板于2006年开始在中关村试点，2012年扩展至4个高科技园区，2013年12月底国务院发布“49号文”将新三板转让试点扩展至全国，2014年8月做市商制度正式上线。在制度、公司和资金三者当中，制度是牛鼻子，投资人会追随好的基金经理，好的基金经理会追随好的企业，好的企业会追随好的制度。新三板具有纯粹的市场化基因，股转公司是公司制架构，基于信息披露原则，从一开始设立就采取注册制发行。新三板注重中介机构的力量，靠券商、律师事务所、会计师事务所等机构和企业、投资者形成良性互动。新三板市场由投资者做主，由企业做主。目前新三板挂牌家数突破2 000家，在1年多的时间内就超越了主板20多年的积累，创造了奇迹；其中，做市家数占比10%，做市股日成交金额突破20亿元，做市成交超过70%；前三个月累计融资122亿元，超过去年全年的总和。预计今年全年新三板的发行额将会超过1 500亿元。对比来看，2014年A股市场的发行总额是7 000多亿元。

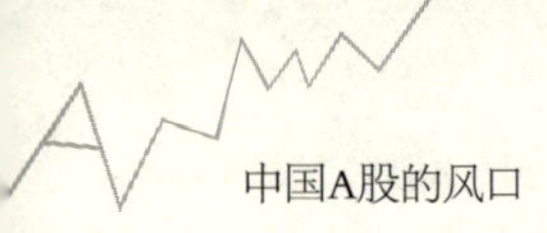

纳斯达克借助硅谷的高科技，让自己跻身世界优秀交易所行列。支撑新三板这个奇迹的是中国经济转型和大量的中小企业，加之市场化的基因，我们相信新三板追赶甚至超越创业板等主板只是时间问题。

中国资本市场在过去20多年的发展历程中，可以清晰地看到三次5~10倍的掘金机会，每次都来自于制层面的巨大不确定性。第一次是1994年，指数在300点时市场上弥漫着“股票市场将被关闭”的恐慌情绪；第二次则是2005启动股权分置改革，对大小非减持的担心使得市场跌破了1 000点。现在对新三板主要的担心是这个市场会不会变成第二个STAQ市场？有没有融资能力？能否提供流动性？这将带来第三次机遇。那么，新三板会不会成为第二个纳斯达克市场呢？我们相信在国家鼓励大众创业、万众创新的背景下，“新三板”将是最重要的制度安排之一，支持小微企业获得市场化的资本平台支持，以取得更大的发展机会，通过创业和创新转型促进经济发展，与此同时，新三板市场也在爆发一场革命，将通过资本和证券化手段，对中国所有的中小企业进行脱胎换骨式的改造和培育。当然，新三板投资也面临着一定的风险，目前最主要的风险就在于公司良莠不齐，且劣币比例远多于良币。未来，在市场分层背景下，大部分公司流动性受限，新三板投资将更类似于PE投资，需要专业投资人进行自下而上的观察，并聚焦极少数优秀公司。

朱雀判断资产管理行业将进入商业模式致胜时代，各类资产管理平台都将大放异彩。朱雀属火，栖于南方，以合伙形式生于牛市，过去近8年，在收缩的熊市中积累了力量，始终围绕提升阿尔法能力建设自己的护城河，建立专业团队，长期从基本面和量化角度研究跟踪行业、向优势公司学习。我们以自身传统权益投资业务为基础，2012年开展量化投资业务，2013年开始进入并购领域，2014年发展新三板、布局海外投资，并合作建立了固定收益团队，2015年希望在此基础上进行穿越，打通多层次资本市场，为优势产业资本提供多样化和差异化的服务，以互信为基础不断拓展产融结合的深度和广度；同时，也为客户拓展蓝海产品，满足客户不同风险偏好的需求。面对未来新常态下的新一轮股债扩张周期，朱雀明确了新的战略：坚持做积极的资产管理机构，支持中国社会改革创新，深度参与经济转型中新兴支柱产业和优势企业的资本活动，与千万财富家庭共享行业与公司资产价值增长的机遇。

板块选时价值选股　追求绝对回报

北京星石投资管理有限公司董事长　江晖

今天我演讲的题目是绝对回报梦想。我在华尔街曾经做过五年基金经理。我一直想，我们投资到底要什么东西？因为我一次次路演跟客户交流的时候，他们都说，你关键要赚钱。有一年我记得2001年大熊市，亏了2%，客户还说，你给我亏了2%，还是不行的。我当时陷入深深的痛苦，因为作为一个基金经理，我觉得自己很厉害，指数跌了30%，我才亏2%，我是当年市场第一名。所以，那时候我想要做一个绝对回报产品。当时我接待了来自美国的一个对冲基金公司，他给我的业绩很好看，总是赚的，所以当时我想要做这个东西。所以，我参与设计了华夏回报基金，并担任了第一任的基金经理。

当时中国市场条件可能不成熟，并没有取得明显的成功。但是，做一个绝对回报产品一直是我们的一个梦想。2007年，我从公募基金下海，创立了星石投资。因为我是这个公司的控股股东，我可以完全以我的想法给客户提供一个绝对回报。

但是，问题在哪里呢？我们创业的时候，中国还没有这么一个东西，没有任何教科书，没有任何一个人干过这个事。所以说，我们的难点在于不知道怎么干。外国基金经理给了我一本他的宣传册，上面只告诉我结果是这样的，但是没有告诉我方法是什么样的。因为我问他的时候，我当年买了宝钢，特别好，估值特别低，业绩增长特别快，我问他你买不买？他说我不买。我当时晕了。因为如果这样，我不知道他要怎么样才是购买条件？这么好的一个股票，看起来稳赚的，他说不买这个股票，让我真得不知道怎么干。但是，我们必须要干成这个事，投资一个产品。因为我们搞上十年、八年，等到他真的来中国的时候，我们可以击败他。我们虽然当时不具备那个条件，但是要克服这些困难。因为国外的对冲手段，我们都做不到这个东西。所以，我们的想法是一切从零开始，研究怎么做这个均值回报。

按照西方的投资哲学，首先逻辑就是长期收益和长期回报，因为有效市场理论，大家都差不多。但是，我们如果按这个理论出发，很难得出这个结论。我在做私募之前，做了十多年基金经理，知道市场是无效的，我觉得有效市场理论是完全错误的。为什么呢？一个同样的信息，从不同人的分析角度来看，它是不一样的结论。比如美联储搞QE的时候，如果我是一个水平很高的人来研究这个股票，它应该是暴涨。但如果是没有经验的人，他的结论是股市会涨，但是不知道涨多少。所以，不管什么信息来了，不同的投资者会做不同的结论，这取决于他的能力和经验。所以，一个信息给了一万个人，他可以得出一千个结论，而不是一个结论。所以，我认为西方理论是错误的，有效市场理论是完全错误的。

我们中国的基金经理为什么在过去16年的公募基金成立的历史中，好的基金经理能每年跑赢指数10个点、20个点，你无法理解这个事情。因为有一批基金经理，而不是比如说我，或者某些个人，可能几十个，甚至上百个基金经理能做到这一点。所以，我认为这个市场不是有效的。因为每个人分析信息的能力是不一样的。比如一个大妈分析不了，我作为一个专业的投资人，我可以分析，而且我可以看得很远。所以，我们从零开始研究绝对回报。

我们研究什么是绝对回报？怎么样才能做到绝对回报？所以，我们的结论就是你的长期回报除以长期最大回撤，应该是2：1，当然没有一个特别的理论算法，我们应该找一个教授算这个事情。但是，如果2：1，基本上算绝对回报了。因为这样风险和收益是不对称的。如果这样日积月累，基本上就给客户挣钱了，亏钱的概率很小很小。

怎么做到这个呢？就是在投资中要讲确定性，你要找到机会就是确定性的，这么一个信息来了，判断一个确定的事情。所以，因为丰富多彩、各种各样的类别，不管一个什么信息来了，可以确定地判断某一个类别市场的上涨，你确定它90%以上的概率上涨。

举个2014年底到2015年初的例子。比如，对于油价下跌这么一个简单的事情，一个大妈可能不知道什么结论；作为专业的研究人来说，可以至少看到有两类机会受制于油价下跌，其中一个是航空。所以，我们从油价下跌马上可以得出结论，航空股会上涨。当然，这个过程不是那么简单，因为大约有十类行业受制于油价起伏，这就要分析其他条件。例如，航空股也不是很差，票价也很平稳，所以，这样你列出很多条件，从而挑选出至少有一个到两个品种是稳赚的，所以这就是确定性。所以，在这种条件下，你可以认为所谓的有效市场理论是不对的。因为在这个油价下跌过程中，经历的时间很长，航空上涨经历的时间也很长，关键看得有多高、多远、多准。所以，专业投资者和普通投资者比起来，优势就是专业能力，他能看得很远、很高，所以这就是确定性。所以，有了确定性，你可以找到一个确定的标的，你投资他，上升的概率很大，下降的概率不大，所以我认为一个投资经理是有能力去判断什么样的确定性，然后再把这个确定性日积月累下来，这样的确定性加起来，就应该能够实现绝对回报。

我们自己定的内部标准就是2：1，长期的复合回报应该大于长期历史最大回撤1倍，因为我们讲长期要五年以上。因为复合回报，比如是不是某一年定了50%，还能2：1，也是绝对回报，但是没有这样的人。如果有这样的人，每年回报在100%，如果做股票挺难的，每年复合回报100%，肯定钱都被你赚去了。所以，下行肯定是有限度的，最大回撤有可能25%，有可能30%。

所以说，我们从2007年成立到2012年一直在琢磨这个事情。开始的时候，我们还是照搬了一些西方的方法，下行的时候做好风险控制，也有很多条条框框，翻一些西方的书，和海外对冲基金经理交流，找到一些方法。当然，有的时候也不错，2008年股市暴跌，我们还赚了一点，所以我们下行风控没有问题。到2012年之前，经历过两次下跌，一次是2008年，一次是2011年，我们也没有跌，最大下行5%左右，复合回报大概10%多一点，那时候我们是2：1的。但是，后来因为财政的结构性，像2010、2011、2012年，我们模仿西方的方法，还是不怎么好，因为客户不太满意。

为什么？他说你涨得太慢了，客户希望收益要高，不要错过牛市的机会。而且客户的持有期统计，7个月最短，平均23个月。所以，客户愿意拉长一点，也愿意受一点波动，但是收益要合适。所以，我们又陷入一个深深的思考，反复跟自己做斗争。

那么，怎么样的一个收益风险比才是客户真正需要的呢？回顾这几年的投资历程，我们把风险控制住了，但是收益不太好。对此，我们进行了反思。2013 年一整年我们都在琢磨方法，后来琢磨清楚了，搞了这么一个东西。这就是我今天要介绍的主要内容，就是“中国式绝对回报”。从原来的“绝对回报”，升级到“中国式的绝对回报”。中国的市场是一个新兴市场，有它的独特性。我们在 2014 年上半年对绝对回报的理解产生了一个飞跃。

首先，理论基础就是市场是无效的。第二，找到一个合适的方法，就是中国式绝对回报的方法。有了这三年，我们这个方法就能做到一个中国式的回报。大盘股、小盘股、创业股全包括了。总的来说，我们的想法就是涨的跟指数差不多，跌的时候，下行风险要有一个有限的下跌，要有一个控制。因为过去半年全是牛市，所以我们也没有下跌，但是这个不是常态。常态应该是股市有涨有跌。等到股市大跌的时候，我们也要适度的风险控制。比如 10% 以内，15% 以内。我们根据每日数据能力可以做到下行风险的控制有限。

具体介绍一下我们的投资方法。分为三个部分：板块选时、价值选股、绝对回报模型。首先，要找到确定性，刚才我讲一个行业的例子，比如油价下跌了，判断航空会好了。但是，这样还不够，有的时候你判断有错，虽然你是专业投资者，只是概率高一点而已，可能判断单次机会，八次是对的，还有两次到三次是错的，所以这个不能构成绝对回报。我们得把它划成板块，分成四个板块。周期股、消费股、科技股、防御股四个板块，每个板块有很多行业。比如周期行业，大概有 11~12 个行业，消费行业有 7~8 个行业，科技板块有 7~8 个行业，还有防御板块有大概 4~5 个行业，30 多个行业，分到四个板块里边。

经过我们研究发现，有一个板块，比如有 11~12 个行业，假设它的趋势都是一致性向上的时候，这个板块会发生明显的共振，这时候买这个股票，盈利概率提高到 90%以上，确定性很高。

我举三个例子，是过去三年我们实际发生的。到 2014 年年终的时候，我们方法完全成形了，市场行情也不错，我们进行满仓操作，以前都是仓位比较低一点。从那开始，每天的仓位 88%到 99%之间。虽然我们是满仓操作，但下行非常小。怎么做到这一点？就是板块选时。比如 2014 年 10 月末到 11 月初的时候，我们判断周期股才能共振。因为那个时候周期股很多行业是好的，比如第一，券商股，资金流入股市，利率在下降，所以这个肯定比较明确的向上的一个行业。第二，保险股，因为它的利率从 4.7%降到 3.7%，这样债券暴涨。第三，地产股，因为利率下降，明显银行就会放贷款，所以房地产是好的。第四，航空股，是向上的。第五，化工股，有一大部分化工股是上涨的。第六，钢铁行业股，铁矿在暴跌，钢铁是好的。

但是，一共就涉及这么几个行业，有半数以上的周期股是好的。我们要绝对回报一点，搞了 63 个仓位。所以说，这个时候买了以后，果然涨了。这个涨不是一拍脑袋形成的，而建立在一个科学的方法基础之上。

所以说，有了这个方法之后，我们认为有 90%的概率会上涨，我就做了。做了以后，它开始涨了。涨的时候并没有抛，因为在座都是高手，但是什么时候要抛？你的条件发生转换的时候。到 12 月底的时候，当时要融资融券，这是第二次了，第一次很可怕。第一次跌了很多，这个时候我们觉得条件不太符合了，我还是研究行业，券商股不符合条件，因为券商股涨了 200%了，它虽然不会暴跌，但是，那个时候它有可能要跌，因为数据下行，没有向上，最多持平。所以，条件不符合了。保险也不太符合了，因为涨了 150%。还有其他一些周期股不符合了。

当时我们研究下来，11~12 个行业已经构不成半数行业净周期向上，所以我

赶快调整。周期不符合板块型条件了，我应该抛周期股。我有两个选择，第一是去看消费股、科技股、防御股有没有机会。如果有，我应该买新的一个板块，如果没有，我应该抛光，空仓了。但是在一个大牛市，它有机会。为什么？因为当时我看到科技股板块有机会，科技股在周期股暴涨的时候它大跌20%。2015年估值又下降30%，所以这个时候我们可以看到，科技股7~8个行业有半数以上是向上的。所以，我们当时判断，科技股符合我们板块什么条件，可以猛干，满仓也行。所以，我们搞了50%，我们内部目标最大下行目标是超过15%。我们有一个绝对回报模型要测算一下，不能太大，一超过15%，这个行业看起来不太像绝对回报，总而言之我们根据内部控制目标，搞了50%的科技股，还搞了30%的消费股、20%的券商股。经济什么时候见底了？3月，4月已经回升。别看数据看起来不行，但是仔细研究一下，已经开始回升了。

当时我们认为科技板块选时符合条件，所以配置了科技股。按照我们的理论，在这样情况下，90%的概率上涨，而且确实上涨了，而且上涨的比我们想象的还要多。因为买了互联网、软件、传媒、电子这些东西。反正涨了很多，涨多少不是我们关心的事，我们关心的是上涨的概率是90%，还是80%，还是70%，还是只有50%。所以，我们的想法必须要有确定性。我们买的这些版块的股票，涨得飞快，到3月底的时候，我们进行了第三次板块的调整。

到3月底的时候，科技股太贵了，估值太高了，也不符合我的评判标准，所以很多科技股被我下调了，我们内部的评价就是向上跟持平，这时候科技板块不再符合我的条件，因为半数以上不那么好了。所以我们在3月底4月初做了一个决定，卖掉一部分科技股，买进消费股。我们研究新的板块，如果没有新的板块，我们要降仓位。但是，我们发现消费板块很好。因为3月底经济见底了，4月要上升了，三个理由：第一，消费的数据真的很好。当然，这是事后公布的数，前面不是这么判断的。事后来看，投资也不好，工业也不好，出口也不好，消费不错。要把石油抛掉，要把汽车抛掉，所有的其他消费股都是向上的，所以我们现在最看好消费股。因为消费股7、8个行业，很多是向上的。第二，因为股市很火，所以挣了钱怎么办？消费。我看到我们楼下车库换了好多好车。到高档餐饮店的人现在又多起来了，所以消费的各行各业都在好。像电影院，一天四个亿的票房，我不看电影，但是别人看。再如出境游，清明节的时候在日本，所有的高档餐厅订购一空，全是中国人。传统产业，如白酒，按说过年喝白酒比较多，过完年价格会下跌，但它没有跌。所以，消费的各行各业都很好。还有医药，我们当时判断消费股都是向上的，而且估值很低，一直都没涨，所以消费股符合我们的条件。所以，当时我们把消费股从30%加到50%。我现在还有一个指标没有确定，就是PM没有上来。不管它涨30%也好，50%也好，不关我的事，我认为我买了以后，它确定能涨，有90%的概率长。现在又符合我的条件，所以我们买消费股，把科技股干掉一大半。

总而言之，我们采用这个方法来形成板块选时，形成绝对回报，协调确定性的投资。所以，我认为有效市场理论是完全错误的。这是我的研究结论，八年研究成果。我们在中国能够做到确定性。这时候如果还能见到美国做对冲基金做得很好的那个基金经理，我可以很骄傲地说，我没有看你的秘密，但是我自己琢磨出来了，我这个方法，完全可以跟你竞争。所以，我也是借这个机会，跟中国在座的和全中国有自己做的绝对回报的基金经理一起交流，把我的心得告诉你。如果你有心得，也告诉我，我们共同把中国的绝对回报产品做好。

第二，价值选股。我做了板块选时以后，第二个要做价值选股。不是我只要看盘做选时判断就行了，还要把最好的股选出来。但是，我们做这个东西绝对回报不是要买一个保守股票。同样要买竞争力非常强的股票。所以，我们进行板块选时，我只是仓位有时候多一点，少一点，但是股票涨得很强。

因为我们研究了各个板块里面的子行业，很容易发现，哪几个子行业最好。我们要选最好的子行业，最符合时代方向，然后成长性很高，又有价值，估值也不要太贵。比如我们自己选的时尚、饮料类的公司，以及像丙烷制丙烯这种子行业的公司，都涨了好几倍。我们通过这个方法，从行业入手，它的涨幅也很高，这样也跑不赢指数，因为指数也很快。当时我们是跑赢一点指数了，因为我们是扣费以后的，我们跟指数差不多了。所以，我们要达到一个什么目标？咱们是跟指数差不多，跌的时候有限下跌，一定要有限下跌，这才是绝对回报，最终长期符合收益，除以历史最大回撤 2∶1，这个目标大家不要认为很容易，其实挺难的。我们自己内部测算了一下，1 000 家私募里边，能够符合这个绝对回报标准的有 5 家左右，包括我们在内，所以这不是一个容易实现的目标。

第三，绝对回报模型，这个模型我们用了七年，应该是成功的，满仓以后，依然波动很小。但是，我们经历一个更大的考验，以后总有一天会碰到比较大的波动，或者碰到 2008 年，或者碰到 2011 年的情况。我们现在有信心，碰到这样的调整，我们的方法依然可以控制一个比较好的下行。但是，我们还要经历住这次考验，因为这毕竟是历史来检验的，不是你说说就算的。这是我们主要方法的介绍。过去的三年，我们的收益确实还不错。

根据三年前我们的很多客户的调查问卷的结果，就是你要赚钱，但是也不要跌太多，这是中国客户很普遍的要求。我觉得这个要求看起来不合理，其实很合理，因为客户是上帝。

所以，我们口号变了以后，叫专注于中国式绝对回报的私募公司。因为我们口号稍微改了一下，是绝对回报升级版，就是中国式的绝对回报。因为中国市场是一个“新兴+转轨”的市场，用这个完全可行，我们不局限于国外的条条框框。我们公司为什么叫专注呢？因为我们这一个产品，所有产品都是复制的，因为我们要对所有人公平。同时，我们只做这个产品，不搞别的新的东西。港股火了，我们搞吗？不搞，不管什么东西，我们只搞这一个。因为每个公司能力是有限的，作为我们这么一个私募公司来说，不像公募那么庞大。我们的能力是有限的，我们能集中所有的人来做好这么一个事，长期做好这么一个事，我们希望成为这方面的专家，成为最好的、数一数二的专家。像外国GE公司一样，有一个最牛的CEO叫数一数二战略。所以，我们过去八年专注于做这么一个事，未来不管十年，还是二十年，还是继续做这个事，要把它做到最好。目标就是国外的对冲基金来都不敢来跟我们竞争，这就是我们的梦想。

中国式的竞争，我们认为不可能是有效市场理论，这完全是错误的。我们在国内首次提出绝对回报理念，我们经过八年努力，真得做成了，所以我们很高兴给大家汇报一下。当然，我们才研究八年，时间也比较短。所以，我们希望跟国内有自己做绝对回报的那些同行进行交流、切磋，提高国内的私募基金的研究能力，绝对回报的能力，最终我们要跟国际的大佬抗衡，把它PK下去。因为我们中国最终会成为一个伟大的国家，世界第一强国。谢谢大家！

国企改革驱动牛市

北京和聚投资管理有限公司总经理　李泽刚

在这里就如何认识中国的股票市场跟大家做一些分享。中国的股票市场实际上非常有意思，它跟华尔街完全不一样。最大的不同就是它长期以来的二元结构，股价运行的逻辑、游戏规则割裂为两个非常独立的市场。所以，中国的职业基金经理需要有“人格分裂”的基本能力，基本形态。

过去我们也一直在强调，资本市场跟宏观经济不是划等号的。这轮行情的一个本质特点，就是经济形势越差，股票形势将会越好。这是中国股票市场再一次体现了它的本土化特征。所以，在这里我不展开讲，我们的一个结论，当下的行情它仍然是有效的。也就是当下在经济下行的过程当中，整个社会财富的再配置过程当中，使得巨量的流动性涌入A股市场，催生了整个行业的行情。

行情的上半场一个特点，就是在互联网时代，杠杆金融工具特别多的时代，大家有一批手法特别敏锐的人迅速加杠杆的一个过程，所以对很多人来讲，能够跟上这轮股票上涨的指数，已经是比较有挑战的事情。这波行情如何演绎？我在这里没有结论，可以确定的是，这波行情一定会吹出一个泡沫出来。我不敢说，我们是低估还是高估，一轮完整的行情，如果说是一个完美的风暴，我相信至少需要两个因素的叠加。第一，关于流动性的极度充裕。第二，整个经济周期企业盈利的一个高峰期的来临，双重牛市的叠加，才能够塑造出像2007年的大牛市。心里来看，可能还缺一条腿。但是股票市场有意思的是，太阳总会升起，但是每天都会不一样。

在二元结构当中，现在大的形势之下，会在局部领域吹出一个泡沫出来，这种泡沫是有它的合理性。如果你视而不见，将失去一轮重大的投资机遇期。这是我的结论。

简单介绍一下我的想法。刚才讲一般的投资经理在中国会搞得人格分裂。为什么？主要是A股，如果我们简单一点，把A股分为大盘蓝筹股和以中小板、创业板为代表的小市值股，如果切分成两个指数，我们会发现这两个指数的走势完全不一样，实际上它们的背景驱动的大逻辑也不一样。我们在具体买卖股票的技巧，选股的标准上也不一样。

原因是什么？在我看来至少有两方面的原因：第一，上市公司的标的都不一样。首先是产业结构，当下正在进行一个经济转型的过程当中，大市值股票主要集中在传统行业，国有企业，基本面不会天天都会发生巨大的变化。另外一类，小盘股，这是第一个纬度。第二个纬度是关于投资者结构。2003年前后，机构投资人获得超常规的一轮大发展，资本市场的话语权开始逐步转移到机构，在弱势当中能够得到一批机构投资人的追捧，所以能够走出一波独立行情。实际上2009年前后，整个资本市场的定价权已经开始从所谓的机构投资者，以公募为代表的转移到产业资本。

2009年前后，的确经过股改之后，大量的限售股可以在资本市场进行交易了。老百姓也变得非常聪明，经过历时一二十年的洗礼，中国散户经过长期熊市的洗礼，变得非常聪明，他们也会伴随着产业资本，以及产业资本背后的这些个人投资者，开始在资本市场表现得非常活跃。所以，总体来讲，几次投资者结构的重要变化，使得整个市场的投资逻辑，或者说主流的一些游戏规则也在发生切换。当下，如果我们分为二元市场有一个选择，蓝筹还是小股票？在座的可能每一位都有自己心中的一个大逻辑。

我介绍一下我的逻辑。首先，中国的蓝筹股在我看来是伪蓝筹股，或者有大量的数据显示，它跟道琼斯不太一样，它的基本面和股价恰好影射了整个美国宏观经济的一个现状。但是，中国的A股市场，我们看沪深300，绝对不是这样的。从长期走势和中期走势来看，A股的走势，包括蓝筹股的走势是一样的。过去一年，中国宏观经济的数据群都是在掉头向下，或者加速下行。但是，为什么股票市场恰好在过去的半年多开始启动，又一次的背离。

所谓中国的宏观经济，实际上2000年左右入市之后，开始大规模的改革开放，很多领域都是引入外资，朝着国际化的方向大步迈进，中国股票市场是不是也这样？但是，从整个蓝筹股的运行态势来看，跟海外主流资本市场呈现着一个背离的状况，尤其是过去的五年时间。蓝筹股经常讲价值投资，但是实际上过去很长时间之内，价值是跌出来的，从来不是上涨的理由。在2014年之前，2013~2014年间，什么东西都在涨，中国的主流资产价格全都上了一个台阶，再上另外一个台阶，但是A股市场还是在原地踏步，这是第三个背离。

蓝筹股市场的投资逻辑到底是什么？好像都不相关。在我看来，在两维框架之下，投资逻辑仍然是非常简单的。A股市场，如果看沪深300跟道琼斯，实际上还没有赶上道琼斯的指数。如果看估值，市净率大概2倍多，市盈率18倍的水平。并且当下传统行业的盈利状况还是处在历史上比较低的时候，除了银行股，多数企业的盈利状况不是很好。所以，现在主流的这些中枢的假如市盈率状况在20倍左右，我相信整个市场其实并没有太大的泡沫，是合理的。

所以，归结到刚才总结的一个结论，中国A股市场到底是什么驱动？其实太简单不过了。是跟菜市场一样，是“供给曲线”和“需求曲线”两根曲线的变化决定了股票价格运行中枢的趋势。所以，当下我们正在经历一轮历史上罕见的所谓流动性的冲击，目前来看这是一个趋势，并没有见底的一个态势。目前整个市场，我们还是觉得趋势是向上的，没有太大的泡沫。但这只是整个逻辑的一半，或者一小半，整个市场现在非常活跃的一半是来自中小股票市场。

再看两个纬度，小股票创业板基本上是一些崭新的行业，现在行业景气度也非常好。另一方面投资者结构也呈现着一个异化，大量的个人投资者，甚至很多大妈们也都聚集在小股票市场，包括很多私募，包括和聚在内也是，我们仍然有很多的头寸是布局在中小股票市场。

那么，中小股票现在贵不贵？最近大家有各种报道，有80倍的市盈率。跟2000年左右，互联网泡沫之前，市场的市盈率状况是差不多的。一看肯定是有泡沫，我也承认的确是有泡沫。但是，今天我在这里要强调的是，存在就是合理的，中国的创业板市场到现在没有泡沫，那才怪了。所以，中国股票市场是一个本土化特征非常明显的市场，像费孝通先生在20世纪40年代写过一本书《乡土中国》，实际上中国现在的股票市场仍然有很多特征体现出乡土特色，一个“土”字，不是贬义词，很多游戏规则不是华尔街领域所展现的。

据相关的大数据显示，之前有好事者做过一些大数据的分析，现在中国资本市场也号称国际化了，但是在买方很少见到一些海外的分析员，或者基金经

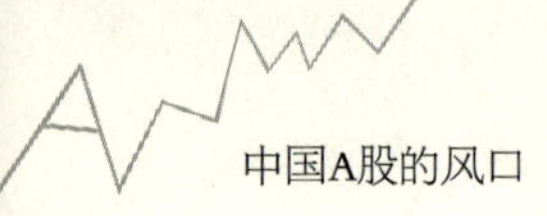

理，中国台湾、香港的同事可能也很少见到，我们看不到白人，更看不到黑人，全都是大陆的。更有人做了一个统计数据，中国的这批基金经理在海外学习和生活的时间越长，越对他投资的绩效不利。

有很多有特色的一些地方，举个例子，关于风险偏好。我们知道全世界的教科书里面，包括现象也是这样的。投资者是风险厌恶了，同样两笔交易，预期收益率一样，他一定要选择一个低风险的，或者相同的风险他一定要追求更高的收益，这是教科书里面的一个理论规律。但是在中国的股票市场，它同时承担了的确有吴敬琏老师说的赌场的责任，因为中国人跟亚洲人一样是好赌的。我的老家在四川，茶余饭后大家就打麻将，背后不是追求赚多少钱，而是追求那个过程，就是一个人每天都很枯燥，中国的社会经济实际上每天都锁定了，留给每个人的不确定其实是不多的，很多人骨子里面是追求不确定性的感觉，其中股票市场是他发现的一个方向。

这会导致一系列的现象。比如凡是弹性好的，中国的散户们，个人投资者们都比较偏好，比如小股票企业弹性大，一个订单，对于大企业来讲，没有意义，对于小股票来讲，基本面稍微有一些变化，可能股价的波动幅度会很大，所以小股票是溢价的。ST股票也是大幅溢价的，一些高危的品种，权证也是溢价的。如果大家回顾上一轮牛市，当时股改之后诞生了一批权证，这些权证基本上都是溢价交易，甚至出现认股和认购权证在同一天大幅上涨的局面。但是，市场的偏好仍然还在，比如上级很多分级基金，在座各位可能也买，但我相信90%的人只会讨论分级B，有多少人在讨论分级A的，所以B一直会溢价。它遍通存在A股市场各种现象当中。中国投资者风险偏好是偏进取，以上三个因素，造成对于这类小股票市场的溢价，可能会大幅超出理性的判断。比如三个因素，有一个是制度设计。在正式注册制推出来之后，中国实际上是没有优胜劣汰的功能，反而是很多股票越烂，股票越小，越没有资产，越没有负债，它的弹性会更好。

国企改革在我看来，是中国几次重大改革的一个关键点。十年前股权分制改革，是上一轮大牛市的核心原因之一。这一轮我相信国企改革仍然是这样，是驱动这一轮大牛市行情的核心驱动力之一。那么，我们目前观察到的情况，它对资本市场的影响，深远程度可能跟十年前是一样的，并且从节奏来讲，十年前这个时候没有人能够想象，2005 年的这个时候，没有人能够想象股权分制居然用了两年时间在一轮行情当中彻底解决。所以，当下国企改革通过资本市场，在我看来很有可能会形成一场运动。我们通过央企，通过地方国企看了很多企业，从我们判断的角度来讲，改革通过资本市场这样一个平台来实现改革的目标，这种动力和愿望是非常强烈的，而且现在股票市场的行情，正好为国企改革提供了这么一个舞台。

其实现在国有企业在A股市场无论从数量还是从规模都占了整个A股市场的半壁江山，尤其总市值占到 65%~70%左右。所以，它对A股市场的影响可能非常大，尤其各个地方需要很多这样一个窗口公司来实现国有资产整合的平台。所以，小股票被选中，乌鸡变凤凰的故事还会在这个领域发生。蓝筹股里面也会出现，不仅是小股票。在一年前的今天，如果大家猜涨 10 倍的股票，是蓝筹股不是沪深 300 里面。我估计大家很难想象到是南车和北车，一年时间涨幅接近 10 倍。背后就是国家改革的意志，国企改革到某种时候，某些领域已经上升到国家的意志，所以，资本市场刚好是这一轮改革分享改革红利的一个重要舞台。我相信 2015 年还会有很多。刚才讲的一半是国有企业，讲另外一半是民营企业。

事实上我先下一个结论，当下有可能我们所处的 2015 年前后，是中国证券

史上前无古人、后无来者的一波并购狂潮。我们知道兼并收购一直是中国无论是牛市还是熊市永恒的主题，会诞生很多好票。但是，这一轮历史的背景在我看来能够下刚才那么一个结论。首先，它是注册制政策推出来之后，二级市场跟一级市场仍然存在显著的一个价差，所以造成产业资本有极大的动力进行一个套利行为，通过并购重组进行套利。所以，它有可能是后无来者的一波行情，就是目前的这种价差，创业板二级市场给 80 倍，一级市场也许只有 20~30 倍。

我们自己做了一个统计，除了沪深 300，2014 年全年，大概有一半股票曾经停过盘，或者并购同业，收购上下游，做定向增发等等，或者是剥离不良资产，有一半公司做这样的事。2015 年我们相信可能会更多。原因有几个，都是当下正在经历的一轮并购重组狂潮的驱动因素，这几个因素同时叠加到目前这样一个时间窗。这是最后一个理由，最后一桶油，这波牛市会形成一个正向循环，二级市场高估了，就去做资本运作，市场一旦认为我要做资本运作，我要搞产业整合，会给我更高的估值，会造成一轮一轮的滚雪球效应。

以上跟大家简单分享一下，作为一个正常的人，事实上我们在面对中国股票市场二维世界，进行选股时，我们的策略是有所差异的，我们很难简单地去评判现在是不是有泡沫，大盘是不是从 4 000 点马上下一波涨到 4 800 点，这可能并不重要。对我们来说，重要的是在这种二元的世界里面，正如在资本市场的汪洋大海当中，私募基金只是一叶小舟，正如在大自然当中的一棵小草，我们面对的是一个二元世界。我们接受阳光和空气，同时我们扎根于地面以下，扎根于土壤。有白天，也有晚上，有冬天，也有夏日。那么，对于一棵草来说，它要做的是什么呢？在冬天播种，春暖花开的时候，风没有起，你要学会扎根于土壤，学会成长，生存下来。这是私募的生存之道。当风起的时候，不一定要判断风向是南风还是北风，只要风起的时候，你准备好，就可以扬帆远航，这是私募的发展之道。这是和聚过去几年的一些体会。我们实践了六年时间，虽然不是很长，但是也经历了这轮A股市场的熊市和牛市，刚刚半个周期已经经过了。刚才我讲的一些部分，也是我们过去六年对A股市场的一些深刻的体会，希望各位有所收获，谢谢！

市场中性策略迎来春天

上海博道投资管理有限公司董事长　莫泰山

投资有两个流派，一个是股票管理，大家脑子里想的可能就是巴菲特，做价值投资，看内在价值是不是第一价格，如果是这样，那就是值得投资的。当然，不光是巴菲特，还有很多做成长性投资的，看商业模式，看商业公司的成长空间。这个流派在我们国内市场也是更加源远流长。从公募基金行业有股票市场以来，大量人士都在从事这个领域，而且其中也诞生了很多杰出的代表。

第二个领域，就是今天我要多讲一点的量化投资策略。这个领域相对新一点，应该说在过去的几年才慢慢在我们国家被引入，逐渐被实践。当然也是和我们国家自己当初有些条件不太具备有关系。比如我们在 2010 年才开始推出股指期货，这种情况下，很多金融类型的产品才更加具有它可实施的条件。我不想给量化投资下一个定义。但是，总的来说，就是基于一定的逻辑，对数据进行筛选。选出一些既有比较高的胜率能够创造阿尔法的这些投资标的。这些基本面的数据，包括各种各样的指标，成长指标、质量指标、估值指标。这些数据也有可能是其他的数据，比如交易量的数据，比如价格的数据等等。只要这些数据能够提供一个比较好的线索，从历史回撤看，它能够有一定的比较高的胜率，能够创造阿尔法，都会成为关注和研究的对象，最后从里面筛选出标的。

我们知道积极的股票管理，一个基本的原则，有一个公式，就是所谓的信息比，就是创造超额收益的能力。作为分解，它来自于两个方面。第一，IC，我们叫技能，另一个叫宽度。其实讲了你要创造超额收益，可能需要在这两个方面比别人做得更好。所谓的技能就是你在某类型的股票的研究比人家更有心得，更加深入。比如巴菲特做价值投资的，他在这块运用得心应手。尤其做成长投资的，在这块也非常娴熟，所以他这方面的技能比别人强，所以很有可能给他这个组合贡献一个比较好的超额收益。宽度，可能某方面的技能并不一定特别突出，但是数据处理的边界比你大。你看两个公司，但是我能够同时看 20 个甚至 2 000 个，我的范围比你广，我也有可能胜出在这个地方。

这两个领域，传统的我刚才讲主动投资管理，更着重技能，你要强调对上市公司的深入研究，强调对某个行业的深入理解，强调对具体行业的上市公司的商业模式的识别和判断，就是非常强调技能。对于量化投资，它是胜在宽度，它在某方面的技能不是只根据数据的处理就有很好的技能，但是同时它处理数据的能力，应该说是主动的方法比不上。所以，这就是两个方向。

有人会问，这两个方向会不会同时都做得很好，应该说很难。有句话讲，鱼和熊掌不可兼得，你在某个方面特殊的技能就限制你在其他方面的优势。举个例子，一个学生如果单科学习特别好，你每科都是全部第一名的概率会非常小。更形象的比喻，比如体育比赛，你可以参加单项比赛，比如刘翔跨栏非常

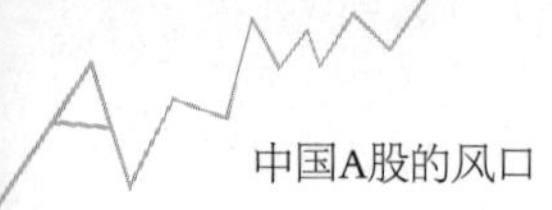

好，但是有些人各方面都可以，不是特别突出，就参加十项全能，单拿出来某一项，比不了单科的选手，但是这些单科的选手也不能跟他比十项全能，我觉得大概是这个区别。大家在各自的领域做各自的事情。我们有价值投资，有成长投资，但是很少有人说，既擅长价值投资，又擅长成长投资，这个应该是不太现实。

同时，我们也看到，当年彼得 · 林奇在主动投资基金经理里管的组合是最大的，他管的麦德隆基金，曾经最大的规模是1 000亿美元，非常大，这个结果就是彼得 · 林奇是满头白发，比较早就退休了。而且在他的基金经理的生涯里头，应该说日程非常紧张，行程非常满。因为他是一个国际型的组合，全球飞很多地方，调研上市公司。在这分析的技能，你会受到一定的边界的约束。而总体来说，我们讲量化的投资方法，由于它有足够的处理宽度，虽然技能不一定领先，但是它这个宽度上会占一定的优势。

尤其现在面临的叫数据经济时代。前段时间，汉诺威有一个电子展，马云在上面有一个比较有激情的演讲。他在里面提出来，就讲了数据经济的来临。就是随着信息时代的到来，随着移动互联时代的到来，随着物联网不断的普及，我们的很多商业行为都会在互联网上留下痕迹。或者说，都会留下可以分析的数据，而且随着数据储存和处理能力的提高，数据对我们来说越来越有价值，越来越有数据处理能力。所以，一两年前所谓的大数据这个词就很热，呼吁大数据时代的到来。

其实在2008年的时候，马云就曾经向当年的温总理提出过，他根据阿里巴巴商户订货的数据，他意识到中国经济可能会受到全球需求下滑的冲击，提前半年预测到，我想这就是一种所谓大数据时代数据的价值和数据预测的能力。讲大数据还有很多例子，包括加州通过搜索引擎搜索关键字，提前意识到某个时候，某一类的流行病会在他们那儿爆发等等。这些都是大数据时代，数据预测能力对我们更有价值的一种例子。

同时，对投资来讲，是对我们提出了新的要求。我们都知道，其实是一个信息处理的过程，有投行讲，为什么你能有超额收益，是因为你有信息不对称，或者说你比别人更有信息优势。比如巴菲特买可口可乐，对其他人来说可能他对公司背后的数据有更深的理解，但是今天在一个大数据的时代，在一个移动互联的时代，在一个数据越来越公平，越来越分享的时代，一个信息的可获得性更加公平了。另一个，你做一个投资决策，构建一个投资组合的时候，你要处理的信息是越来越多的。

举个例子，现在有微信，你如果想把你自己手机上微信的文章都看完，我估计一天的时间就用完了，不用干别的。但是，要是一点都不看，也不行，因为我们生活的这个时代，你如果不看，你就处于一个信息的孤岛，你在做投资决策方面，会处于一个相对劣势的位置，所以这对我们提出比较大的挑战。比如一个主动性的股票基金经理，一天能看多少篇报告，假设你是一个很勤奋的人，每天都有很多新的报告出来，你要看多少篇报告？还是会提出很大的挑战。所以，这个时候量化策略会有它一定的优势，因为它在处理信息、处理数据的时候，它的成本是非常低的。2 000只股的数据，对他来说也是非常轻轻松松、平平常常的，这个时候在信息大爆炸的时代，他会有他更多的优势。但我不是说主动的就没有优势，完全不是这样。至少在这个方面，他会占据一定的优势。

所以，基于这个，我们说量化阿尔法策略，构建出来的组合它有几个方面的特点。第一，更大的策略容量。刚才讲主动主要靠技能，你会集中于你专注的领域。你能够专注的领域还是相对有限的，你的组合、规模和容量会有一定的边界。总体来说，这个量化策略基于构建阿尔法，它有很大的数据处理的能

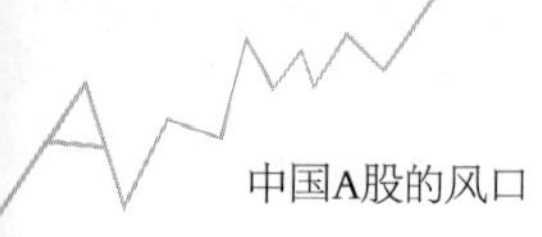

力，也有很好的方法，比如他对某个指数的标的构建阿尔法，总体来说它的组合非常均衡，也会更加分散，这样它的组合会有更大的策略容量，但是容量是比较大的。

第二，基于量化的方法。它是根据投资组合的理论，以及金融风险控制的模型，用金融工程的方法来构建的比较精细的风险管理的策略，或者说风险的模型。做过量化的都知道，上一个策略，肯定这个策略要用过去好多年的数据进行回撤，要看看这个策略在不同的时间周期、不同的市场风格的情况下的表现会怎么样。一般跑下来，大概会提供多少的超额收益，最大回撤会是多少，它发生在什么时候以及发生在什么市场条件下，你怎么防范它？

所以，在整体一个策略上线之前，你会比较清楚，它大概会产生什么样的结果。因为未来是不可能模拟的，但是总体来说，经过反复的检验，这个组合的构建过程是比较精细化的。比如我想要多大的回撤，只能接受多大的回撤，在构建组合之前，它可以做一定的限定。用这个方法来管理，会形成一个更加稳定、更加可预期的收益空间。当然这个收益空间，我指市场中性产品，从目前的国内的实践来看，大概一年8%~15%的水平。

因为股市没有好之前，在熊市里头的时候有两年信托产品卖得非常好。我在问自己一个问题，从专业人士来讲，这类产品可能会面临比较大的挑战和风险，为什么这么受客户欢迎？后来想明白一个道理，它很简单，它的收益至少对客户来说觉得可预期，告诉他一年10%、一年11%，客户买这个的时候，他就有一个大概率的预期，说一年以后能够得到这个钱。如果是别的产品，尤其在熊市，比如有些股票产品，这个时候你跟他说市场见底了，你要长远布局，他为什么不愿意相信？因为你给不了他稳定的预期。

所以，用一句话讲，叫“所投即所得”。他投进去的时候就知道自己将来大概能得到一个什么样的结果。这样他就能够按一个非常稳定的预期做资金的分配，这对客户来说也是一种不错的选择。当然，我们的阿尔法策略，应该说用"冰火两重天"来形容。在市场不太好的这几年，2014 年上半年之前都比较风光，因为那时候其他类型的产品也提供不了太多、太好的回报，而量化产品又用比较小的波动提供了一定的有竞争力的回报。所以，2014 年上半年之前发展的还是挺好的，甚至到某个时候，在这个期间的某个时候，只要说量化对冲的产品，在一些比较有竞争力的渠道发一两天，就有十几个亿，客户非常欢迎。

但是，在 2014 年 12 月，也经受了一个很大的挑战。挑战之一来自于股票市场很好，半年内涨了 50%，一年百分之八到百分之十几，很有竞争力。最要命的不是这个，最要命的是 2014 年 12 月市场只有 10%的权重股在涨，另外 90%的股票的涨幅是远远跟不上这 10%的涨幅。那就给这些做对冲的产品带来一个非常大的挑战。你只要组合里不是这 10%的股票，还有别的股票，肯定是没阿尔法的。所以 2014 年 12 月，所有市场中性产品都经历了比较大的回撤的挑战。

当然，经过这个挑战，才能够真正看出来，哪家做量化策略的时候是严格按照风险控制模型做的。应该说我们今天之所以能站在这里，我觉得其中之一的原因就是我们至少比较严格地按照风险控制的原则，在 2014 年 12 月所谓的黑暗时代没有遭受太大的损失，组合的回撤范围在我们模型过去预测的范围内。所以，应该说我觉得也很好，一个事物的发展总不是一帆风顺的。我想 2014 年 12 月这次极致的挑战，应该说给我们所有做这个策略的同行一个更好的提醒，对今后来说也是一笔财富。

最后，展望一下量化阿尔法策略，或者市场中性策略，应该说有一个很好的发展空间。我们现在面临几个趋势，其实都基于这几个背景。第一，利率市

场化正在不断的深入，已经接近完成。第二，我们现在的老百姓把资产放在存款里头的越来越少，越来越多以理财产品的形式出现。统计数据也支持这个观点。2015年以来，居民新增存款是历史新低，而理财产品，从过去的零，在短短几年已经是十几亿的规模。所以，老百姓的资产配置正在发生越来越大的变化。

变化意味着什么？当理财产品规模越来越大的时候，理财产品也是要给客户一个预期的收益率，而且预期空间非常小，希望到期以后，银行按照这个收益率兑付。随着理财产品规模的不断扩大，而且由于银监会的要求，投资非标的比例要限定在一定的范围内，以后还要不断增加大量的理财产品，在债券市场和股票市场，以及基于这个市场的产品和策略方面寻求配置。它对能够提供理性收益率的产品配置的比例比较高，这是第一个趋势，就是所谓的居民理财方式的变化，金融资产为王，或者理财产品会越来越替代存款，这是趋势之一。第二是长期利率走低的趋势。我们看国外的发达国家，看美国、欧洲、日本，他们的利率已经是非常低的水平，应该是接近零利率。在全球越来越一体化的今天，在中国不断进一步深入全球的今天，在中国不断向世界敞开胸怀，资本项目越来越开放的今天，我们觉得我们的利率水平应该是会和全球的水平越来越接轨，或者说越来越受到全球利率水平的影响。和这个相关的就是我们的经济，我们的房地产市场正在面临一个大的拐点，或者我们经济正在面临去房地产化的过程，这两个趋势都在影响我们国家的利率水平朝一个更低的方向去走。

过去十年是房地产十分繁荣的十年。这个行业对资金的需求非常大，无论是作为房地产的开发商，还是居民，或者家庭，在座的各位，我相信最大的负债应该就是房贷。所以，当这个行业，或者说当整个经济在去房地产化的时候，整个房地产业也好，以及它带动的居民的财产配置，我们对资金的需求应该是比不上过去十年。在这种情况下，利率作为资金的一个价格反映，它应该是往低走。

长期利率走低的趋势会怎么影响我们？因为它会先消灭掉高收益的债券产品。然后，会消灭高股息率、高分红率的蓝筹型的股票产品。作为能够提供一个还不错的稳定收益，比如百分之八到百分之十几的空间，回撤也不太大的这种类型的中性产品，就会成为重点关注的对象。

第三个趋势，我觉得中国资本市场发展这么多年，到目前为止还是一个散户占比比较高的市场。虽然我们机构投资者得到了长足发展。但是，在每天的交易量占比等等这些方面，包括牛市一起来以后，又有大量的新股民蜂拥入市，还是个人投资者占比相对比较高，散户主导的市场。但是，如果中国市场走向成熟，这个趋势肯定也会发生逆转，只不过这个过程可能会相对漫长一点。

总体来说，未来的趋势肯定是以长期、专业、纪律化的方法来管理的资金来代替零散的、短期的、比较难克服所谓的贪婪和恐惧的这种资金，形成一个替代。所以，当这个市场的主流是长期的、专业的、纪律化投资的资金，它会对长期稳定的、波动比较小的类型的产品有更大的配置需求。

回到我刚才讲的内容，目前的股票市场风景这边独好，红红火火，百花独放，这当然是好事。我们博道投资，也有主动投资策略的产品，我们也在分享这个过程。但是，我觉得作为一个能够提供稳定收益的、较低波动的这类型的市场中性策略，只要耐心经营，坚守自己的风格，最后也会有一个美好的明天！像那个歌词里头唱的，寂寞的山谷里，野百合也有春天，谢谢！

“全牛”取决于经济转型

深圳凯丰投资管理有限公司董事长　吴星

今天我不讲太多宏观方面的东西，尽量把我自己相对理解比较深刻的有关不同产业链上的一些产业逻辑讲一下。刚才各位股票大佬都讲了不同的观点，我们是作为期货，我讲讲跟实业相关的，或者我们眼中的一些产业处在什么样的背景，未来可能经历什么样的风险。所以，我今天的题目放在“中国经济乐观中的隐忧”，我觉得乐观主要出于第一个看法。

这里有一个数据，整个中国跟印度的情况，1970 年开始从产能，包括人均 GDP，中国明显好于印度，从国土面积、人口、成立时间都可以具备相对的比较性分析。实际上中国的制度在目前全球是具备了一个比较优势。我们分析很多行业更多擅长从比较优势的角度，可能我们社会主义制度不一定是最好的制度，但是大多数如果都是资本主义制度，可能我们社会主义制度是最好的制度，是因为我们属于稀缺性的制度，这也是投资里面的稀缺性原理。我也特别看好中国未来的发展，因为尽管我们制度本身有些问题，但是他所处的环境决定了这个制度在比较优势上有核心竞争力。这是我们的一个看法。

另外，我简单分析一下我们自己，因为我们求真。经济学里面有一个最大的假设条件，在资源配置稀缺性的背景下，大家怎么去竞争资源？中国的制度相对来说是更有引导性的制度，国际很少。反过来，什么叫健康生活？比如跑步一族，通过运动锻炼使得我们整个人的身体细胞、机能更有活力，会有更大的新陈代谢。但是，这个问题会导致我们对能量的损耗比较大。其实中国的经济，从改革开放到现在，一直都是小步快跑的方式，对能量的消耗是很大。

我们跟印度的能耗比，可能跟GDP的差异比差不多。所以，很多经济学家说我们对环境确实是有污染。但是，核心的一个背景条件，限制中国经济发展的是中国经济制度发展模式能不能从世界这个领域上索取到能耗。所以，我对中国的经济发展情况用一个跑步理论来概括，实际上我们机理很健康，但是我们很多东西会排泄出来，产生一些问题。总体看，核心是跑步过程但前提是我们的资源能不能够我们跑步运作。

我个人觉得，从这几年来看，我实际上挺乐观的，国家集中力量办大事。但是，我觉得作为期货领域，如果更多讲求真的分析理论，中国在未来竞争中，极有可能远超世界同行，就是因为我们的制度跟跑步理论可能会有一个非常大的竞争力。

在宏观的问题上，我们分成三类，2003~2008 年是被动式的宽货币、宽信用。2009~2013 年是紧货币、宽信用。2013 年到现在宽货币、紧信用，它的结构都可以看到市场的变化。宏观方面我们不过多阐述，可以跳到后面形成的问题。未来形成的问题跟中国的现状，2013 年以后现状的表现形式。我觉得问题

主要是产能过剩、地产泡沫、利率高起以及债务问题。我们想通过对产业的理解，重点阐述一下我们的观点。

从产业来看，第一，能源化工。第二，黑色。我们认为能源化工是一个人机体里的血液，黑色属于你的整个骨骼，我们长大了检查身体的时候，量高度已经不在乎了，更重视血液的指标。所以，未来可能能源化工产业是观察中国市场是不是健康的一个非常重要的指标。我们从能源跟黑色两个大的产业链来理一下，整个行业的一个变化。

首先，能源化工，大家都谈美国页岩气的问题对市场的冲击。页岩气封闭完以后就是页岩油。美国从2003年起，对页岩气的投入量从最早50亿美元到2008年开发量投入是750亿美元。2007~2008年美国天然气价格上涨了8倍，由于天然气的价格上来，导致美国在页岩气上投入非常大，另外在科技进步上形成了一些突破，形成美国的页岩气、页岩油的革命。2012年的时候，这个变化主要因为从美国出现，然后传导到中国。

因为美国的页岩气产量上来以后，它就开始冲击整个美国的页岩气、天然气的价格。从最早的14美元，跌到最后2美元，大幅的下跌。在大幅下跌过程中，美国通过装机的情况可以看到，对煤电气的发展成本就形成一个冲击。由于页岩油、页岩气、天然气产量上来以后，价格便宜，冲击了美国发电。美国2008~2011年大量的煤制发电开始被天然气替代。因为煤发电的效率只有15%~40%，而天然气发电效率可以达到60%。美国煤的产量就形成过剩，冲击到澳大利亚，最后澳大利亚这些人就开始往中国沿海港口进口。我国2012年整个动力煤的进口量大幅飙升，对国内动力煤行业形成冲击。其实伴随国内水电的装机总量的增加，一边是动力煤的进口，一边是火电被水电的冲击，所以引发了最后动力煤的下跌。

这是整个能源市场。第一个是由于美国的页岩气跟页岩油的问题最后冲击到美国的动力煤，中国的水电、发电、装机组的问题，冲击到最后国内的动力煤的生产。到目前为止这个生产还在下跌过程中，而且可以说这个动力煤行业的问题可能远超出大家的理解。

目前为止，跌到 400 左右，从澳大利亚、从国际市场进口的煤并没有下降。等一下我会讲，这个问题主要集中在哪儿？这是我国的发电情况，火电在“十二五”期间发电总量开始逐步下跌，风电的冲击也是很大，持续性的，其他的能源也在冲击。所以，整个动力煤市场，最大的需求来自于发电，这块最主要的量被冲击了。一旦中国经济不好，比如像现在中国发电量不好，实际上对中国还会有影响。

另外一个亮点，是中国煤化工行业。讲到中国煤化工行业，刚才谈到的丙烯和丙烷，其实在大宗商品行业，叫烯烃行业。烯烃行业由于整个动力煤的价格下来，包括前期原油一直在 100 美元左右，当时他们做过测算，在 60~70 美元左右，动力煤制成甲醇，往烯烃、芳烃这个方面走，实际上是有利润的。所以，我们可以看到 2011~2014 年大量的烯烃装置，每年新增产量大概 1 500 万，全国动力煤的产量，2014 年在大概 38 亿上下，有一块增量，这块增量冲击整个以前的天然气为原料的烯烃行业跟原油行业的新行业。关于大宗商品，可能大家关注的不是那么多，我尽量解释一下。

烯烃其实有三个原料，一个是动力煤，一个是天然气，一个是原油。由于我国动力煤的装置开始受到冲击，去年整个烯烃价格从 8 月份开始往下跌。影响到全球的烯烃价格，也影响到另外的芳烃、PX、PTA 等聚酯行业。主要是化工下游产业链受到新增产能的冲击。由于这个冲击以后，另外再谈一个非常重要的数据，整个原油的下游需求开始被冲击了，另外一块，美国的原油产量从

2012 年的大概 600 万桶，增加到 2015 年的 1 250 万桶，增加了将近 600 多万桶，美国成为全球原油第一大产量国。

在这个过程中，介绍一个背景资料。2004 年开始，在全球有一个农产品的价格上涨。而当时的农产品价格上涨最本质的原因与美国的玉米有关，现在有 1/3 的玉米作为我们的汽油，类似于燃料乙醇。农产品上涨的原因是因为原油价格上涨，每年我们吃的食用油的产量在全球大概 1.5 亿吨，而有 2 000 万吨左右用于汽车里面的柴油需求。玉米在美国有 8 亿吨，大概将近 1.8 亿吨左右的玉米产量用于汽车燃料乙醇，农产品完全被原油市场带动。但是随着原油 2014 年七八月份开始下跌，整个油脂行业库存量又在累积。随着原油价格的下跌，我们可以看到，整个美国的钻机数大幅度下降，美国由于价格不合适，钻井降下来以后，未来的原油产量极有可能会受冲击。

首先，让我们梳理一下整个能源市场。最早由于整个天然气价格下降，冲击到美国的发电，冲击到最后的动力煤，导致动力煤的出口。从动力煤的出口，到国内动力煤的价格下跌，到最后慢慢冲击到原油市场。这个行业是在经济不太景气下形成的单一产能过剩的一个行业。目前这个行业又开始冲击到传统的第一产业农业。

其次，从黑色产业这个板块来讲，可以看到，整个黑色的量，全球目前的粗钢产量，2014 年在 16 亿吨左右，中国粗钢产量一年大概在 8 亿吨左右，占整个全球产量的一半。中国基本上大部分是丢在房地产跟基建。这个实际上影响非常大，一旦中国钢铁需求没有增速，很多行业可能受相关影响。

这个可能跟股票有一些关系。到 2011 年以后，产能利用率往下走，到 2012 年处于相对低点。也就是到 2011 年，整个钢铁行业从暴利下来，2012 年出现亏损，导致螺纹钢从最高 5 200 跌到 2 200。

在2008年之前，巴西到青岛的船运费的价格，2008年最好的时候曾经到过110美元上下，相当于800元左右，到现在基本上在10美元上下，整个船运市场完全被打垮。澳大利亚到中国的船运目前在5美元，以前大概在50美元。由于整个船运市场大幅度的下跌，给国际贸易一个物流运输的边际降到极致。从上海运到澳大利亚有可能比上海运到杭州都便宜，这可能是海运导致的整个市场的变化。等一下会谈整个第二产业的影响。

2014年铁矿石价格从1 000元跌到500元。在这个跌的过程中，国内整个钢铁行业出现了产能竞争力。比如河北钢铁、宝钢，2015年第一季度比2014年同期好很多，就是因为铁矿石上游原料价格下来了，形成了国际市场冲击。所以，2014年整个钢铁行业的出口量是9 000亿吨，比2013年同比增加50%。由于我国的钢铁出口以及国际市场的价格因素，美国回收过来的废钢占总的钢铁产量35%左右，所以冲击到废钢的价格。美国的废钢价格从2014年的8月，跌到370左右，跌到现在的240，就是因为国内的钢铁出口，然后对他们形成冲击。其实国内焦炭、焦煤行业一样受到这些冲击，因为这两个行业也是产能在扩张。

我们再把这个思路捋一下。钢铁行业为什么不好？一是跟资金运行有关系，融资成本高，另外房地产价格在下降。数据显示房地产购地面积同比下降32%，竣工面积下降4%，整个房地产投入量明显在下降。下游需求不好，因为下游不太赚钱，或者下游不愿意购房子，钢铁行业的产量就会下降。

所以，2015年3月的数据，我国钢铁产量比2014年同比下降约10%，下降到6 900万吨。因为固定资产投资无法支持，最后把钢铁行业和其他行业都拽下来了。其实这就是为什么国家在“国五条”非常重视房地产的保卫战的原因。

整个钢铁行业的链条，最先从第二产业的下游，钢贸承受风险，到2012年由钢铁、钢厂承受风险，到2013年由铁矿石承担风险，到2014年铁矿石上游承担风险，到2015年由铁矿石的上游需求，房地产承担风险。这是我个人的逻辑推理，不一定准确。这是整个市场的传导链，我讲完消费，会把这三个板块串起来讲。

做房屋销售，新生代的我觉得更多买房的动力来自于改善性需求，或者可以说是刚需。人口的数据实际上对未来整个房地产行业的发展是一个至关重要、而且是致命的数据。房地产的销售量会大幅度地起来。经济层面，房地产的投资量下降，其实会影响到整个固定资产投资。而国内这么大的一个资金背景下，为什么股市有这么大的上涨，我觉得跟资金流量有关系，另外跟房地产也有关系。这轮行情，本质是股市资金供给有增量，但是股市没有增量。所以导致整个市场在上涨，其实可以理解为结构性的一波牛市。但是，未来会不会出现整个全牛，我觉得要看这轮转型成功与否。但是，觉得这轮转型，我们自己的看法有些担忧，所以题目就是“乐观中的隐忧”。

从中国消费来看，人口红利基本上讲了，我们可以看到2011年，15~64岁人口74%的占比开始逐步下降，这是必然性趋势。新生的人口下降肯定是明显的趋势，除非这个时候加大引进国际先进人口，一天进口300万、500万国际先进人才，有可能会改变这个数据的结构。我认为中国的消费其实一直都很好，我们用几个数据证明。农民工工资，从2008年以后的增幅，基本上都高过国内GDP的增量。还有是最低工资，从原来的400元，到2008年700元，到现在1 400元、1 500元，明显比经济增长快，所以消费理论是有基础的。出国旅游2011年以后快速飙升，整个国内旅游人数，这都反映了消费其实都不差，但是我们可以说，这个是由于价格，国际市场买的东西便宜，驱动了它，但是本质上你要有钱。

这个数据也可以证明中国的消费其实很好，中国水果产量从1990年到现在增加12倍，从2000年到现在增加3倍，而同期粮食产量增长31%，我们整个膳食结构已经发生根本性的变化，这个本质代表消费，这个数据代表中国整个消费一直不差，但是我们为什么觉得消费一直不好？本质是在太亮眼的固定资产投资下，我们感觉没有那么亮眼，其实真的是很好的一个数据。举苹果跟柑橘作例子，不一定准确，产量的数据很高，整个目前消费占比是最高的。苹果跟柑橘，可能种下去三到五年才开始有产量，五到八年是高产期，可能高产期会持续很长一段时间。而这个行业在未来，我们看看几个数据。其实橡胶、棕榈油都是林业，2009年橡胶价格，当时国家在马来西亚、印尼鼓励种植，最后整个橡胶价格在国内从每桶42 000元跌到12 000元，棕榈油从每桶14 000元跌到现在的4 000元，都是因为它的持续性，因为这两个主要偏工业，没有额外的增量。这是还有产业后续的问题。这几个问题可能在某一个时间点刚好得到印证，也可能是一个巧合。巴菲特谈到人口的流动性，火腿肠、榨菜、方便面，2014年方便面的产量开始下降。有可能反映了整个企业用工人数可能在下降。

生猪的数据，2014年统计5 827万只，2015年下降2.78%，整个生猪的产量并没有在产量下降的过程中价格出现上涨，也就是说，国内的需求有可能下降。另外，我们自己还有一种解释，中间库存的释放量，最后发现生猪的价格没有预期了，整个中间库存也可能在出，有这两种可能性。但是，从整个需求量，极有可能在下降。但是，股票后期上市好了以后，会不会改变这个数据，我不清楚，我也没法判断。农产品行业的过剩，目前为止已经在生猪行业看到了，我们可以看到生猪行业的数据很恐怖。

林业我讲了棕榈油跟马来西亚隐匿的橡胶。一旦中国第二产业风险向第一产业溢出，整个第一产业就不具备竞争力。国际市场糖的价格可能在1 800元，

但是中国糖的价格在 5 000 元。整个农产品这一块，农林牧副完全没有竞争力。一旦这个行业意识到价格要下跌，它的一个去库存化，对整个第一产业是一个非常大的致命冲击。

另外，简单讲一下物流。比如中国 3 000 公里的运输，我们需要的物流成本是多少？铁路运输大概需要 300 多元，而远洋运输，3 000 公里可能只需要 50 元。国际市场生产出来的动力煤、焦煤可以运到国内，物流产业有可能会变成最后压跨中国第二产业的一根非常重要的稻草。因为从我们了解的一些动力煤行业看，它的封口价格已经非常低了，可能封口价格在 160 元。但是，到港口价格要加 180 元。运输成本占整个市场港口终端消费的价格比例为 50% 以上。国内经济真得从第二产业的风险向第一产业溢出，会不会出问题？很难说，但是一旦出问题，会影响到最低那块人的收入。可能短期是很悲观的，我就讲这么多，谢谢大家！

投资需要“四块板”

北京睿策投资董事长　黄明

我以前不是做投资的，是金融学教授。后来为什么要做实战？有两大考虑：第一，我研究的领域叫行为金融学。行为金融学是什么学科？它讲的就是市场不理性。大家不要觉得股价主要由资本面决定，其实股价很多由心理驱动。所以，行为金融学专门研究心理因素对股价、股市的影响。我当时想象，A股比美国更不理性。这么多朋友都能在美国用行为金融学，A股更可以用行为金融学。这是我的第一个初衷。

我的第二个初衷，今天坐在这儿的这些人，你们真是中国最幸运的一批人当中的一小部分。为什么？中国经济发展到现在，你说说未来十年，哪几个行业敢拍着胸脯说我们有十倍的增长空间，很多行业不可能有这样的空间了。但是，资产管理行业，就轻轻松松，未来十年能翻十倍以上，我觉得十倍绝对低

估了。我说两个数据，中国最大的、公开的、专业化管理资产的平台是谁？我估计还是华夏基金。

华夏基金规模3 000多亿元人民币，算成美元是600多亿美元。美国最大资产管理平台是黑石，主要做二级市场，规模有4万亿美元，是中国的六七十倍。你觉得美国的财富是中国财富的六七十倍吗？不是，中国下面有很大的增长空间。还有一个数据，美国整个国家被专业化团队管理的资产除以它的GDP的比例，比中国相同的比例高几十倍。所以，中国在这个空间非常大。

最后我除了两个数据，再讲一个理论。每个国家当经济增长时，财富创业的人，做实业投资的人增多；经济增长不动的时候，恰恰是资产管理开始起飞的时候，也就是我们的行业才刚起飞。我相信在座的很多人资金的扩容量，我们几个基金基本上不让扩容了，你们能够轻松感受到这个行业爆炸增长的空间。因为这两大原因，几年以前我加入这个行业。加入这个行业经过很多波折，2011年1月成立基金，经过一些波折之后，到2012年终的时候，跟我同比例的合伙人加入了，对我的理念产生很大的影响。所以，我们这个公司2011~2012年的业绩，跟行业相比不算差。到2011年11月，是阳光私募第七名，我说再冲一把，结果把第一批投资人全给吓跑了。后来短短几个月，我们走过了江晖刚才说的那一段艰苦的私募历程。

我们想明白一个道理，投资人要的是稳健、控制回撤，年复一年的回报，他不是要发财，当然有一批投资人希望发财，希望能给我翻倍。但是，假如你说，我每年给你赚15%以上，最大回撤不超过5%，打个比方，你可以用海量的资金。为什么？这就说到资产管理行业了，美国一个特有名的教授说了一个观点，这个观点是资产本质上管的不是资产，管的是投资人的信任。4万亿美元的平台，你到后来讲策略吗？就是因为这个品牌别人信任他。美国后来那些大的品牌，每年多两个点就不错了，基本上信任就跟着你走了。

资产管理行业为什么说管理的是信任呢？因为资产管理这个行业特别大的特点就是它永远是把懂金融，没钱和有钱不懂金融的人连在一块儿的问题。投资人就是有钱不懂金融，在美国社会，好莱坞、明星，杜邦家族的后代都是典型的对冲基金，绝对后裔的投资人，但是他们不懂金融。为什么？因为他们的孩子，一生下来就有几亿美元的财富。学金融多苦，都是谁学金融呢？都是你我这样的，靠父母没戏了，进大学玩命学习，听说赚钱赚得快的就是金融，于是做基金经理。所以，我们懂金融学的往往没有自己的财富可管，非得管别人的钱，这就是问题了。你懂金融，没钱，别人有钱，不懂金融，你怎么赢得他的信任？

投资人不管你多牛，你只要给他亏了钱，不管历史上给他赚了多少钱，他就开始不信你了。美国长期资本管理公司，其中好几个合伙人是我的朋友、同事、合作者，曾经是别人求着给他们钱，最后强迫别人把钱退出去了，第一次大亏，没人给他们钱了。所以，资产管理本质上是怎么管信任，而管信任最难的就是回撤以后不能给人讲金融。投资人听不懂，说我要懂金融，就自己管了。

所以，不管理论也好，实战也好，我们得出一个结论，要想维持住投资人的信任，就控制回撤，每年给他赚钱，做到这一点就行了。打个比喻，你们做基金经理，你们手头什么股票能拿得住？很多人翻倍的股票，中途被甩出来了，因为这股票涨着涨着，有时候把你砸晕了，你对它失去信心了，你跑了。其实投资基金也是一样的道理，假如告诉他，我就不回撤，最大控制在多少点，下一波股市跌到四五个点，我就挺住了，他就信任你了。所以，我们觉得用这么简单的方法来保护和维护投资人的信任很重要。

我们2012年终设立了这么一个目标，我们跟投资人说，我能做这个目标

就接着做，做不了这个目标，就改写目标，把回撤控制一下。我们2013年差不多做到了。24%的净回报，百分之五点几的最大回撤，是钱荒那个6月份砸出来的，正好是4倍的。刚才江晖说的风险收益比，国际的风险标杆是1倍，因为我们当时规模确实没有江晖大，所以我们设了一个比较猛的指标，就是3倍，每年的净回报除以每年的最大回撤，我们给你3倍，而且我们每年算，2013年我们净回报38%，这个还是蛮骄傲的。2015年除了下一个星期一不算，我估计很多基金没有多少回撤，因为很多市场没有做巨大的调整，2014年还是有很大调整，所以我们这两年做到了，我们希望2015年还做到，我们还是蛮有信心。连着几年做到之后，规模到一定量，我希望跟投资人说，能不能把最大回撤放十个点，这样灵活度更大一点。

所以，我特别赞同江晖刚才的很多体验，投资人需要保住他的信任，而且年复一年给他赚钱。做到这个的确很难，很辛苦。怎么样才能做到控制回撤呢？我们认为你必须做几件事情。第一，你必须只投大胜算的机会，江晖刚才很牛，说要投90%的胜算，我们朴素一点，能有80%胜算就非常高兴了。但是，必须是大胜算的机会你才能投。从投资角度来说，我的资本、风险额度是有限的，要把有限的胃口，不要吃咸鱼、咸肉，要等山珍海味。投资人也是一样，要等大胜算的机会，什么叫大胜算，有人知道企业能行，因此拿两年，肯定赚钱，这是大胜算。但是，对投资者关心回撤的基金来说，这不算大胜算。为什么？两年肯定赚，3个月来百分之十几的回撤，投资人就不干了。所以，我们的大胜算是指两年大胜算，6个月大胜算，甚至下面几个礼拜也不会给我亏百分之十几。所以，这样就对自己要求极其严了，的确很累，我盼着哪天，我给投资人写一封信，我再也不5%回撤了，10%回撤。

你要想实现长期、中期、短期的大胜算真的很累，必须关注A股市场里面所有股价波动的风险，必须全都有竞争力，能够控制住，或者计算来。投资有句话叫赚在长板，死在短板。我们这个行业什么叫死？你们跟投资人说，五年跟着我，不会大回撤，但是会大赚。所以，我必须要加强自己对各种风险来源的把控，必须要求自己没有短板。我们这个团队要求自己在所有风险来源点都能够把控住，这就是我们讲多策略投资，就是在于我们不能有短板，不能盯着一个打。我认为A股要想生存下来，需要有几个板你必须有。

我稍微谈谈对我们团队自己的挑战。第一个板，研究基本面，企业和行业的基本面，这在整个市场都是一个极大的板。所以，这个方面不用多说了。而且你要在美国市场这么多年待下来，研究基本面就够了。所以，美国很多基金经理靠这一个板打几十年漂亮的回报。但是，那是美国，回到中国必须多几个板。第二个板，解读政策。比如这个周末我们就得玩命解读政策了，证监会刚才又安抚大家了一把，我们就看星期一大跌。因为这种情况美国很少发生，把美国200多个交易日拿出来看，很少有政府发言人说了一句话，引起股市大跌或大涨。而且每年它说话都是极其小心，渐进性，很少让市场吃惊，而且绝对没有事先的波动。所以，从某种意义上，中国就不一样，我们政府各种法律法规不断走向完善，又不断做转型，又得维增长，担子很重，所以需要出各种各样的政策推动经济转型，这就能够引起股市很大的波动。所以我们A股生存下来，必须要解读政策的能力。

这几年下来，有人开玩笑，你就看新闻联播买股票，赚的比谁都好，这也是我们需要解读政策，要到位。另外，心理波动因素的影响，这就是我当初的初衷，就是要做行为金融学，就是心理波动能够解释股市很多的波动。

具体讲一下我怎么想的。二级市场跟PE投资不一样，PE投资投的基本面过几年就行了，我们不一样。我们投的每天是股价的波动，但是不光是盈利基

本面的波动，也是估值的波动。盈利的波动是我们研究基本面可以研究得来的，但是估值的波动，很多学术文章证明，可以说是流动性或利率等等之类引起来的。但是，坦率说，贡献特别大的一个因素就是心理波动。心理在波动，驱动估值。尤其是美国的指数的市盈率肯定跟心理波动最有关系的。所以，我们要想理解市场的很多波动，必须把心理学用上，这是行为金融学，这也是必须有的一个板。所以，很多人都觉得，我是做行为金融学的教授，做了基金，就用行为金融学，其实不是。行为金融学只是我好几个工具中的一个，是帮助我计算、预测心理波动的一个一整套的模型。

既然说到这儿，讲一下很多同行确实很痛苦。表面看一个基金的净值特别稳健，但基金经理的心里肯定波涛汹涌。所以我们不断揣摩市场风险来源，美国老学二级市场投资，中国人老学巴菲特，我觉得错了，它主要是靠买控股买出来的。美国非常棒，为什么？因为美国估值的波动，也就是市盈率的波动相对全球市场是稳健的，就是资金可以自由地流进流出，而且有 90 年价值投资的传统，估值低了，全球资金就流进太平洋，而中国的股市更像堰塞湖，估值高了，资金流出去，但额度不够大，所以更像堰塞湖。另外，老百姓喜欢追涨杀跌。所以，我认为利用心理学的模型看股价、指数以及板块的波动特别有用，这是我的体会。

我 1996 年加入芝加哥商学院，当时挺骄傲，有十几个学校可以选择。我选择了芝加哥，因为芝加哥太牛了，因为它有米勒的理论，我想跟他们做同事。后来我发现，他们这个理论太愚。米勒经常跟其他教授说，美国证监会最该干的一件事就是把证监会取缔了。他的观点是美国股市不需要证监会，因为股价是理性的，不需要保护中小投资人，因此美国股市没有泡沫，也没有泡沫破灭，谁要想忽悠，虚假披露，投资者的眼睛是雪亮的，他占不了便宜，你就知道这个理性理论是做愚。但是我在芝加哥受到一个行为金融学创始人的影响，就是Thaler教授，我把理性理论全给抛弃了，转到行为金融学。所以，这个学科真的值得你们关注。行为金融学真是一个宝藏，可以挖掘很多东西出来。这就是第三大板，就是要对心理波动有一定的能力。

最后一大板，保持持续的创新和研发。A股的大发不断在变，A股的环境不断在变，水平整合一个政策推出来，我们的盈利模式都得变，我相信大家认同这一点。

一旦你有四个板，我们怎么才能控制风险？首先，我认为要择时。有很多投资人会说，美国的价值投资不需要择时，巴菲特不择时，但其实巴菲特最择时了。所以我认为你把行为金融学的理论放在美国这个土壤上，因为它有太平洋一样的估值稳健，因此不需要择时，择时很难。但是，你把同样一个理论播在中国这个土壤上，得出的结论就是一定要择时。同一个理论播在不同土壤上，得的结果就不一样。

至于怎么择时就不多介绍了，我们也积攒了自己的工具箱，很累，很辛苦。但是，为什么要择时呢？很多人不择时，都是在美国教科书学出来的。美国的教科书往往给你看的指数有一个风险溢价。那是因为在它这个市场，指数就是一个多世纪就缓缓地往上扬，即使经过互联网泡沫破灭、金融危机，美国股市2012年就恢复了高点，2014年以后就赚多了。我认为这个国家的确不需要谈择时。但是，美国有三大优势是我们没有的，第一，它估值稳健。第二，美国股市横跨很多均衡的行业。第三，美国的指数真是一个世界指数，美国的标普500家公司，2014年一半的利润是海外利润，所以它真是世界经济的代表，又是很多行业的代表，加上估值稳健，三大原因导致美国指数稳健。美国是一个特例。你拿着这个特例到全世界走一圈，日本1990年泡沫破灭，没有择时过20几年，日本指数还跌70%，安倍把它搞起来一点，还跌60%。

所以，在这样的市场里面操作，我们一定要择时。怎么择时？跟着行业学，我周边有一帮择时的高手，我听他们的，我用我们的量化模型分析心理学，是不是安全，我们有很多方法来择时。但是，没有办法。有人说择时很难，我同意。要是你想贪婪，靠择时赚钱，的确难。但是，实际上所有事你不贪婪就不难了，我择时不是为了赚钱，是为了控制风险。我要用择时躲避100个跌停板的日子。我们怎么用择时？我的择时体系告诉我安全了，这是一个方面。另外一个方面，我手上正好有一批通过深度研究并特别看好的股票，两个因素同时发生，我就上高仓位，两个因素有一个不够，仓位就得控制。所以，我们辛苦地把择时这么用。你发现我的择时很朴实、很安全，有可能有100个跌停板的日子，我们就躲开。

不光要择时，还要选股。选股都知道基本面选股、热点主题选股，这个能扩大选股的来源。通过市场的量化以及心理模型选股。我非常感谢中证500出来了。沪深300对冲特多，因此沪深300在经济放缓的情况下是特怂的，但是中证500不同，给我们提供了一个完美的对冲工具。

我们最后研究的一个结果就是，在中国股市你要完全靠价值投资、靠理性理论理解市场的波动选股很难，你很难理解市场，更谈不上稳健地赚钱。所以，几年以前我就开始研究，我去走访一个高中毕业的、打涨停板的人，我记了两个下午的笔记，还到美国康乃尔大学，带着我的博士生研究模型和数据，给大家汇报我的结论。

中国为什么很多基本面不好的垃圾股反而被人打涨停板？这个怎么用金融理论来解释？这是我以前的困惑。跟现代金融理论挂钩，我的答案是这样的，经过研究终于明白，你们知道索罗斯，他的全球宏观，其实有一个打法帮他赚了很多钱，叫金融攻击，他1990年前后打英镑，觉得英镑虚高，就带头打，全球资本加入他，打下来，就赚钱了，后来拿着它打了亚洲很多货币，他利用资本市场不是一个单均衡市场，是多均衡。就是一个垃圾股，没人理它，它就该垃圾。这是符合基本面均衡的。但是，如果有人打他，这就是另外一个均衡。中国游资对股票的打法，其实就是索罗斯用来攻击货币的打法，只不过索罗斯是从高虚位往下打，我们是从下往上打。我两个博士都靠这个毕业了，美国教授听到，还有这种理论。很多人觉得教授就会用价值投资，量化模型，不是的。你要是理解中国有一股力量，就是打涨停板的力量，这种力量从理论上理解它，融入到我们的量化模型和投资体系，这个非常重要。

游资打法就是金融攻击，原因有一个制度土壤环境和心理因素。比如任何股票可以卖空，尤其垃圾股。“T+0”取消，让打涨停的人不可能同盟，会让他们自相残杀。所以，这三个因素是我们的制度环境，使得攻击的手法在中国A股特别适合。你把这三个因素撇开，还得有行为金融学，还得有心理学。为什么攻击的时候有人跟，为什么最后散户会进来，为什么该卖的不卖，这全是心理学。所以，我体会心理学对中国A股非常重要，当然基本面也很重要，希望将来中国市场走向基本面，越来越成熟。谢谢大家！

泛互联网化和加速证券化

上海景林资产管理有限公司合伙人　卓利伟

这几年，资本市场变化非常快，对于很多从业人员来说，感觉很多逻辑会跟过去传统的想法有很大的变化。到底哪些因素对基本面有最重大的影响？我讲两点，从产业来讲最主要是泛互联网化的过程，从资本市场和产业结合来说，可能是加速证券化的过程。这两项是在过去几年整个市场和这个世界发生变化的很重要的两个逻辑。

我从业 20 年一直在思考股票，或者说指数是由什么决定的？笼统地讲，我想股价或者指数是企业盈利能力和流动性的一个函数，企业盈利如果由一个唯一的财务指标来说可能就是ROE，流动性有一个指标可能是利率，这个利率可能是广义的利率，可能也包含无风险利率，也包含市场利率和一些其他的信贷，我们可以近似这么表示。

宏观经济的发展逻辑可能改变了全社会利率在各个行业的分布，最终会导致产业盈利分布格局的变化。未来，或者现在正在变化的是影响ROE的两个非常重要的因素，一是泛互联网化的本质是什么？本质是企业或者行业实现技术进步和管理升级的一个过程，以抵抗全行业普遍的ROE下行的过程。其实从2007年以来，整个制造业ROE是最高的，大概13%左右，全国上市公司ROE的企业有30多家，到2014年上半年，年化ROE只有4.6%，这是盈利持续下降的一个原因，也是主板市场持续下跌最重要的原因。第二个因素是通过兼并收购实现快速增长，所谓加速证券化的一个过程。这会彻底打破原来的产业竞争格局，加速产业整合，提升行业整体的水平。因为行业结构不断提升，有可能整个行业利润率反而会提升。当然，对各个企业之间利润的盈利能力和利率分布是不同的。

股价由这两个因素决定。从利率角度来说，我们认为长期无论是无风险利率，还是市场利率都有往下走的一个空间。所以，这对整个权益市场的估值提升还是比较有利的。从长期来看，无风险利率和上证指数是非常好的一个负相关性。到3月底为止，工商银行的股息利率已经超过五年期的AA级的城投债的利率。

在宏观经济背景下有一些。第一，一个经济体的经济增长主要靠人口红利，还有制度红利、技术进步这几个要素。全球化红利实际上是一个制度红利，人口红利和全球化红利已经基本消失了，改革红利实际上有待释放，这些年还处在一个酝酿阶段。

第二个因素，传统的固定资产和房地产投资推动的经济增长这个力量已经非常乏力了，咱们也可以看到很多数据，固定资产投资的数据，包括房地产投资的数据都下降到接近个位数，房地产接近–10%的水平。所以，从中国长期经

济来说，去产能、去房地产化还在持续进行中。

第三个因素，民间实体经济的投资明显不足，这样实体经济对货币的吸纳作用持续收缩，整个广义的利率，我想还会持续下行。

第四个因素，我觉得非常重要的就是财政能力的约束和债务风险会逼迫政策选择的一个变化。现在从几个大的部门来看，政府、银行和企业、居民四大部门来看，只有居民还有继续加量的过程，目前居民综合负债率大概8%左右，美国、日本可能都有20%几左右。这样会使得资本市场历史性成为重要的政策选项，尤其从2014年下半年以来，党中央对股市的态度，明显跟过去完全不一样。国家领导人都会给股市站台，这在过去是很少的一个情况。所以，促进居民继续加杠杆是一个非常重要的政策选项，后面我会继续就这个问题聊一下。

所以，去房地产化会导致居民账户资产的大转移，这里头我把房地产稍微深入谈一下。长期看住宅市场的刚需会持续收缩，这个时候我觉得几乎是不用怀疑的，有很多数据来支撑。商业地产也是普遍产能过剩。这样会导致居民账户资产大转移，并且会持续相当长的时间，这个是从2014年底开始发生的。居民户资金的流动方向从地产跑到理财产品，2012~2013年，理财产品的规模增收最快，理财产品从固定收益产品到权益产品转移。理财产品目前接近20万亿，2014年可能这里头权益的部分不到10%，现在可能还会提高。如果提高到甚至50%这样的水平，对股市是一个比较大的资金供给。未来还会再到整个全社会化的股权融资市场。现在很多老百姓会自己找各种渠道参与VC、PE，我觉得这是整个居民账户资产大转移的一个过程。

这样从最高管理层到最底层的普通散户形成了一个上下一起的和睦。从整体来说，股市的适度泡沫化在总体上有利于多方利益，包括化解金融系统总体的风险和局部风险。可能股市的风险会增加，但是总体风险会降低。还有包括有利于国有资产的证券化。我们大概有100多万亿的国有资产，我想二级市场活跃一定会带来国有资产证券化的大力推进和激励更广泛的全社会的创新。资本市场的活跃会带来一石多鸟的作用。

长期看，我觉得从股票投资来说，优质的股权、优质的团队会获得资本对它持续、长期的估值溢价，就像过去十年居民对房地产的投资，一线城市核心地段的核心楼盘长期的估值溢价，我觉得道理是相通的。

讲讲房地产，这个数是我们自己内部算的。因为统计局和住建部很多数据口径不一样，我们按照自己的理解，把过去差不多八年所有卖掉的商品房土地，开发过和未开发的倒算回去，按照容积率倒算回去，计算剩下来广义的库存。除掉过去三年销售量的平均值，一线城市广义库存大概31个月，比如北上广深核心地段的房子好像很少，但是这里肯定是包括了它的周边。比如北京肯定会包括通县、亦庄、顺义这些地方。所以，看起来这个库存数据比较大，一线城市大概31个月，二线城市有47个月，三线城市有72个月，分别是两年半，四年和六年。这个库存非常大。

事实上一手房的销售面积从2014年开始负增长，2014年大概–10.5%左右，2013年是一个峰值，我认为刚需部分2013年可能成为一个历史的峰值。不光是库存压力的问题，虽然2015年房地产政策放松了，但是我认为从长期来说，刚需下行是不可逆转的，这个由年龄结构和人口的地域结构决定。大概1985年出生的结婚年龄的高峰，在2013、2014年还是处在一个比较高的水平。然后这个峰值从此以后就没有了。其实刚需的人口，大概2012~2014年左右还处在一个相对峰值，从此以后就往下走了。地域的人口结构背后是一个产业集群和城市化的过程，我们认为城市化后面的速率会下降，这个由工业化来决定。也就是制造业普遍的产能过剩会使得城市化的进程比过去放缓一些。所以，从这两

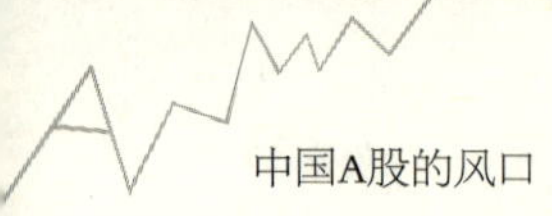

个角度，年龄结构和地域上的结构说明刚需会持续的回落。再加上还有很重要的一个人口结构，中国是计划生育导致了“一胎制”，出生在一般的中产以上家庭的“90后”在事实上可以不用买房子了，或者这是一个改善性的需求，双方父母都有90平方米、100平方米的房子，卖掉一个，换成150平方米、180平方米、所以从这个角度看刚需会持续回落，这是不可逆转的。

另外，我们算过全国前20大房地产开发商的库存状况，平均大概七年的库存。所以，我觉得去房地产化基本上是一个比较确定的一个情况。

再看居民资产大搬家的一个数。大概从2014年以来，整个居民新增财富里面对房地产和金融资产配置的一个状况，从2014年开始第一次历史性发生逆转， 1990~2014年，2014年第一次发生逆转。2014年大概金融资产占到新增财富60%左右，房地产只占了40%，跟过去正好倒过来。金融资产在2014年，或者前两年更主要是配置债券类的、固定收益类的理财产品为主。这里头有一个大数，现在中国53万亿的储蓄，20万亿不到的理财产品，70万亿持续向权益市场流过来，这是从2014年6、7月份到现在为止，这一轮所谓的大牛市最重要的逻辑，这个逻辑比广义利率下行还要大，这就是资金推动。因为资金是一个存量的概念，每年有新增，原来蓄水池有很多水，不断增加，它一定会溢出。

比如在日本，在20世纪80年代左右，股市也经历了一个很好的上涨，那时候他们的宏观经济也比较差，但是股市上涨了很多，道理是一样的。这个就是刚才我说的这个数，每年新增投资规模是迅速上去的。在2006年左右，只有3万亿，到现在为止接近10万亿。这就是最重要的一个概念。我们如果把居民库存和居民户加起来看成一个企业，近似于它的可支配收入减去很多必需消费品的一些东西，我们从2012年开始见底了，居民的自由现金流增加，使得它再投资，或者进行可选消费的能力是越来越强的，我觉得这是很说明问题的。

之前我们讲了两个非常重要的因素，就是泛互联网化和证券化的过程。这两个东西最终是改变企业和行业的状况，泛互联网化是产业升级和技术进步的一个路径，资产证券化说得通俗一点，就是一个并表的过程，把原来非上市公司的资产项目，盈利能力并表并过来，会有一些业绩，是一个并表性的外延扩张。但是目前这个产业格局会有一些盈利性的东西。

这两个重要的变量，我觉得我们做基本面研究，可能在内容和方法上都会发生重大的变化。甚至说我们传统的从业人员时间很长的经验可能反而会成为一个障碍。我觉得尤其老革命们，反而要放下经验，开放学习。

我把泛互联网化或者有人说“互联网+”，或者O2O，或者更通俗地讲实际上就是IT改造，本质的含义是什么？我试图从财务，或者从经济学的角度来解释一下。对于产品、商业和零售来说，它的作用是什么？目前全社会化的服务能力，比如物流、供应链这方面发展程度非常好。所以，实际上泛互联网化，或者泛电商化就是实现了长尾市场的可规模化，这是我自己总结的一句话。过去传统商业模式下，到达一个长尾客户的成本可能是很高的。比如到达这个客户的产品毛利可能只有50元，但是到达客户的费用就100元，所以边际利润为负的。现在在社会化的物流条件下，通过互联网和大数据的方式，找到这个客户的成本可能只有30元，毛利有50元，还有20元的利润，这在过去是不可能的。

还有一个很重要的逻辑，是一个去中间层、去渠道化的一个过程。过去传统的商业中间有总代、二级代理、三级代理，很多层级会导致整个渠道的利润债务的抬高。泛电商化会使得渠道价值大部分消失。还有一个很重要的逻辑，厂商和用户之间，或者消费者直达的点对点的沟通方式，这个时候厂商的数据

资产的积累，长期来说对用户价值的挖掘非常有用。马云也说过，数据将成为新的一个重要的生产资料。这个是非常有意思的。

另外，关于传播和消费者。现在是一个自媒体传播的时代，好产品会传千里，烂产品也会传千里，消费者的参与和点评，这个自媒体式的病毒式的传播会使得所谓的良币驱逐劣币的产品制度建立起来，好产品会加速更大的市场份额，市场竞争度会更快的集中，从经济学来讲，是厂商剩余、渠道剩余和消费者价值这三块。差的厂商，剩余会降低，这个很重要。

另外，对厂商来说，产品智能化并逐步向C2B演进，也就是所谓的用户定义产品，这个非常重要。比如美的在2015年6月30日之后，所有的空调会升级为智能空调。也就是加上很多模块，其中有一个是所谓的Wi-Fi模块，我们都可以实现远程操控。我们在办公室，回家20分钟前可以先启动自己的空调，回到家，家里就暖和了。2016年要实现所有产品大概80%的智能化，都会加上Wi-Fi的模块，这个也很有意思，这样会倒逼促使厂商的创新。

刚才讲到市场份额的问题。我觉得极致产品和高性价比产品，只有这两类产品可能获得，或者持续获得更大的市场份额。比如说微信、苹果手机是一个极致产品，小米、华为的手机是高性价比产品，茅台是一个极致产品。家电行业，传统家电，格力和美的目前来说都可能是高性价比产品，还不是极致产品。我想从这样的角度去理解互联网化以后的产品和零售的逻辑。

还有一个泛互联网化，其实是服务的泛电商化。包括服务流程，还有生产的创新。服务和流程的电商化、数字化和格式化，比如阿里医院等，把传统的服务端有非常多通点，各个关键环节又非常多，流程很长，传统的企业控制力很差，想进行电商化、数字化和电子标准化的改造，这也是一个非常长期的过程。这样会导致生产的模块化，工业的互联网化，比如传统的美的和海尔在不断探索。这样全产业链全生态链的融合进程，还会催生出个性化的量产的可能性。比如传统行业最典型的就是近视眼镜是单行的个性化量产的产品，再如现在家具定制，他们也在不断探索互联网化，通过互联网接单子，原来的经销商会变成地面服务商。这里面有一些规律性，说白了更容易标准化，更容易模块化的产品更容易实现个性化量产。有的非常复杂，就越来越漫长。这样会加速整个厂家、厂商智能制造的一个发展。当然，还有其他工业品的电商化，大宗商品的电商化。

我们看这些泛互联网化，很多上市公司可能目前来说只是一个故事，或者说一个想法。但是，我们在研究这个问题怎么办？还是有一些先导的指标和商业模式的判断。比如先导指标，首先得有流量，有流量首先得有用户，才有交易额，然后看边际成本，规模化的要求等，这些要求跟传统的框架其实也差不多。

这里需要提一点，新的产品服务和体验是一个融合的过程。也就是所谓的服务即产品，服务是产品的一个重要环节。甚至是产品即广告，传统的广告可以大规模的缩减，产品做好了，消费者会帮你传播，使得用户消费者成为你的传播者，这个是最重要的。

用经济学的角度解释一下互联网化的过程。会导致传统领域优势的产品，或者有优势的商业模式的生命周期缩短，产业格局发生重大变化，这是一个不断优化快速迭代的过程。对一家企业来说，持续的创新能力最为重要。什么东西才能保证持续的创新能力？到这个时候，回国来看管理学上最重要的概念，一个企业最核心的竞争力是什么？反而是它的企业家精神和治理结构，因为只有很好的企业家精神和治理结构才能保证整个团队长期的持续创新和持续学习的能力，这是我非常有体会的。可能上市公司的董事长、老板和团队交流的时

候，这个是非常重要的，因为这对企业的自我学习、自我创新的能力要求非常高。只有好的激励制度才能保证这一点。甚至说，企业家本身也很难预测一个企业怎么变化，只有不断学习，不断自我迭代，不断通过自组织的学习过程才能进化过去。从估值的角度来说，企业自由现金流的曲线发生了重要变化，过去自由消费品的现金流可能保持在10%左右，对于一些周期类的公司可能波动非常大，以后有的行业可能震荡向下走，有的行业不断烧钱，自由现金流是负的很严重。我们画几个图就清楚了，判断一个企业的估值，传统的简单的PE，或者PEG都不管用，就是从长期的自由现金流的角度来理解还管用。

所以，从线性的，或者区间波动的，到指数级的一个变化。同一个行业不同公司的盈利能力会发生重大的变化。过去可能正态分布，以后就变成数学上所谓的幂次分布，前三名可能占有了市场所有的利润，后面可能全部亏损。我们说互联网行业的市场份额分布是“721”。比如美国搜索引擎的份额Google占68%，Bing占19%，剩下的占百分之十几。我们传统的行业可能没有那么极端，这是我自己拍脑袋说的，比如532的格局，第一名占50%的份额，第二名占30%的份额，剩下所有公司加起来20%的份额，这里面利润占比，可能前三名占90%，后面就没有利润了。这是非常重要的，所谓从正态分布到幂次分布，这个概念大家最近如果关注到，《从0到1》这本书里有描述。

这里有很多陷阱，包括商业模式和渠道流程改造。商业模式和渠道流程改造，这个互联网化相对容易一些。但是，在服务，在全流程的改造，甚至到生产的改造，其实互联网化是比较困难的。因为关键节点会非常多，流程很长，有可能一开始边际成本也是非常高，这样对规模化的要求很高。它的盈亏平衡点相对销售额的要求非常高，这时候其实一开始很多企业在摸索，可能反而带来当期短期利润的收缩，这个大家关注一下。

另外一个概念，互联网领域所谓的比特世界，我们传统行业是原子世界，现在比特世界要改造原子世界的一个过程。原子世界进化非常慢。比如我们说为什么电动汽车的发展远远低于我们的预期。实际上物理学和化学的基础的技术进步是非常慢的。我们知道电池技术，每年它的能量密度只提升2%。那么，我们半导体技术，每年是符合摩尔定律的，这个是无法比的。所以，为什么互联网领域进步那么飞速，传统的原子世界进步很慢，这也会带来很多商业模式上的陷阱，或者有很多难度。

我把上面的简单总结一下。比较确定性的就是极致产品和高性价比的产品会持续获得更高份额。互联网化会加速这个过程，掌握核心技术和关键节点的公司也会很好，然后是数据的价值。

另外，目前真的处于一个资本狂飙的时代，我一开始想把资本狂飙写在标题上，后来改成加速证券化。一个是产业资本会持续向资本市场套利，这个在过去几年是非常明显的。比如创业板不断并购，这样的案例太多了。可能直到两个市场估值比较接近。还有国有资产证券化和国企改革会不断的深化，目前来说还不是太火爆，但是未来几年会非常火爆，这个由我们的财政约束决定的。

目前A股市场已经成为全球最大的直接融资市场，美国每年的融资折合人民币也只有不到10 000亿左右，我们2014年、2013年IPO基本上停掉了，但是2014年增发融资7 000多亿，通过并购等资本运作实现了证券化的规模也有7 000多亿，加起来实际上有15 000亿左右，未来几年我们觉得每年两三万亿是可能的。从2007年开始基本上是非常大的规模，所以加速证券化真的是“资本狂飙”。

群众运动式的全民投资，刚才讲了居民户的资产大转移，但是股票市场有一个特点，股票市场明显交易门槛低，退出成本低，还有自媒体传播时代，使得市场的一致预期在一夜之间达成，最后导致市场的快速自我实现。但是，这在某一阶段也会反而加剧了波动，在某一阶段可能也是暴涨暴跌的过程。所以，只能用“资本狂飙”四个字才能说明这个问题。2015 年 GDP 大概 65 万亿左右，我们证券化已经比较高了。居民家庭加杠杆还有一定的空间。最后，这个市场走到什么时候？真的说不清楚。也许把居民的子弹打光。

还有一点很有意思，目前真的是一个全民创新的时代。2014 年新增企业注册数量是 2013 年的 2 倍，2015 年一季度的新增企业注册数量是 2014 年全年的数量，这真的是一个全民创新的时代。还有新生代，“ 85 后”在中国五千年文明史上是真正有能力自主选择生活方式的一代人。他们不用为物质担忧，他们会更加以自我为中心，更加喜欢创新，更加遵从自己的内心，“ 85 后”成为一个“创时代”。

并购和产业整合会快速发展。比如大互联网公司对传统行业的渗透，BAT 对各个领域的并购，还有传统行业之间加速兼并、重组、收购，行业集中度会快速提升，大吃大的事情会发生，58 同城和赶集前几天也合并了，我大胆猜测，未来两年美团和大众点评合并了，也有可能，比如传统行业也会有很多公司。在这个过程中，资本或者投行类成为一个“媒人”，这个作用会很大。传统行业，啤酒行业前五家占有 70%的份额，如果中间发生一两起大的并购，整个行业格局会发生重大变化，整个行业啤酒的终端产品价格就能上升。还有一点，A 股为什么这么火爆？我讲了 A 股的“反身性”，这个我自己发明的。A 股市场长期对成长股和新经济的高溢价，极大地激励了企业融资快速实现业务扩张、团队扩张和产业并购。这在全球绝无仅有，这会加速自我实现，这就是 A 股的一个反身性。像索罗斯讲的，反身性，意味着二级市场的价格会影响基本面，A 股是最典型的一个例子。但是，不利的方面，有可能过度怂恿了企业家的冒险精神，在一些非优势领域不断扩张，投资的时候一定要小心。

总结所有的，去房地产化导致居民资产大转移，方兴未艾。泛互联网化成为所有行业最为重要的生产方式转变的手段，全方位的加速资产证券化，然后资本运作和互联网改造，加速产业整合、兼并收购和跨境融合竞争，传统产业的竞争格局被逐步解构。

关注五大投资方向

上海鼎锋资产管理有限公司总经理　李霖君

今天我给大家讲讲市场，站到投资实务的角度跟大家分享几个经常遇到的问题。

每一家公司、每个个人、每个家庭都有一张资产负债表，过去不管我们愿意不愿意，其实我们在房子上配置的资产是比较多的。比如把眼睛一闭，咱们房子在家庭资产中还是占了不小的一块。未来我认为还是要降低这块的配置。比如过去有钱可以买一套房子，再买一套房子，确实挺赚钱。我认为现在无论是我们个人、家庭还是企业，其实一定程度上降低了对房地产的配置。另外，其实大家知道银行理财，从几万亿到十几万亿，现在应该有20万亿的水平。大家知道随着利率的下行，理财的收益率越来越低，它的吸引力越来越不够了，于是大家不愿意把更多的钱给银行理财。所以，大家也降低了这块的配置。

比如我过去有一个小公司一年赚两百万人民币，我赚的钱还要继续再扩大再生产，再投进去，现在我不太愿意这么干了，觉得做实业太苦了，而且产能太大了。所以，这个钱慢慢流到权益类的市场中，主要是股市和新三板。比如这么多年，大家还是在往这个方向走，没有新钱进来了，这个事情就有点问题了，就是还能走多久的问题。但是，我们现在观察到我们的钱一大半来自于工农中建交给我们的钱。比如我们看到了农行、建行，因为他们的风控比较严，他们的钱也都进到股市来了，后面还有没有更大的钱进来？好像就没有了，大家就要高度注意这个市场风险了。但是，这个都没有看到，都是最活跃的商业银行在给我们钱，所以，资金的驱动因素还在。

第二，预期，为什么估值有高有低，大家很多看不明白。其实我认为股票市场，大家看不明白是一个很正常的事情。好像你以前看明白一样，其实这个事情很简单。大家这么想，你有你的预期，我有我的预期。比如我们经常说的一句话叫市场，谁是市场？什么是市场？巴菲特说得比较好听，叫“市场先生”，不就是市场吗。市场就是你，市场就是我。比如今天晚上我不高兴，和几个老哥吵架了，股票跌停了，这也是市场问题。但是，当市场形成一定预期的时候，这个反映还是非常强烈的。中国人的一致预期是什么？现阶段我们的一致预期是：转型、升级、创新、服务、互联网。

我认为未来的五到十年，可能会一直沿着这个方向，因为中国经历这么多年摊大饼的发展以后，确实已经市场化了，你必须通过市场化的方式，通过资本市场来解决比如小企业融资难的问题、地方的债务问题以及国企的债务问题，我觉得确实只有市场化能解决这些问题。我认为这个方向是确定的。如果市场上的资金足够多和预期非常一致或者明确的时候，大家不用太在意比如说哪天又出了一个什么小政策。不过，我认为这也是我们可以观察的指标。比如说政

策什么时候转向？还有没有更多的钱进来？

另外，我认为刚才我讲的都是负向的激励，其实正向的激励一直也在。为什么也在？因为2013年的时候，股票型和公募基金的平均收益率11%，比理财稍微好一点。2014年股票型的公募和私募基金基本上都实现接近30%的收益率，2015年一季度只赚30%都有点不好意思，赚钱效益是比较明显的。所以，我认为这个市场也好，个股也好都在自我强化中。所以，不用担忧。这是我说的第一点。

我想讲的第二点是这样的。我们未来是配什么？做什么？这个比较重要。但是，一般的人如果站到一个稍微宏观一点的角度，我发现不管搞股权的，做VC、PE的都在投这几个方面，即医疗健康、节能环保、服务消费、TMT，包括现代农业。所有人都在投这几个方向。我说我也投这几个方向就没有特点了。我换一个角度给大家讲，从大的方向上预期是一致的，我们还要细分行业跟细分子行业，这个非常关键。

比如医疗健康行业，开医院和卖药的商业模式不太一样，但是都是医疗这个行业。我觉得未来做股票有这么几个方向可以供大家参考。第一，我称之为改革，无非就是两大类改革，一个是混改，北京在混改，上海、广州都在混改，这肯定是一个大方向。但是混改大家怎么做？比如你跟北京的国资系统很熟，于是你配了北京几个混改的公司。你怎么了解上海？即使你了解上海，不一定了解广州。所以，股市的配置中，我认为这是一个方向，我们可以参与，无非普配一些好了，确定性要改革的标的。

改革的第二个方向，我认为叫要素市场改革，依然有很大的机会。比如说体改，现在中学已经开始设足球队了，这个市场还是挺大的。比如咱们在研究体育的时候把足球放进来，足球大概占了50%，中学设足球队这个事还是挺大的。当然还有教改等，所以我认为第一个大方向是改革这个方向。

第二，融资结构的改变。其实不知不觉我们私募也成为一个行业了，大家知道财富管理机构的膨胀速度更快，千亿以上都有很多家了。我认为在融资结构或者投资结构发生变化的时候，这里面其实有最大的机会。比如股票市场的机会、互联网金融的机会，我认为这是第二个方向。

第三，并购。并购就是叫大吃小、强吃弱、老树发新芽，但是并购就是一个表象，并购的背后其实是一个产业的逻辑，叫转型、升级、创新、服务化、互联网化。

其实2014年一年整个市场大概发生了接近5 000起的并购案例，整个规模大概一万多亿。其实这个时刻，平均大概有200多家公司在停牌，每天大概有6 000多家公司公告说，我要并购了，我要资产重组了，这个我认为都是有预期差的兑现，这里面其实有巨大的机会，而且还会继续。

另外一类，我认为在组合里可以有一些另类的机会。比如第一个叫套利的机会，并购是可以套利的。大家知道东方明珠跟百视通要合并，南车、北车大家看不懂，我也看不懂。但是，南车北车我认为可以买，原因是什么？是因为它马上要吸收合并。吸收合并是一次重要的套利机会。

套利的机会还很多，有一位同行讲关于分级B的事情，很少有人分级A，2014年我认为分级A是非常好的机会，什么都不干，14%~18%的收益，多么好的现金管理。我觉得这个是一个方向。

当然，还有新股和次级股的机会，一个市场如果一年发生4 000起的并购案例，市场是来不及研究的。既然来不及研究，是不是就有机会了？其实我认为这个方向上也有很大的机会。

另外，新股也有机会，包括网下配售跟网上发行都有机会，2014年全年大

概发100只新股，2015年按照这个速度，应该在300只的水平。正常的情况下，2016年3月，注册制提上来，我认为每年大概有300~500家新股的发行。我认为新股有巨大的无风险收益，过去买银行的理财产品收益率越来越低了，你们可以打新股。我算了一下，2015年傻瓜式的打法大概有20%的机会。

其实我们现在股票市场越来越丰富，这给我们管理人提出很高的要求。但是，我认为也提供了源源不断的策略，这是我想说的第二个大点。

第三，我也谈一点互联网。很多人认为互联网可能比较时髦，有的人认为互联网是一种工具，有的觉得互联网是一种思想。我觉得这个都对。但是，我更觉得，互联网不仅还原了事物的本质，把所有事情都变得简单、真实，其实这就是互联网。

现在互联网的定义早就不是叫TMT那个行业的互联网，是指各行各业的互联网，未来重要的产业方向，我称之为产业的互联网化和服务的互联网化。产业的互联网不用多说，为什么这一两年，黑色家电还不错。智能电视的普及，5 000万户存量，像海信一年产1 000万部，TCL 800万部，过去一个电视开机的时候出现他们公司的字幕，现在已经变成广告了，这么大的存量，就可以收广告的钱了。

大家知道现在手机的微信都已经看不过来了，但是屏幕也是慢慢的，手机也是慢慢的。但是，客厅的大屏好像还没有太满。从3月、4月，TCL、长虹发布的各种各样的新品，比如我把电视打开，我在这儿吃饭，我妈可以在那边吃饭。比如我们干嘛在手机上抢红包，一家人在电视上抢也很好。我认为产业的互联网是一个非常大的趋势。

反正，我整体判断，这里面会有一部分企业走出来，会有一部分死掉。但是如果不这么做，一定是死掉的。2014年发生4 000起并购案例，三年以后再来看，这里面我认为有一半都是凶多吉少。但是，这并不妨碍前进的步伐，并不妨碍转型升级的趋势。所以，我认为第一个大方向，其实叫产业互联网的方向。

第二大方向叫服务的互联网化。服务的互联网化我认为也会诞生非常大的公司。其实大家知道这里有京东、阿里。当然现在腾讯也很厉害。其实他们是大部分在电商角度扮演叫产品的互联网化。但其实，真正的服务的互联网化还没有开始，或者才刚刚开始。比如我给我们员工发福利的时候很简单，女的马上安排美甲师，App上下个单就来了，男的安排功夫熊猫洗个脚，我们公司到现在为止一辆车都没有，我的所有出行从快的、滴滴打车。我觉得服务的互联网也一定会诞生大的企业。我觉得这是一个大的方向。

讲一个更具体的例子，在座各位应该跟我一样都比较纠结。比如现在小股票很贵，大股票有的贵，有的也还可以，比如银行还不算太贵。你们也在想，为什么有些股票，你有的时候不涨，你刚卖了就涨了，我跟大家遇到的问题是一模一样的。

但是，我们作为一个基金经理，我认为我们应该透析背后的逻辑跟本质，把这些问题想明白就可以了。跟大家随便聊一下，不一定对。比如您现在有证券股没有？有还要不要买？我的结论很简单。我觉得如果有了证券股，我认为可以拿着它，也不用卖。为什么这么说呢？逻辑是这样的，因为4月，证券公司一季报马上要出来了，这个我认为是超预期的。中证500又出来了，每一个新品的出来都是一次巨大的赚钱机会。

举个例子，2014年全年经济业务给证券公司贡献的净利润也就200多亿。但是一个融资融券给证券公司贡献的利润就已经超过300亿了，包括中证500的出来，我认为对于券商来讲，现在的券商早就不是以前的券商了，它的业绩会严重超预期。

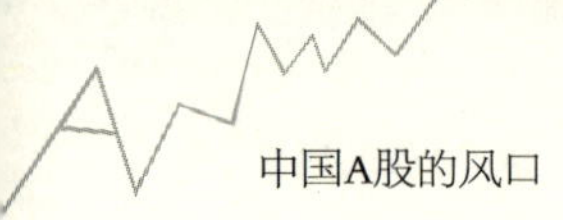

为什么不卖呢？都已经涨了2~3倍了。很简单的逻辑，分析一下如果你认准这是一轮牛市，你分析历史上，包括1996、2006年，比如以三年为周期的这样一轮牛市，券商的涨幅哪有低于10倍的。为什么还可以拿着？按照现在证券公司的市值来算，三四万亿的市值，看它的利润率。如果按照每天日均一万亿交易额，券商也就21~22倍，估值还不算离谱。但是，为什么不建议大家买呢？确实现在短期涨幅太大了，有人会跑的。

在资金和预期的情况下，波动会加剧。咱们赚的是趋势的钱还是波动的钱？所以一定要把这个问题想清楚。另外，比如现在买大券商，还是买小券商，你愿意持有中信、海通、招商，还是愿意持有东海。我的建议其实可以持有大券商，因为大券商的竞争力还是远远强于小券商。

所以，做基金经理很痛苦，比如2014年的时候，我只赚了40%左右，很多人都赚一倍多，两倍多，我都不太好意思。2015年我也只赚了40%，也不太好意思，因为有人也赚了一倍多。但是，大家2013年赚了多少钱？我2013年也赚了40%多。2012年市场平均增幅大概5%左右，我也赚了30%。

所以，其实所有的人，包括我们基金经理自己，对我们的考虑只有一年，去年做的怎么样，前年做的怎么样，如果每年都很好，那就很好了。我们过去六年公开业绩都不错，但我们确实从来没有拿过第一。作为一个基金经理，作为一个管理者，当你管理别人的钱的时候一定要搞清楚，你只是一个基金经理。我总结为基金经理和专业投资人不太一样，专业投资人跌20%没有问题，但是，如果作为一个基金经理，两天跌了20%，你怎么办？我估计就被开除了。

所以，基金经理很痛苦在这个地方。但是，我认为这也是好事情。我总结为八个字，叫“眼高手低”，其实你的事业还没有特别开阔，你要洞悉一些行业，要去解读政策，了解这个市场，了解不同的风格，不同的投资者，不同的策略，但是做起事情，还是要非常具有实物的可操作性。比如这个公司上年增长 50%，今年又增长 50%，会不会是一个很好的成长股？未必，有可能是周期股的高点。

你说这个公司增长 50%，是开发了一个很牛的新产品，还是换了一个董事长。如果是国外的公司换了一个董事长，可能不会影响股价，但如果开发了一个很牛的产品，业绩增长，股价真的会增长 50%。但是，在中国一个公司换了一个董事长，有可能真的业绩会增长 50% 以上。所以，基金经理看起来眼界很开阔，但是做起来“眼高手低”。

第二，“看长做短”。我们讲行业，讲细分子行业，讲产业趋势，讲方向，我们看得比较长远。。

举个例子，这个公司现在股价 10 元，我认为它到今年底能涨到 20 元，是一个非常不错的结果。结果，我也不知道什么原因，这两个星期就涨到 20 元了，你怎么办？你肯定就跑了。我是不是一个价值投资者，好像也不太像，但是谁告诉你，价值投资者和你持股时间的长短有关呢？我们做组合，做管理的时候都会面临这些问题。我认为这其实就是我们所谓的一个专业投资者所应该表现出来的这样一个长处所在。

我觉得整个 2015 年，包括未来几年，整个资本市场的繁荣与大发展应该是一个趋势。基金经理出来创业做私募的很多，投行出来做私募的也开始多了。因为新三板的兴起让整个投资行业成为一个闭环的产业链了，这些都是我们这一代人的机会。谢谢大家！

股票资产最有优势

北京乐瑞资产管理有限公司董事长　唐毅亭

从2009年开始，伴随着投资递增，社会融资规模比GDP比例，衡量一个宏观债务水平率大幅度上升。大家看到从2009年开始，因为4万亿的刺激，这个比例大幅度上升。过去很多年这个比例保持在大概130%的水平，现在已经升高到大概210%的水平。从2013年开始，在“三期叠加”这样一个宏观的政策要求之下，政策开始去杠杆化的操作。中国经济进入了一个宏观的去杠杆周期。其实我们后来一系列的股债方面的变化，行情的产生都是因为去杠杆周期的一个正在进行时。

在去杠杆周期中间，我们首先要明确去的是哪一部分杠杆？总量上表现为社会融资规模扩张速度的持续放缓，但是，在结构上我们看到是伴随着非标监管和地方纳入预算约束，社会融资规模的增量在下降的这个部分主要是非标的下降。大家看到非标社会融资规模的同比增速目前已经降到十年来的最低水平，大概是 10% 多一点的水平。而且根据我们的前瞻性的测算，社会融资增速还会进一步下降。

大家看到这个指标，都是一个下降的趋势，这个下降趋势看起来还没有挺住的可能性。非标的收缩，社融增速的下降，带动固定资产投资增速快速下滑，也就是从目前的情况下，经济增速仍然还要持续的下滑，还会有更低的经济增速。社会融资增速继续下行，固定资产投资增速因此也继续下行，这点是毋庸置疑的，这会引起一系列各种各样的宏观变化。

固定资产投资增速下行中间最主要的一点是房地产的问题，这个怎么强调都不过分。房地产业面临继续下行的压力，伴随人口拐点和社会融资增速放缓，地产增速持续低迷，库存高起，房地产业面临继续下行的压力。当然，房地产业下降，它有各种各样的因素，这里边可能还叠加了一些长周期的因素。后面还会讲到这个问题。随着经济增速接近底线，通胀水平不断下降，政策在稳增长层面更加积极了，央行的货币政策也更加宽松。这也是我们得出的结论，因为经济一路向下，降得很快。实际上 2015 年一季度的数据出来以后，大家都说怎么这个数降得这么快，下得这么厉害。为什么降得这么快？实际上跟它的融资支持降低有密切关系，也就是它的背后是社会融资总量大幅度的下降。

下降到这个层面，发生了什么事？七天回购利率和央行的七天逆回购利率在最近都有一个大幅下降的态势，最近利率是在下降。实际上过去这段时间利率是上升的，大家看股市那么火，一开始说利率下降是股市上升的一个推进剂，是必要条件之一。但是，实际上从 2014 年底到 2015 年 3 月这段时间，利率是上升的，资金是趋紧的，但是股市还是上涨的。实际上股市的涨幅也主要集中在中小盘，大盘来说，一季度总体来说是横向振荡。

最近两三周开始，整个利率开始重新步入下降通道。为什么会下降？跟刚才讲的社会融资总量下降以及固定资产投资的下降是紧密相关的。所以，大家看数据的时候，特别是看宏观数据的时候，该关注什么，不该关注什么，大家应该有个了解。实际上我们最关注的是关于融资、货币的数据，其次是关于投资的数据，因为投资的数据体量大，而且波动也比较大，对市场的影响也比较大。

那么，在增速放缓下，发生了一个好事，就是结构优化。我们讲结构调整，融资增速下降，经济增速下降了，结构究竟是好的还是坏的，实际上是好了。社会融资总量的增速放缓主要来自以信托和委托贷款为代表的非标收缩，主要对应的是房地产和地方政府融资收缩。大家看到信托贷款和委托贷款，实际上在2012年以后是大幅上升的。但是，在2013年6月以后，它开始持续下降。到现在已经降到一个降无可降的地步，就是信托贷款每月的增速降到零附近，委托贷款降到每月1 000亿的水平。两个非标的项目加起来，主要是信托贷款和委托贷款，这两个非标的余额加起来的增量每个月不到2 000亿，1 000多亿的规模，增速几乎降到百分之十几这个水平。

伴随着房地产和地方政府挤出效应的减弱，实体经济实际上面临结构性的因素。最近资金面实际上挺难理解，一会儿利率上升，一会儿下降，利率上升的时候股市也不低，我们看融资总量资金增速下的很厉害，但是这地方又说实体经济资金是相对宽松的，这是怎么回事？因为总量下降过程中伴随着结构调整。我们看到总量是大幅度的下降，但是在结构上下降的主要是非标，标准化的部分不但没降，还是增的。就是整个的社会融资总量从过去增速20%多到现在10%多。其中非标的增速也是从20%~30%降到现在10%左右的水平。从单月的量看，从每月6 000亿~7 000亿降到现在1 000亿的水平，这是非标的变化。

但是，标准化的部分是什么？就是信贷，尤其是中长期的信贷。那么，中长期的信贷和贷款的增量实际上是增加的，从2014年的下半年，尤其是四季度以来，到2015年一季度贷款的增速都会增加。2015年一季度，大家知道贷款的增量是3 600亿，比2014年同期多增的大概6 000亿左右的水平。也就是说，我们在过去这段时间，看到了资金的一个紧缩。但是，紧的主要是非标。非标对应的是房地产和地方融资平台。

所以，我们看到房地产和地方融资平台，以及相关的固定资产投资增速，比如房地产增速等大幅度的下降。但是，我们没有看到资金的持续紧张，为什么？是因为标准化的融资增速上来了。

我给大家把宏观上的意义从另外一个角度阐述一下。伴随着投资下滑和政策宽松，私人部门的资金来源面临一个结构性的宽松，资金运用对房地产和实体投资的意愿下降，在这一背景下，以股票牛市和两轮扩张为代表，宏观上房地产地方平台压缩非标和投资去杠杆，私人部门增配，金融资产加杠杆，加的是杠杆，减的是平台房地产，是地方政府部门、是企业部门在加杠杆，增的是居民部门。居民部门加杠杆的方式就是通过放大器，跟过去通过房地产加杠杆是一个逻辑。美国市场“9 · 11”事件以后，是通过房地产市场，居民部门加杠杆。2008年金融危机以后是通过美联储直接量化的方式，直接通过中央银行加杠杆，使得其他部门减杠杆。

在我们国家目前的环境下，很遗憾看到，几乎所有部门都不具备加杠杆的条件，包括中央银行，它的整个资产负债表也是缩减的。企业部门杠杆率本身就非常高，中央部门杠杆率非常低。所以，加杠杆主要通过居民部门。同时，我们还看到对原有杠杆的一些优化调整。比如前期所谓的置换债券，所有的地方融资平台，过去的高息贷款和信托融资、信贷融资，都要通过一个地方政府

直接发债来置换方式，把高息的融资置换成低息的融资。

大家要看到这个新闻的时候，实际上它的影响非常大。因为我们过去它就是财政，就是收支，就是政府的钱袋子，但是从现在开始财政政策的金融功能大大突出，会变成影响金融、经济的一个非常重要的变量。打个比喻，现在社会融资总量中，很大的一个大头是对地方政府、地方融资平台的融资，这个融资成本其实蛮高的，大概8%~10%的水平。对应的金融机构拿的资产也享受8%~10%的回报率。但是，置换债券出来，整个金融资产回报率会有一个明显的下降，也就是要找高回报的资产，难度大大增加。

正是因为相关的金融资产、相关的房地产，包括固定资产投资等等回报率趋势性的下降，才使得股票市场有一个可能性，资本市场有了一个可能性，就是相对来说回报率的优势吸引资金不断地投入。股票市场有一个反弹性，投入越多，它越涨，会同时改变基本面，使得它显得涨得很合理，我们就会投入越多，这是资产再配置和涨杠杆的意义。

从投资展望来说，我们相信股票市场是一个长期繁荣的趋势。股票市场已经形成一个自我强化的牛市，在私人部门资产再配置和宏观经济转杠杆的情况下，流动率水平保持宽裕，伴随地方政府纳入预算业务，供给端持续收缩，经济效率和盈利水平长期内将趋势性回升。短期怎么样，我也搞不清楚，但是中长期来看，股票市场的繁荣应该是确定无疑。

实际上在2014年大概三季度的时候，我们已经写过一个东西，当时我们的观点认为，整个股票市场由于我们国家宏观经济是去杠杆进行时，从一个成功的去杠杆角度来衡量，对比世界各国的经验，一般在去杠杆的过程中间，股票市场涨的大概是2~3倍，至少是这个水平，也有涨5倍的，甚至更多的。为什么会这样？就是因为这个过程中间是伴随着整个利率的大幅度下行。伴随着利率长期保持在一个低位，伴随着其他的投资方式都不能获得足够的回报率，而股票市场不断被流动性推动上升的这么一个过程。

这个过程，比如说英国在20世纪50年代撒切尔夫人搞私有化改革的时候也曾经经历过去杠杆的过程，美国2008年也经历了去杠杆的过程，日本也经历过两三次试图去杠杆的过程，包括最近的一次。最近的一次历史数据涨幅是相当可观的。去杠杆的过程当中分两类，有一类是成功的去杠杆，包含的第一个要件是利率保持在第一位，这个第一是相对宏观经济GDP的名义增速，这个利率保持在一个低位，也就是利率水平是低于宏观GDP的名义增速，这是一个条件。有了这个条件，才会使得负债率不断下行，因为负债率是一个分子。名义GDP增速，日本保持在7%~8%，如果名义的利率水平保持在4%~5%，或者5%~6%，我们的负债率迟早会下降，因为GDP的增长更快，负债的增长更慢，这是其中一个条件。这个要件还不够，还有一个要件就是供给端的改革，就是现在的改革红利或者结构调整等等因素，如果供给端不改革，比如日本供给端没有什么改，只是通过不同的宽松来试图解决负债率过高的问题，但是实际上解决不了。那么多年，日本负债率还在上升，利率一直是零附近。成功的比如美国2008年的去杠杆，它的页岩气和科技产业都得到了巨大的发展，它的杠杆也去得比较成功，所以股市有非常亮丽的表现。

债券收益率应该是振荡下行的趋势。在经济持续放缓和通胀持续下降的背景下，债券利率很难发生趋势性的反弹。短期看财政扩张和债务置换引起的供给变化可能对债务市场有冲击。随着增长和通胀接近底线，政策宽松已经开始加强，中长期看，债券收益率依然会下行。

为什么不是大幅下行呢？过去我们看到这样的通胀数据，这样的增长数据，债券收益率应该是大幅下行，为什么？是因为我们目前还处在一个需要把整个

的社会融资总量控制住这么一个环境下。因为杠杆太高了，要去杠杆，如果资金率过于宽松，负债是不可能降下来的。这个是中美之间的区别。美国是利率低了，可能把杠杆降下来，是因为资金宽裕了，因为杠杆太高了，无利可图。这一部门在资金宽松的时候，很难把这个昨天加回去。所以，利率下降的过程是比较缓慢的。但是，这也是个好事，为什么？利率下降的过程比较缓慢，意味着我们牛市能够走的时间更长一点。

对于大宗商品来说，明确的固定资产投资是大幅下行，而且没有见底。什么时候见底？什么时候社会融资增速从大幅下行转到走平，我们预计大概会在下半年。社会融资在此之前，大幅下行的过程中，伴随着固定资产投资增速的大幅下行，因为投资增速太快，导致所有大宗商品都处在总需求大幅下降的过程，以煤焦钢为代表。这就是我们对大宗商品的一个判断。

所以，从不同的资产类别来看，目前相对比较有优势的资产，还仍然是股票资产。另外一类资产是房地产，过去十年房地产业经历了整体短缺、刚需增加、货币膨胀的黄金三叠期，如今黄金三叠期基本起来了，高速城镇化也变成低速城镇化，宏观债务去杠杆周期下的货币中枢也在下移，这个过程中，房地产长期向下。展望未来，房地产可能因为政策方面原因短暂的恢复。另外一方面，因为房地产是区域市场，大城市和大城市的核心地段的房产在供需关系上具有优势。但是，全国口径的房地产放缓不可避免。所以，对于房地产市场资金不断退出，也是个大趋势。这几类市场，大概就是这么一个概念，目前我们仍然看多股票市场，不看空债券市场，对房地产市场仍然看空。谢谢大家！

股市带来债市超额收益机会

暖流资产管理有限公司投资总监　程鹏

从2013年以来，我们总结了中国债券市场运行的一些特点。发现如果不系统性地总结这些特点，还是沿用老的投资思路和逻辑，我们可能做不好这些投资。这也表明债券市场在这几年的确发生了一些新的变化，我今天把这些新变化概括起来称之为“新常态”。

经济的“新常态”总结起来跟债券相关的主要是三个方面。

第一，保持中高速增长。含义就是经济增长速度较前几年要系统性下降一个台阶，这样会提升债券市场的相对价值。蓝色是常用的基准指标。关于经济增长和利率之间的关系是宏观经济学的基本原理，我们这几年真切地感受到在中国市场正在发生。

经济“新常态”的第二个方面，要迈向中高端。就是我们企业的盈利状况

要改善，要在产业链和价值链上向更高端的地方进军，这样能够有效降低企业的信用风险水平。工业企业的利润总额的增长速度，我们可以看到，自从2010年4万亿的效果结束以后，整个工业企业的状况是每况愈下，大的企业面临巨大的财务压力，这样会爆发一系列信用风险。我们知道如果一个市场风险水平过高，它是不值得投资的。所以，解决中国企业目前普遍面临的信用风险压力，核心的一条还是要迈向中高端，提升自己盈利水平，只有这样我们才能够把信用风险有效降低。

经济"新常态"第三个方面，整个宏观经济增长的驱动因素要去投资化。我们这几年投资的增速从一个很高的水平，超过30%的水平一直下降到现在的10%左右。如果再看一下投资对GDP的贡献度，那就更明显了，最近的数据表明，我们的消费对GDP的贡献已经超过50%了。去投资化对债券市场有什么含义？因为投资是资金密集的，如果一个经济体投资的增长速度和投资的重要性下降，会有效改善资金的供求关系，这样作为资金的价格，利率能够有系统性地下降。

所以，我们的第一个方面，从经济"新常态"的角度来看债券市场，其实未来债券市场投资机会非常多。

第二个方面，也是当下很热的一个点，股票市场。我这儿用的词是股票市场重获新生，这样对债券市场造成阶段性的冲击。最近很多关心我们的人对我们表示慰问，因为好像资金都流到股票市场了。我们其实也很乐意看到这个局面，因为没有冲击，市场没有波动，就没有盈利机会，特别是没有超额盈利的机会。所以，大家不要误解。

股票市场我们要用长一点的眼光来看它。看股票市场在过去五年，从2009年7月到2014年7月，我们定义为"失去的五年"。不但股票指数出现系统性下跌，而且波动性越来越小，这样对于我们做债券的人而言，实际上在过去的五年里面，我做债基本不考虑股票的因素。不但不考虑它盈利，甚至不考虑它的波动，也不考虑它对资金的分流。所以，过去五年我们做债券的其实蛮简单，看一下货币政策，看一下CPI，方向就OK了。但是，这个局面的确是我们不愿意看到的，因为股票市场失去以后，作为一个重要的资本市场组成部分，这个国家的金融市场，或者资本市场就是瘸腿的，无论是对宏观经济还是对做投资都是很不利的一个局面。

在2014年的时候，我们感觉应该从7月份开始，整个股票市场活跃度和指数都起来了，虽然中途有一些行情走得很极端，但是的确进行了很大的一个恢复。这次股票市场重新活跃，最核心的一个逻辑就是资产配置的一个再平衡。我从另外一个角度来提一下这个观点。数据显示，过去几年整个股票型基金在整个基金总资产里面的占比下降了30%，表明过去五年中国居民对股票资产的配置偏低，甚至过低。所以，在房地产市场走到头的时候，发生了资产再配置，或者再平衡的一个过程，这个过程会迎来很大的一波行情。

股票和债券市场虽然阶段性有一些矛盾和冲突，对资金有一个争夺。但是，如果我们参考一下海外发达国家的市场，以及把时间的跨度稍微再放长一点，就会发现股票和债券实际上是可以共存的，可以共牛的。所以，我们对未来中国金融市场一个基本的预测是，接下来几年有希望看到股票和债券的“双牛共舞”。

债市“新常态”的第三个方面是关于信用。刚才无论是经济还是股票都指利率的状况。我们把信用纬度加起来情况更复杂了，信用的新情况改变了债券市场投资的逻辑。过去几年，我们在中国做债券其实很简单，没有股票市场影响的干扰。有一个券商说中国最优秀的金融人才都在做股票，意思我们做债券

很简单，不需要太高的智商就能完成。实际情况好像还真是这样。从今天来看，我们中国的债券市场其实是缺乏信用溢价的，大家不用为可能发生的债券风险付出更高的代价。

这几年对我们做债券的人很明显就是违约从传说逐渐变成了现实。因为私募债更多是债款，甚至民间融资，本身信用风险状况就很糟。对于公募债，从2014年开始到2015年也逐渐发生了一些实质性的事情。从2014年开始，信用风险问题，或者违约问题就真真切切地发生了。这样可能做债券就需要更高一点的智商了。

对专业的债券投资人而言，我们是很高兴发生这种情况的。为什么呢？因为我们知道，其实对做债券而言有两个方向，或者两块业务。一块是做利率，做宏观利率的一个方向。另外一块，类似于做股票一样，我要分析发行体的信用状况，分析它的盈利能力，分析它的价值，我们做信用溢价，做信用利差。这块策略其实很丰富，而且从包括美国市场、欧洲市场来看，这块做好了以后，它的回报率也是非常高的，甚至不低于股票市场的回报。但是，这几年这种策略一直无法开展。从2014年开始，我们可能在逐渐进入信用交易时代。

债市“新常态”第四个方面，我们认为对外新开放扩大了债市投资视野。我们认为20世纪80年代、90年代的开放，甚至包括加入WTO是贸易投资的开放，我们认为本轮新的开放和新的改革其实核心是资本项下的开放，资本项目开放最主要是追逐债券市场的开放。资本项目的开放并不是一蹴而就的，实际上这个事也已经发生了。2003年第一支QFII诞生，2010年银行间债券市场通过一定的制度安排部分地进行开放。2013年QFII也会进入银行间的市场，2015年“两会”后，周小川行长说，2015年要在资本项目开放下做大，特别是债券项目开放，业内戏称为现在中国债券市场等着境外的解放军来解放我们。

所以，资本项目开放，特别是跟债券相关的开放，实际上是在逐渐发生的，只是这个量变我们感觉在近期可能会发展到一个质变的阶段。就是开放的程度已经能够影响这个市场的行情。实际上近几年，外资通过各种渠道在中国的国债市场有一个定价权，也已经有所显现。在个别时期，外资机构，或者境外资金能够影响中国股债的价格，未来我们希望看到更多的这种证据。

资本项目开放，相关的另外一个话题就是人民币的国际化。为什么提这一点？我们知道像美元、欧元、日元这种储备货币，它们最根本的功能，就是作为支付手段。作为支付手段，它对称的一个概念就是作为投机工具。如果货币也已经国际化，也可以自由兑换，但是主要是投机货币和投机品种，实际上就是最经典的，或者说最传统的所谓的利率评价理论，很多事其实不好办。举个例子，比如人民币要国际化，你就要持续走强，你不走强，海外居民就不愿意持有你。这样你就陷入一个困境的状态。中国的资本项目开放，或者人民币国际化，一定要争取人民币作为一个支付手段本身。实际上境外企业和居民持有人民币是因为需要持有它进行支付，如果达到这种状态，我想我们的人民币国际化就是比较成功的。

人民币国际化和资本项目开放会带来一个什么样的后果呢？就是寻求利率市场的连通，这像一个连通器一样，如果所有页面都打开了，最后各个页面一定实现了平等，当然这里面会考虑汇率的因素。

所以，接下来如果资本项目开放，特别是债券市场放开，有实质性进展，我们做债券投资就要考虑更多的因素，就是中国的债券交易员不但需要高智商，而且还需要国际化的视野。所以，这些对我们做债券的人也都提出更高的要求，但是同时也是极大地增强了我们这个市场的价值和可操作性。

总结一下刚才四个方面。无论是实体经济的“新常态”，还是我们股票市场

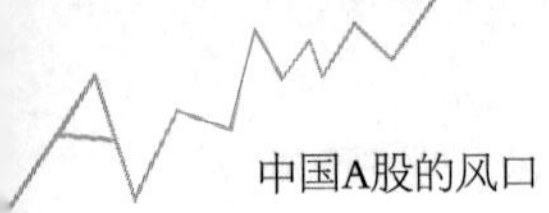

的新变化，还是信用的新阶段，以及我们对外开放可能要进入一个临界点，或者进入一个实质性的新状态，总结起来，我从事债券交易十年时间，感觉2015年可能是我们站在新的阶段的一个起点上。所以，最后我总结一句话，我们债券市场“新常态”好戏才刚开始，大家不要把精力过多集中到股票市场，这边其实也很精彩。谢谢！

上证指数 5 000 点值得期待

中国社科院金融研究所所长　王国刚

讨论A股新常态，第一个问题即经济增长。2013年以后中国GDP增长步入了中高收入国家状态。关于中国经济增长，现在很多人在讨论，以一个词概括就是“下行”。GDP下行，投资下行等等都是下行。“两会”上，政府工作报告把GDP增速目标从原来7.5%调到7%。“下行”概念在这讲得不准确。不准确在哪里？第一，是增速下行，不是说中国经济绝对下行。有一些人讲中国经济衰退，可能就更不着边了。应该讲什么呢？哪怕我们GDP增长在7%，在世界主要经济体当中，仍然是非常好的。只是说，和我们曾经有过的增长率相比有所下调，可是经济总量依然是在增大。那么，经济总量增大多少？如果按照7%来计算，2015年，我们GDP绝对值增加4.4万亿，什么含义？一个简单的概念。我们提出了第一个20年发展战略目标，是指1980年到2000年，我们当

时的GDP是5 000多亿，翻两翻就是不到2.2万亿，现在增量就是4.4万亿，就是2倍，就知道多大的量。恐怕相当一部分的中小国家，他们一年的GDP还没有我们增长来的大。第二，我们所讲经济增长率下降是当期计算。什么叫当期计算？就是今年算今年的，明年算明年的，但是，如果说后面对于经济进行一个新的普查调整，情况就不一样了。我想大家都是知道第三次经济普查，普查下来以后，中国GDP多出2万多亿，我们上年增长率是7.7%，2万多亿加起来，应该要加4个百分点，如果那样算下来大家都知道了。所以，应该是当期去算。因此，千万不要把这样一个简单的GDP增长率下行的东西理解为绝对下行，“经济衰退”这样的词更是千万不要说了。

第二个需要认识什么？认识货币。大家可以看一下，到2014年底M2到了122万亿，那么，到了2015年1月又增加到124万亿。货币量非常宽，122万亿什么意思？相当于GDP的2倍。现在到处可以感觉到资金紧，因此，融资难的情况依然在发生。为什么会发生？宽货币紧资金的情况，一个重要的方面看一下2014年的融资规模，存量也是122万亿，其他的各种渠道走的利率远高于银行贷款利率。因此，融资贵的问题就是自然发生了。从2014年的11月22日开始，我们有了第一次下行。那么，一些人就认为降息了，我们资金链就宽了。到现在为止，我们许多人还停留在西方教科书没有讲完的故事之上，什么意思？西方教科书是这样告诉我们的。收紧了准备金，导致了资金紧缩，到此为止。但是西方教科书没有告诉过你，商业银行准备金交到中央银行去，中央银行干什么去？我们20个点的准备金，是21万亿的资金，中央银行把这些钱放哪里去了？拿去购买外汇了。这样人民币又回去了。2007年，中国连续提高了10次准备金率，当年中国的GDP增速仍然达到11.4%。那么，我们回过头来，现在降低法定准备金，其实带来的主要是人们信心的提高。有人讲股市就是信心，信心对于股市有很多的影响，对人判断有很多的影响。当然，千万不要说期待。金融是一种谋划。要解决融资难、融资贵的问题，我们还有很多的事情要做。

最后简单说一下股市受很多的因素影响。2014 年 11 月中旬，当时我们金融研究所正在写金融发展报告。然后，11 月 20 日就交初稿。11 月中旬，我们提出了什么呢？中国的A股市场会有大机会。根据什么？实际上有很多的根据，我这个地方给大家讲一个简单的根据。仅仅是为了对比需要，所以用 2010 年和 2014 年。2014 年上市公司数量比 2010 年增加了 50%以上。然后，上市公司的业绩增长率也远远高于GDP增长。但是，2010 年开市的收盘指数是 3 200 点，2014 年最后一天，闭市指数也是 3 200 点。这 5 年怎么过来的？这 5 年，中国不管是经济还是上市公司微观面，都是 50%增长率。我们上证指数却在原地徘徊。由于我们上市公司数量增加，由于股份数量增加。我们要让它能够适应经济基本面的增长情况，我想大家直接判断就知道了。因此，上证指数 5 000 点是值得期待的。也希望我们大家保持一个很好的信心去争取，能够实现我们 2014 年所说的。

公募基金应成为投资者和优秀企业间的桥梁

中欧基金董事长　窦玉明

过去3~5年以内，基金行业整体在市场的影响力是处于一个下降的状态，相对于信托的崛起，相对于私募崛起，话语权都有所下降。那么，作为公募基金一员经常思考，基金行业、基金公司究竟出了什么问题？究竟应该做一个什么样子的基金公司才会成为一个受尊敬的基金公司？我们也比拼过年底排名，会去反思如何衡量一个公司是不是卓越的公司，以及如何成为一个卓越的公司。我研究过国外的基金行业和资产管理行业，公募基金发展到今天依然是各个国家资产管理行业的中流砥柱。如果我们把今天中国的私募基金看作海外的对冲基金，对冲基金和公募基金在现在来讲是什么历史地位？实现什么样的社会价值、社会功能？我自己认为，公募基金如果走向一个正确的方向，最根本的点是回归自己所承担社会价值的根本。公募基金和对冲基金不一样的，公募基金价值在于什么？能够把社会的基金弄起来以后分配给优秀企业，让优秀的企业家获取回报以后，再把这些利益返还给投资者。公募基金应该成为连接这些投资者和融资者之间一个桥梁。对冲基金做什么事情？更多的不是连接者，对冲基金是利用市场的非有效，利用其他投资者获取价差。使得市场变得更加有效，短期更加有效。这是两个不同的社会分工，对冲基金使得市场更加有效，公募基金完成的职能就是把资金分配给最有价值企业家。市场不可能有这么大的容量让公募基金团体靠着差价等等欺骗其他投资者来获利。这个不是我们这个行业能够生存的根基，如果想发展壮大，向世界上其他国家一样成为资金管理行业中流砥柱，最重要的一部分是什么？必须回归根本。把这些资金更好地分配给最好的企业家。在各方面能够允许公募基金行业群体去追逐这样一个目标，不是每天追求一个月排名，一个季度规模排名，这些短期的噪音。基于这样一个理想，我们做了股权改造。在我看来根本目的不是一个激励。目的是什么？公司治理结构。使得管理团队，使得我们员工更着眼于长线，不是看每天的价差波动。长线就是资金能不能分配给最好的企业家，长期带来的回报再返回给投资者，我们就是成为一个有价值的历史角色。

因此，世界上成功模式有千千万万。中欧基金希望通过股权改造这个基础，去践行一个目标，做一个多策略精品店，把客户资金给最优秀的企业家，把回报还给我们的客户，为客户创造价值。作为一家公募基金公司，值得我们骄傲什么？我们还能够为零售散户投资者做服务。在投资上我们追求什么？超越市场的长期的稳定的回报。在公司架构上，我们也进行了混合所有制改革，实现什么？在分配制度上我们更多推行了事业部改造。我们更希望什么？我们把员工利益和客户利益牢牢绑在一起。我们也鼓励我们的经理跟投自己的基金。现在我们各个经理也把相当多的个人资产投到自己管理的基金当中去。我们高管也会把自己的资产投到自己的产品当中去。我们中欧基金非常幸运，发展过程当中得到了股东、员工及合作伙伴的支持，认识了很多志同道合的朋友。其中一些人加盟了中欧，甚至连最近的市场都是给予我们机会，让我们感到非常振奋。2014 年底，我们管理的资产规模已经超过 500 亿，旗下多支基金表现业绩也是非常的优秀。

把握富裕化和互联网两大时代特征

华商基金副总经理　梁永强

从2012年底开始，市场在创业板的带领下走出了非常好的一个趋势。未来会往哪里去？我们也做了一些分析和探讨。我想，我们首先需要弄清楚现在所处的时代，唯有如此，才能看清未来这个国家的走向，之后，也才有可能找到最具投资价值的领域。就目前所处的时代而言，中国具有最典型的两个时代特征。

第一个特征是富裕化。过去的中国是个什么样子？短缺是经济的一大特征，经过了改革开放以及后来30年的发展，整个经济，包括国民收入，都从过去的短缺逐渐走向富裕，老百姓也积累了自己的财富。而这也是欧美国家曾经走过的一个历程。这个趋势走完以后，整个社会产业结构以及经济的发展都会逐渐从对于数量的追求转向对于质量的追求，中国经济的增长速度也从高速逐渐向

中速转变，而在转变的过程中，产业结构也得到了不断的提升和优化，从而获得了更高品质的增长。对老百姓而言，过去的需求主要集中在吃穿住行等物质层面，而现在，对于精神层面的追求包括娱乐的需求越来越强烈，这也将成为未来社会需求中最强的一个方向，同时也是我们投资当中需要重点考虑的问题。

第二个特征是互联网化。互联网即是连接一切现有的东西，能源、信息……各行各业都被连接在了一起，各行各业所处的外部环境均发生了很大的变化。对个人来讲，基本需求始终是吃喝玩乐住行，这在任何时代都没有什么变化。但随着外部环境的改变、工具的增多，满足需求的方式也在不断改变。比如以前我们吃饭，要么在家里自己做，要么去饭店，但现在可以通过网上定餐，这就是满足方式的改变，而这一改变带来的就是各类产业不断产生、成长，再到成熟的一个过程。

最近，市场对于“互联网+”的演绎比较剧烈，这在一定程度上反映了社会对于经济发展趋势的一个响应。究竟什么样的企业或行业符合这个趋势，并将从中获得更大的收益？这需要我们做深入的思考。可以说，这也是人类产业工具的一次革命。工业化以前，人类采用的基本是一种个体化工具、多样化工具；工业化以后，工具实现了标准化和规模化；进入互联网时代，工具则呈现为一种生态化或一体化。这样，全社会也将形成一个新的生态环境。什么样的企业更适应这一生态环境的变化？我们说，至少它的未来应是比较好的，也更能够实现长久地发展。

对于工具产业本身而言，新工具的诞生对于原有的工具是一个颠覆。可以设想一下，在传统的产业方式下，供求的连接并不十分通畅，而互联网诞生以后，最大的一个特征就是消除信息不对称，这在一定程度上缩减了整个社会发展的成本。对传统产业而言，互联网带来的不是产业空间的扩大而是缩小。

而对于一些需求刚刚露出端倪的产业来讲，由于过去的方式难以满足老百姓的需求，整个社会需求还没有完全释放出来，新工具的诞生可以使整个产业更好地匹配社会的需要，产业需求的空间也会被释放出来，从而带来整个产业经营的扩张。因此，对于不同的产业，在这一轮互联网浪潮当中，所受的影响是不一样的。

在这个时点上，中国将会怎样往前走？我们也思考了很多。从目前的发展态势来看，未来20~30年，对于全球而言，最大的一个变量就是中国再次崛起，在这个过程中，国际秩序可能会有新的变化。最近大家讨论比较多的亚投行、“一带一路”，实际上都在反映这一深刻的变化。而在这个变化当中，中国应做好哪些准备，来确保这种崛起能够顺利往前走？这一点在整个中国包括产业结构调整、软实力提升方面都应该有对应的东西。

传统的产业结构是在短缺经济的背景下发展起来的，这种产业结构效率是比较低的。转型意味着什么，它至少伴随着几个方面：一是产业结构的调整，二是国家资产结构的调整，三是企业运营方式或资源组织方式的调整。产业结构调整，大家都比较清楚，传统产业正在向新兴产业方向演变，从过去以房子为代表的资产，逐渐向更能创造社会价值的股权资产方向转变，这是一个趋势。从资源组织方式来讲，如何追求更好的效果？通过市场化方式去改造现在的国有企业，这些都是未来经济转型的方向。

对整个中国而言，在全球崛起的过程中，可能需要两方面来做更大力量的叠加：首先，不管是“一带一路”，还是对外力量的一种展示，硬实力是基础，因此，以军工、高端装备制造为代表的硬实力才是中国不断需要强化的东西。这一次两会提到的《中国制造2025》其实反映的就是这个趋势。

其次，硬实力提升以后，也需要软实力来保障。美国文化价值观的作用非

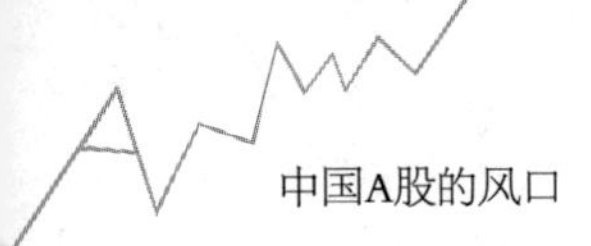

常大，而中国再一次对外崛起的过程中，这种软性的东西，即整个中国文化的价值也将再次发挥作用，需要让全球来认同中国的发展状况以及中国的价值观。那么，与文化相关的一些方向，包括中医、传统文化等，未来也都会成为整个中国资源不断涌入的一个方向，也将是未来投资的重点。

巴菲特是所有人的榜样。在2015年的股东致词里，他说了一句话：投资就是投国运，其实，说的就是投整个时代变化的特征。不管是公募还是私募，都需要把握中国再次崛起这一巨大的历史机遇。

在这个过程中，每个人都负有很大的社会责任，如何顺应这种趋势，并尽自己最大的能力去宣扬或倡导？这也是我们作为投资经理或者做专业投资人需要考量的。

创新金融仍将是牛市主线

南方基金总裁助理、权益投资总监　史博

投资机会很多的时候是来自于什么？预计差。很多人在对中国经济关注的时候都是关注下行。中国经济增速回落，这个是必然趋势。可以说，中国经济如果能够保持5%、6%以上增长都是非常健康的。对于国民财富、社会财富积累，都是非常积极的，接近潜在的增长速度。在叠加政府的稳增长、鼓励创新的政策措施出来，经济将在回落以后出现企稳甚至回升。所以，我们对经济形势和市场相对比较乐观。不但对于中国的经济比较乐观，我们也是预计中国的金融系统将会趋于好转。经过多年快速发展，各部门的增长速度比较快，对于中国的经济、金融系统稳定性产生了一些挑战。其中地方政府资产比较差，负债增速比较快。地方政府的总负债达到了14万亿，态势不太良好。但仍然有一个非常有趣的数字，我们可以看一下，地方政府国有资产有13.3万亿左右。如

果说能够利用好资本市场，实现国有资产保值增值，效率提升，国有资产提高50%，地方政府用的资产就可以达到20万亿，增长100%就可以达到27万亿。这种变革是需要比较长的时间。那么，自然有一个比较快的方法，因为我们看到了，中央政府的资产负债表非常健康，负债增速比较缓慢。因此，财政部在批复3万亿存量债务之后，后续还会有一个置换，有利于提升中国金融系统的稳定性，有利于降低社会融资成本，也是有利于增强银行放贷能力，把更多投入到中国的转型当中。那么，一旦金融系统是一个稳定状态，实际上我们利率市场和利率水平仍然还有很大的下降空间。我们看一下中国国内利率与发达国家相比是最高的，比美国高很多。而且，我们实际利率如果考虑到与国内CPI相比，仍然偏高。即便和资本市场密切相关的无风险收益率，对于完全放开的P2P利率，跟美国网贷水平比较接近。但是，我们的信托利率在8%左右，理财利率在5%以上。美国的货币基金的利率就是1%左右的收益率。所以，我们理财利率、信托利率有很大一个回落空间。利率下降是长期的一个坚实基础，这个背景下，大家已经看到了，传统中国老百姓居民资产配制占的比重是在10%左右。显著低于美国等发达国家，财富效应将吸引居民更大的增量财富投入到资产当中去。这使得股权资产在居民财富当中的配制不断上升。这个趋势刚刚开始。不仅国内刚刚开始，我们看一下全球资产配置，和中国的经济地位是完全不相符的。我们在全球的流通市值超过10%，但MSCI全球指数对中国的配置比例仅为4%，提升空间显著。MSCI预测，如果中国资本项目完全开放，中国在新兴市场指数中的权重将由当前的19.9%提升至27.7%。股市映射的不仅仅是企业盈利，还有更多。我们现在这种新常态下处在什么时代？我总结了三条。

第一，我们是一个数据的时代。如果说，这一次互联网泡沫仍然跟10年前一样，是一个简单的互联网，可能泡沫很快就会破灭。但是，我认为现在互联网是一个表象，大数据是实质。这种数据利用价值体现刚刚开始，未来也是一个长期的趋势。可以说，我们生活在两元世界。一方面生活在数据世界，数据世界对于每一个人生活影响将会越来越大。还有一个是股权世界。我们看到了什么？员工持股计划发布数量越来越多了。以后员工持股承认企业家的价值，通过股权形式，通过让企业家、员工持有股权形式，承认对于公司贡献，将是一个常态。当然，现在还是一个创新的时代。因为进入创新驱动发展的条件已经基本具备了。我们的基本温饱已经解决了。社会保障体系已经完善，知识产权保障正在加强，创投行业、新三板正在快速发展，注册制正在启幕。政策着力推广，必将势如破竹，带领中国经济找到新的增长点，李克强总理在1月份的国务院常务会议上，已经正式将创新创业作为国家战略。会议上指出，在创客空间、创新工厂等孵化模式的基础上大力发展众创空间。这种时代背景下，说到投资的时候，还是要有一个均值回归。美国市场、中国市场，都体现了一个长期均值回归的规律。相对而言，创业板面临的压力大一些。时间不长，达到了历史高度。如果估值过高，需要一段时间调整和消化。会有多大调整幅度？我找了历史数据跟大家分享。我们看一下上一轮牛市的时候下跌的情况。基本上下跌周期特点非常明显，幅度10%~15%之间，下跌幅度超过15%，达到21.15%，意味着什么？一轮牛市的终结。如果看长一点，短期创业板有震荡的需求，我们做一个国际比较。因为低利率环境，不仅仅是中国在面对，全球都在面对。那么，我们看一下全球主要的指数在金融危机以后的表现。德国跌幅最小，原因是什么？大家一下子可以看出来，经济当中的核心竞争力比较强劲。印度呢？最早恢复，但是，它的上涨幅度和美国情况差不多。日本，2015年也比前期高一点，只是没有达到前期高点。中国股市表现最差，距离高点还

差40%左右。就上证指数来讲，由于传统经济结构的原因，上证指数当中，传统经济反映多一些，不管怎么说，指数有一定的失真。在未来两年时间，上证指数达到高点，可能是一个可以预期的事情。2年时间达到，预计每年大概涨幅20%左右。如果说市场可以呈现一个行情，每一波牛市都是有不同的主线。我们回顾一下上一轮牛市，三条主线即券商、煤炭、有色。高端设备体现中国核心竞争力。未来3~5年，随着牛市的行情会有什么样子的行业板块会成为牛市的主线呢？可能仁者见仁，智者见智。我说一下我们的观点。我们愿意用创新精神，在创新环境下，在创新的时代，可能创新金融是会更好一些。这些做创新的金融可能是券商，也可能是一些股份制银行，甚至是一些国有大型银行，也有可能是像阿里、腾讯这样的互联网企业，过去不是在银行体系当中的，不是非金融机构，通过创新形式进入金融领域。也可能是创新的机构提供服务的，做软件，做平台开发商。创新金融在过去一段时间已经开始成为市场牛市时候的主线，未来创新金融仍然是牛市的一个主线。此外，还有移动互联。不仅仅是互联网，包括智能家具，包括汽车，电子产品。通过工业智能，把重复性工作快速高效地完成。要把人们解放出来，人们有更多的时间和精力去从事创新工作。

中国处于回升状态，整个金融体系风险逐渐化解，利率水平还可以更低。这样一个背景之下，国内资产配置是会向股权方向逐渐转移。海外资产配置也会逐渐加大中国的配置。

投资不随“风”

对话人：广发行业领先基金经理刘晓龙、汇丰晋信策略基金经理王春、国寿安保研究部副总经理段辰菊、南方基金总裁助理、权益投资总监史博；主持人：中国证券报首席经济分析师卫保川。

卫保川：第一个问题是请谈一下牛市怎么来的？变量是什么东西？

段辰菊：我先介绍一下，我们公司是2013年底成立的，是中国人寿旗下的。目前我们管理的资产规模超过200亿元。在过去一年里面，我们发了7个公募基金产品，新三板也发了1个。目前的收益表现还是不错。2015年重点是布局股票一些产品。今天非常荣幸跟在座各位交流一下。固定收益是一个配置不错的产品。债券，不是像2014年那样，2014年我们有一款产品收益，下半年已经接近15%，是非常不错的。2015年全年来看，我们觉得也不会特别悲观。近期债券市场可以看一下，也是有一些调整。债券在今年任何一次调整的机会都是非常好的，2015年债券会给投资人带来不错的回报。

卫保川：10月进入债券市场，尤其是进入了一些信用债市场。我们展望一年，您认为您这边的收益预期是多少？

段辰菊：变量特别多。2015年的话，信用债也还是有一个不错的机会，因为近期债券发生了比较重要的一些事情。所以，我们做债券基金，信用债比较重要。也有股票市场、转债投资机会。总体的收益还是不错。

卫保川：新三板呢？

段辰菊：做一个广告。说规模不违规吧？

卫保川：说规模不违规。

段辰菊：我们新三板的产品推出后10分钟以内就秒杀，规模是上亿。三板指数上涨50%以上了，大家可以猜测一下我们的收益。第二，没有敢发广告，预约客户太多了。目前来看，算是市场上巨无霸三板基金。有一些数字不太方便说。但是，大家可以发挥想象。

卫保川：回到原来的话题，把这些问题说清楚了，才可以找到变量。我们最基本的东西还是定义清楚一点。

史博：我觉得是一个无风险利率，这是一个核心。无风险利率是什么？就是砝码。这个砝码变轻的时候数量就会增加，2015 年以来一些基本面没有发生变化，甚至有所恶化了，大型的国有控股的企业，价格下跌，股价仍然是上涨。变化不是来自于基本面变化，是来自于无风险利率变化，来自于风险偏好的变化。跟自己以前比是降低了，但是，如果放在全球平台上还有下降的空间，这个是市场走好的一个基本条件。

卫保川：从估值来讲，分子是不太好的状况，分母下降得更快。股票还可以涨。我们探讨完以后，对于今后所有的受众，更能够把握这个，变得更坚定一点。

王春：利率是市场最重要一个变量，我同意史博的观点。中国未来有一个趋势，即利率往下走，必然是会带来金融市场蓬勃发展。补充一点，中国在 2014~2015 年还面临着什么？两个重要的变量。就是经济本身，传统的经济周期可能已经进入了一个相对底部的位置。中国经济是在调整，周期是在调整，过去投资驱动经济周期里面普遍是有一个时间。2009 年以后调整到现在，经济增速从 13%跌到 7%。中间有很多负面因素，包括对于中国银行业大量坏账因素，都是得到了一个充分的预期。目前 7%经济增速水平下，继续往下走的空间和幅度都比较小。在此基础上，经济手段都是有可能使经济在此水平上企稳，甚至有回升的机会。中国还面临着什么？就是一个改革周期。这里面改革跟 20 世纪 80 年代、90 年代不一样。所以，这一次改革结合互联网，中国通过改革的

手段，在目前水平下转化成经济的一个增长点。这也就是为什么这两年科技股、创业板涨了这么多。传统也是有余地，包括国企改革，经营效率也是会发生很大的一个变化。这样的话，全球性的牛市在酝酿之中。

卫保川：我问一下年轻的投资管理人。您认为做投资最本质的是配置，配置错了，天天干也没有用，本来就没有什么财富可挖。这种配置，从你的观察来看，会延续多长时间？标志性的点，可关注的一些东西？

刘晓龙：在 2014 年大概 9 月左右，我当时对客户说到，未来 2~3 年有在大宗商品，包括矿产这一块的机会。如果从长线来看，是低价买一个矿。如果放 8 年、10 年，回报率很好。创业板来讲，整个是属于泡沫化的中期了。

卫保川：第二个问题，我找一些基本的变量，转化到市场当中怎么看板块的问题。

段辰菊：我再补充一点。刚刚有几位已经提到了，无风险利率下降是最关键的，不太同意这种看法。在中国还有一个变量，就是理财产品的收益。其实我们在过去这 1 年来看，10 年期国债利率是 4%左右，没有形成一个趋势性下降的一个状态。无风险利率，理财产品是可以看到，基本上是 4.5%左右，并没有出现下降。实际上可观察这样一个变量来看。

卫保川：信用债，不久以前是 15%，16%，17%。现在还有吗？

段辰菊：您说的很对。信用债是有风险。经济增速 2012 年从 8% 掉下来，2013 年 7.7%，2014 年 7.4%，今年是会 7.2% 左右。我们可以算一下，我们大概在 2012 年看看一些报道，就是经济硬着陆风险，很多人都是有担心。再看看，今年或者去年下半年，还有讨论经济硬着陆风险的吗？基本没有。大家目前是接受这样一个经济新常态的状况。这是一个预期所导致的牛市。

卫保川：提到的风险补偿的问题，这个问题不否认。

段辰菊：所以，就是看一些看好的板块，经济向什么方向发展？代表着经济转型方向。比如说，一些智能家居。

卫保川：接下来谈一下行业的一些东西。基本面确定的框架下，投资的选择，尤其现在是反差非常大的一种状况。可以看到很多信息行业，股市跟传统周期不一致。虽然 2014 年 11 月有一场“革命”。但是，后面发现来得更猛烈。我们谈这些东西，是所有投资者比较关心的。

王春：新兴产业，尤其是与科技移动互联网相关的行业，是一个高增长行业，也是一个高风险行业。在现在时点上来说，策略性来看就是谨慎的态度。牛市里面需要特别当心一个投资，就是主题性投资。更多是基于中长期远景预期，对于所有的公司进行持续的一个上涨，背后根基不牢靠。

卫保川：透露一下，在您的研究框架当中，哪些东西是估值很低？哪些性价比更好？投资最终是性价比的问题，风险和收益的问题。

王春：整个经济大环境来看，对于企业盈利状况判断比较大的可能性是什么？中期以后，一方面由于大宗商品价格的下跌，企业成本在 2015 年会出现一个明显的改善。另外一个方面，由于利率水平下降，财务成本降低。第三，国企改革比较慢，2015 年下半年以后是会有一个比较大的改善。第四，包括国有企业方面一些改革，本身企业之间一些重组，也是会有一个改善。这些角度来看，目前估值是在 10 倍左右，包括传统制造行业，盈利的经济性比较高。这些是可以投资的，是作为价值型投资。对于一些成长股也是可以投资，是要做一些特别判断。

卫保川：接下来再举一下类似行业的例子，很有说服力。

史博：我更看好传统行业。我们回想 100 年以前，钢铁、铁路，都是新兴行业。所谓新兴行业也会逐渐变成传统行业。我认为互联网是隐私，要把客户体验做到极致。对于传统行业优秀公司来讲，需要能够把自己的思维再扭转过来。现在是什么？要有耐心一点，不要看当前的业绩。你把利益看得长久一点，把客户体验做到极致。传统行业拥抱互联网，有互联网思维，伴随中国“一带一路”走出去，现在面临的机遇可能比做一家新兴产业公司要有投资机会，投资也更具价值。

卫保川：最终是看业绩说话。这一点向您表示敬意。我能力在哪儿就做什么东西。现在都在讲“互联网+”。我觉得进入到了一个新的阶段了，大家的认识现在反差挺大的。

王春：对于我而言，我更喜欢什么？是一个持续增长行业，是行业一个内部结构发生了变化，有一个增长模式的出现，体制上的变化。在中国市场可以看一下，过去这两年，30%的持续增长，是说明行业内部结构在发生变化。中国经济现在进入2轮周期，一个是传统经济的一个底部启稳，所以，传统产业有很强烈的投资价值。很多的产业也是内部结构发生了巨大的变化。所以，能够结合本身产业内部结构变化，就是在传统产业本身享受到行业成长变化和行业结构变化。

卫保川：大家有一个共同特点，是很坚持自己的研究，不随风。我们这么多年下来，都是非常稳健，稳健都是胜出者。投资可以做得轻松一点，没有必要非得那么严肃谈一点什么。今天的谈话非常好。非常感谢大家。

中国证券报《中国A股的风口》采编团队

（以姓氏笔画为序）

执行主编：张德斌

执行编辑：田鸿伟　胡东林　徐效鸿

参与采写：

于　萍　王小伟　王　威　王　超　卢　铮　叶　涛　李　良　李　波　李　超

李豫川　朱　茵　刘丽靓　刘　杨　任明杰　任　晓　吴锦才　张玉洁　张　怡

张　昊　张枕河　张　洁　张　莉　官　平　杨　博　赵静扬　徐文擎　徐伟平

徐金忠　费杨生　顾　鑫　曹乘瑜　黄莹颖　黄淑慧